MW01617837

Portugués

para **dummies**®

Portugués

para dummies®

Karen Keller

para dummies®

Edición publicada mediante acuerdo con Wiley Publishing, Inc.

Título original: *Portuguese For Dummies*

Grupo Planeta
Avda. Diagonal, 662-664
08034 - Barcelona

ISBN: 978-84-329-0332-8
Depósito legal: B. 1.295-2017

Primera edición: abril de 2012
Primera edición en esta presentación: febrero de 2017
Primera reimpresión en esta presentación: febrero de 2019
Segunda reimpresión en esta presentación: marzo de 2021

Preimpresión: Pleka
Impresión: Book Print digital

Impreso en España - *Printed in Spain*
www.dummies.es
www.planetadelibros.com

¡La fórmula del éxito!

- » Un tema de actualidad
- » Un autor de prestigio
- » Contenido útil
- » Lenguaje sencillo
- » Un diseño agradable, ágil y práctico
- » Un toque de informalidad
- » Una pizca de humor cuando viene al caso
- » Respuestas que satisfacen la curiosidad del lector

¡Este es un libro *...para Dummies!*

Los libros de la colección *...para Dummies* están dirigidos a lectores de todas las edades y niveles de conocimiento interesados en encontrar una manera profesional, directa y a la vez entretenida de aproximarse a la información que necesitan.

Millones de lectores satisfechos en todo el mundo coinciden en afirmar que la colección *...para Dummies* ha revolucionado la forma de aproximarse al conocimiento mediante libros que ofrecen contenido serio y profundo con un toque de informalidad y en lenguaje sencillo.

www.dummies.es
www.facebook.com/paradummies
@ParaDummies

¡Entra a formar parte de la comunidad Dummies!

El sitio web de la colección *...para Dummies* está pensado para que tengas a mano toda la información que puedas necesitar sobre los libros publicados. Además, te permite conocer las últimas novedades antes de que se publiquen y acceder a muchos contenidos extra, por ejemplo, los audios de los libros de idiomas.

Desde nuestra página web, también puedes ponerte en contacto con nosotros para comentarnos todo lo que te apetezca, así como resolver tus dudas o consultas.

También puedes seguirnos en Facebook (www.facebook.com/paradummies), un espacio donde intercambiar impresiones con otros lectores de la colección, y en Twitter (@ParaDummies), para conocer en todo momento las últimas noticias del mundo *...para Dummies.*

10 cosas divertidas que puedes hacer en www.dummies.es, en nuestra página de Facebook y en Twitter @ParaDummies

1. Consultar la lista completa de libros *...para Dummies.*
2. Descubrir las novedades que vayan publicándose.
3. Leer en exclusiva los primeros capítulos.
4. Suscribirte a la Newsletter de novedades editoriales.
5. Trabajar con los contenidos extra, como los audios de los libros de idiomas.
6. Ponerte en contacto con la editorial y con otros lectores para intercambiar opiniones.
7. Participar en concursos y ganar premios.
8. Publicar tus propias fotos en la página de Facebook.
9. Conocer otros libros publicados por el Grupo Planeta.
10. Informarte sobre promociones, descuentos, presentaciones de libros, etc.

Descubre nuestros interesantes y divertidos vídeos en nuestro canal de Youtube:
www.youtube.com/paradummies
¡Los libros Para Dummies también están disponibles en e-book!

Sumario

INTRODUCCIÓN 1
Sobre este libro 2
Convenciones usadas en este libro 2
Suposiciones básicas 3
Cómo está organizado este libro 4
Parte 1: Primeros pasos 4
Parte 2: Portugués de uso diario 4
Parte 3: De aquí para allá 5
Parte 4: Los decálogos 5
Parte 5: Apéndices 5
Iconos usados en este libro 5
¿Y ahora qué sigue? 6

PARTE 1: PRIMEROS PASOS 7

CAPÍTULO 1: **¡El portugués no es nada difícil!** 9
Las raíces del portugués 10
Empecemos por el alfabeto 11
A la conquista de las consonantes 12
La letra C 13
La letra D 13
La letra G 14
La letra H 14
La letra J 15
La letra L 15
Las letras M y N 15
La letra Q 16
La letra R 16
La letra S 16
La letra T 17
La letra W 17
La letra X 17
Las vocales 18
Las letras A y Ã 18
Las letras E y Ê 18
La letra I 19
Las letras O y Ô 19
La letra U 19
Diferencias regionales en el acento 20
Río de Janeiro 20
Interior del estado de São Paulo 20

Noreste del Brasil. 21
Rio Grande do Sul 21

CAPÍTULO 2: **La gramática portuguesa básica y los números cardinales** 23
La concordancia de sustantivos y adjetivos 24
Algunos artículos 25
Los pronombres: primera, segunda y tercera persona 26
Los verbos y la construcción de las frases 27
Conjugación de los verbos 28
Los verbos terminados en *-ar* 29
Verbos en *-er* y en *-ir* 30
Contracciones sin dolor 32
Objetos indirectos: a mí, a ti 34
Los números: todo cuenta 35

CAPÍTULO 3: **Saludos y presentaciones** 39
Algunas maneras de saludar 40
Cuando quieres presentarte 41
Nombres, apellidos y apodos al estilo brasileño 42
La división entre lo formal y lo informal 43
Descripción de cualidades permanentes: *ser* 47
Un ejemplo 47
Familiarizarse con el verbo *ser* 48
Adjetivos para describir estados permanentes 49
Descripción de cualidades temporales: *estar* 52
Un ejemplo 52
Familiarizarse con el verbo *estar* 53
Falar: el secreto de la comunicación 54
No es difícil despedirse 58

PARTE 2: PORTUGUÉS DE USO DIARIO 61

CAPÍTULO 4: **Conversación informal: darse a conocer** 63
¿De dónde eres? 63
Lo bueno, lo malo y lo húmedo: el clima 67
Las relaciones familiares 69
El uso de posesivos 71
Saber quién, qué y dónde 73
Tres frases salvadoras 74
Dar tus datos personales 75

CAPÍTULO 5: **Salir a comer y hacer la compra** 79
Bom proveito! 79
En el restaurante: probar la comida típica 81
Pedir en un restaurante 82

Pedir una bebida 84
Las ensaladas y los condimentos 86
El plato principal. 86
Parrilladas al estilo brasileño 88
Los postres 90
Dos verbos apetecibles: *comer* y *beber*. 91
Que se haga tu voluntad: el verbo *querer* 93
Tener o no tener 94
De compras al mercado 95
Conseguir algunos productos prácticos 95
La compra en los mercados al aire libre 96

CAPÍTULO 6: **El placer de ir de compras**. 101
Para decir qué buscas. 102
Probar y probarse: el verbo *experimentar* 104
El verbo *levar*. 105
Hacer comparaciones y expresar opiniones. 107
El tesoro escondido de los productos típicos brasileños. 110
Negociar los precios en los mercados al aire libre 112

CAPÍTULO 7: **En la playa**. 115
La ropa de playa: un tema muy serio para los brasileños 116
¿Qué más hay en las playas brasileñas? 117
Expresar felicidad y admiración. 119
Caminar por la playa 121
La seguridad en la playa 123
Fútbol: el pasatiempo nacional del Brasil 124
Preguntar a la gente qué le gusta. 126

CAPÍTULO 8: **De turismo por la ciudad** 129
Salir a divertirse 129
Invitar y aceptar invitaciones 130
Preguntar cómo es el lugar o el evento. 131
Las referencias temporales: la hora y los días de la semana. 133
La cultura musical brasileña. 137
Un verbo muy musical: *tocar* 138
Un verbo para el baile: *dançar*. 139
Un verbo para el canto: *cantar* 140
Visitar galerías de arte y museos. 141
Un plan de película 142

CAPÍTULO 9: **Hablar por teléfono**. 147
Los teléfonos, las tarjetas telefónicas y los números 147
Saludar y despedirse 149
Hacer una llamada. 150

Un verbo para llamar: *ligar* 151
Adquirir confianza en el idioma 152
Deletrear el nombre 155
Hablar en tiempo pasado 155
Los conectores 159

CAPÍTULO 10: **En el trabajo y en el hogar** 163
Hablar sobre el trabajo 163
Fazer: un verbo de mucha acción 166
Trabalhar: un verbo muy laborioso 167
Encontrar un lugar para vivir 170
El correo electrónico 173

PARTE 3: DE AQUÍ PARA ALLÁ 175

CAPÍTULO 11: **Dinero contante y sonante** 177
Los bancos y los cajeros automáticos 177
Verificar los precios y hacer compras 180
El verbo del cliente: *pagar* 182
Pagar productos y servicios 183

CAPÍTULO 12: **Pedir indicaciones** 187
Onde? La pregunta para ir a los sitios 188
Ubicación espacial 190
Moverse en la ciudad 192
Los verbos que te llevan de arriba abajo 196
Estar aquí o allá 197
La cuenta atrás: los números ordinales 198
¿Queda muy lejos? 199
Medir distancias y otras cosas 201

CAPÍTULO 13: **Hospedarse en un hotel o en una posada** . . . 203
Conocer el hotel o la posada 204
Hacer una reserva 205
En la recepción: la llegada y la salida 206
Pasar la noche 207
El verbo *dormir* 208
Un verbo para despertarse: *acordar* 209
Las ventajas de ser posesivo 211

CAPÍTULO 14: **De paseo: aviones, autobuses, taxis y demás** 217
Hacer una reserva de avión 218
Coger un autobús o un taxi 222
Alquilar un coche 226

Un verbo bienvenido: *chegar* 227
Después de la despedida: el verbo *sair* 229
La puntualidad: tarde, temprano y a tiempo 230
Esperar, un verbo con mucha paciencia 231

CAPÍTULO 15: **Planear un viaje al Brasil** 235
Escoger la mejor época del año para viajar 235
Expresar horas y fechas 238
Decidir a dónde ir 242
La zona norte 242
La zona noreste 243
La zona centro-oeste 243
La zona sureste 244
La zona sur 245
Hablando de movimiento: el verbo *ir* 245

CAPÍTULO 16: **Qué hacer en caso de emergencia** 251
Robos: qué hacer y decir 252
¡Que no cunda el pánico! 253
Pedir y recibir ayuda 254
Informar de un problema a la policía 256
Un verbo de búsqueda: *procurar* 256
Un verbo con los ojos bien abiertos: *olhar* 258
Un verbo altruista: *ajudar* 259
¿Qué hacer (y qué no hacer) ante una emergencia? 261
Prevenir las enfermedades 261
En caso de enfermedad 263
Huesos rotos y otras heridas 266
Hablar sobre problemas legales 269

CAPÍTULO 17: **O carnaval!** 271
¡Viva el carnaval del Brasil! 271
El carnaval de Río 272
El carnaval en Salvador 276
El carnaval de Recife/Olinda 280
¡Bailar samba! 283
Enamorarse en portugués 284

PARTE 4: LOS DECÁLOGOS 291

CAPÍTULO 18: **Diez maneras de aprender portugués rápidamente** 293
¡Ve al Brasil! 293
Conoce brasileños en tu propio país 294
Consigue un novio o una novia del Brasil 295
Lee noticias en portugués 295

Visita webs del Brasil . . . 296
Escucha música brasileña . . . 297
Alquila una película brasileña . . . 298
Mira la programación de la cadena Globo por cable o satélite . . 298
Ve a clases de portugués . . . 298
Habla hasta por los codos . . . 299

CAPÍTULO 19: Diez expresiones comunes . . . 301
Que saudade! . . . 301
Fala sério! . . . 302
...pra caramba! . . . 302
Lindo maravilhoso! . . . 302
É mesmo? . . . 303
Um beijo!/Um abraço . . . 303
Imagina! . . . 303
Pois não? . . . 303
Com certeza! . . . 304
Fique tranquilo . . . 304

CAPÍTULO 20: Más de diez palabras comunes del habla coloquial . . . 305
Chato . . . 305
Legal . . . 306
Cara . . . 306
Gato y gata . . . 306
Grana . . . 306
Chique . . . 307
Valeu . . . 307
Esperto . . . 307
Pinga . . . 308
Brega/cafona . . . 308

CAPÍTULO 21: Diez términos y uno más que te harán parecer un brasileño de pura cepa . . . 309
Né? . . . 310
Tá . . . 310
Ah é? . . . 310
Então . . . 311
Sabe? . . . 311
Meio . . . 311
Ou seja/e tal . . . 311
Se en lugar de *você* . . . 312
A gente en lugar de *nós* . . . 312
Pra en lugar de *para a* . . . 312
Tô en lugar de *estou* . . . 313

PARTE 5: APÉNDICES 315

APENDICE 1: **Tablas de verbos** 317
Verbos portugueses 317
Verbos regulares del portugués 318
Verbos irregulares del portugués 320

APENDICE 2: **Minidiccionario portugués-español** 325

Minidiccionario español-portugués 331

APENDICE 3: **Respuestas** 337

APENDICE 4: **Contenido de los archivos de audio** 341

APENDICE 5: **Países del mundo donde se habla portugués** 343
Brasil 343
Moçambique 344
Angola 344
Portugal 345
Guiné-Bissau 345
Timor Leste 345
Cabo Verde 346
São Tomé e Príncipe 346

ÍNDICE ANALÍTICO 347

Sobre la autora

Karen Keller nació en California, Estados Unidos, y es periodista. Durante tres años vivió y trabajó en São Paulo, Brasil. Antes de establecerse en ese país, daba clases de español a través de una web especializada en la enseñanza de lenguas extranjeras, cuya base de operaciones se encuentra en la ciudad de Nueva York. Keller también ha escrito y publicado guías de viajes. Actualmente vive en Nueva Jersey, donde trabaja como reportera de un periódico local.

Dedicatoria

A mis queridos amigos no brasileños de São Paulo, con quienes compartimos momentos muy divertidos gracias a la **maravilha** que es el portugués.

Agradecimientos

Quisiera manifestar mi profunda gratitud a todos los editores que trabajaron conmigo durante el proceso de escritura: Natalie Harris, Stacy Kennedy, Danielle Voirol, Jennifer Bingham y Peter Musson. ¡Fue muy agradable!

También quiero agradecerle a mi profesor Tim Harper, de la facultad de estudios de posgrado de periodismo de la Universidad de Columbia que me pusiera en contacto con Jessica Faust, mi agente literaria para este libro. Jessica, gracias por confiar en mí.

A continuación, quiero darle las gracias de todo corazón a mi editor y colaborador en el Brasil, Matt Cowley. Tu oferta laboral hizo posible mi aventura en ese país. Además, fuiste mi primer profesor de portugués. Todavía recuerdo tus indicaciones sobre la manera de pronunciar el nombre Rodrigo: el sonido inicial no se parece a la erre, sino más bien a una hache aspirada. Éste fue mi primer contacto con una lengua que iba a producir en mí una gran fascinación.

También quisiera mencionar a mis amigos no brasileños: Iván, Mario, Ainhoa, Anna, Diego, Andrea, Juan, Sophia, Marisol. Nuestras conversaciones sobre la vida en el Brasil y sobre su **lingua maravilhosa** forman parte de mis recuerdos más gratos.

Agradezco a los brasileños que siempre nos ayudaran a comprender mejor su país. Tú, Dayanne Mikevis, te convertiste en mi confidente más cercana.

Chloe, gracias por todos los consejos sensatos que me has dado y por servir de inspiración a mis primeros viajes al extranjero. Jenny, tú eres mi alma gemela y la mejor fuente de consulta para preguntas de última hora sobre portugués. Yolanda, si no fuera por ti y por tu obsesión con el Brasil, jamás hubiera ido.

Para terminar, agradezco a mi familia todo su apoyo: mamá, papá, Chris, Jerry, Diane. Al fin y al cabo, no estoy tan loca. Después de mi paso por el hemisferio sur, ¡heme aquí otra vez! Mamá: mi curiosidad, mi mente abierta y mi gusto por las palabras los heredé de ti.

Portugués (Guía rápida)

Pronunciación básica

Esta guía te enseñará a pronunciar el nombre de las vocales y las consonantes del portugués:

a (á)	**g** (yé)	**m** (emi)	**s** (esi)	**y** (ípsilon)
b (bé)	**h** (agá)	**n** (ene)	**t** (té)	**z** (zé)
c (cé)	**i** (i)	**o** (o)	**u** (ú)	
d (dé)	**j** (yota)	**p** (pé)	**v** (vé)	
e (é)	**k** (ka)	**q** (ké)	**w** (dabliu)	
f (efi)	**l** (eli)	**r** (erri)	**x** (chiz)	

Palabras interrogativas

¿Quién? Quem? (*kem*)
¿Cuándo? Quando? (*kuandu*)
¿Dónde? Onde? (*ondchi*)
¿Por qué? Por quê? (*poj ké*)
¿Cómo? Como? (*komu*)
¿Qué? O que? (*u ké*)
¿Cuál? Qual? (*kuau*)
¿Cuánto? Quanto? (*kuantu*)

Saludos y despedidas

¿Cómo estás? Como vai? (*komu vai*)
¿Qué tal? Tudo bem? (*tudu bem*)
¡Adiós! Tchau! *(chau)*
Hasta luego. Até logo (*até logu*)
Hasta mañana. Até amanhã (*até amañã*)

Exclamaciones en portugués

¡Genial! ¡Chévere! Legal! (*legau*)
¡Excelente! Ótimo! (*óchimu*)
¡Qué bonito! Que bonito! (*ké bunitu*)
¡Me encanta! Adoro! (*adoru*)
¡Qué delicia! Que gostoso! (*ké gostosu*)

Números

1 um *(um)*	**4** quatro (*kuatru*)	**7** sete (*sechi*)	**10** dez (*dez*)
2 dois (*doiz*)	**5** cinco (*sinku*)	**8** oito (*oitu*)	
3 três (*tréz*)	**6** seis (*seiz*)	**9** nove (*novi*)	

Introducción

El mundo se está volviendo cada vez más pequeño. Las tecnologías de la comunicación son cada vez más rápidas y es más fácil establecer contacto con personas que están en las antípodas. Viajar en avión no es tan costoso como antes, con lo cual es más fácil visitar países lejanos. Aprender **um pouco** (*um pouku*; un poco) de un idioma extranjero es la mejor manera de familiarizarse con otras zonas o países del mundo. No solamente nos permite establecer una comunicación verbal con otras personas, sino que nos abre la puerta a nuevos universos culturales.

Si te producen curiosidad las lenguas extranjeras y quieres aprender a preguntarle a alguien cómo se llama, cómo llegar a determinado lugar o contar cuáles son tus intereses, has dado con el libro ideal. No tienes que llegar a ser experto en lengua portuguesa, pero con esta guía aprenderás a desenvolverte sin dificultad.

En este libro aprenderás a familiarizarte con la lengua que se habla en el Brasil. Gracias a la enorme población de ese país (más de 186 millones de habitantes), el portugués es la quinta lengua más hablada del mundo. En el capítulo 1 encontrarás información sobre otros países donde también se habla portugués.

El portugués del Brasil es peculiar, pues el acento y algunas palabras básicas son específicos del país. La tierra brasileña, en sí misma, se ha convertido en un apetecido destino turístico, gracias a la bien merecida reputación de ser un país lleno de gente amable y divertida.

La ventaja que tienen los hispanohablantes que quieren aprender portugués es que hay una gran similitud entre este idioma y el español (y con otras lenguas romances, como el francés o el italiano).

El portugués brasileño es muy poético y musical. Los sonidos pueden ser difíciles de reproducir para los hablantes no nativos, pero hablar portugués es muy divertido una vez que se adquieren ciertos rudimentos. Si quieres darte el gusto, puedes acompañar la lectura de este libro con música brasileña. Te enamorarás de los sonidos de esta lengua y la música será una gran compañía.

Sobre este libro

Lo bueno de este libro es que te permitirá aprender este idioma sin necesidad de asistir a ninguna clase. Es un libro de referencia y, por tanto, lo puedes usar como quieras. Tú decides. Puedes darle una simple ojeada, para ver qué capítulos te llaman la atención, o puedes leerlo de principio a fin (también puedes leerlo de atrás hacia delante: nadie te va a contradecir).

Sin embargo, conviene que empieces leyendo los primeros capítulos, pues en ellos se dan explicaciones básicas sobre la pronunciación y se explican algunos términos que aparecerán a lo largo del libro.

Convenciones usadas en este libro

Para facilitar la utilización de este libro, hemos creado algunas convenciones:

- Las direcciones electrónicas aparecen en fuente `monofont`.
- Los términos portugueses van en **negrita**, para resaltarlos.
- Las pronunciaciones van en *cursiva* y la sílaba acentuada se marca con una tilde, como en español, o subrayada cuando el acento es tónico.
- Las definiciones, que van entre paréntesis, se incluyen a continuación de la palabra cuando aparecen en una sección por primera vez; cuando una palabra se escribe igual en portugués y en español, en la definición aparece un guión (–).
- Las conjugaciones de los verbos aparecen en tablas, siguiendo este orden: yo, tú, él, nosotros, vosotros/ellos. No pondremos la segunda persona del plural ya que es igual a la tercera. En una segunda columna van las guías de pronunciación. También encontrarás tablas de conjugaciones en el apéndice A.

A continuación presentamos un ejemplo, con el verbo **ser** (*sej;* –). Las personas van siempre en el mismo orden. Así, las palabras de esta tabla significan: *yo soy*, *tú eres*, *él es*, *nosotros somos* y *vosotros/ellos son*:

Conjugación	***Pronunciación***
eu sou	*eu sou*
você é	*vosé é*

Conjugación	***Pronunciación***
ele/ela é	*eli/ela é*
nós somos	*noz somuz*
vocês/eles/elas são	*vosés/eliz/elaz sãu*

En cada capítulo podrás encontrar lo siguiente:

» **Diálogos en el apartado "Hablando se entiende la gente".** La mejor manera de aprender un idioma (y la más divertida) es escuchar diálogos de la vida real. Por eso, he incluido en el libro pequeñas conversaciones que te permitirán afinar el oído. En estos diálogos aparece la frase en portugués, una guía de pronunciación y la traducción al español. Las conversaciones que tienen junto a ellas el icono del audio se encuentran en nuestra página web. Cuando veas este icono, pon el archivo mp3 correspondiente y escucha con atención, al mismo tiempo que vas leyendo.

» **Una pizarra con "Palabras para recordar".** En el aprendizaje de un idioma nuevo es muy importante conocer palabras y frases clave. En estas pizarras (que van a continuación de los diálogos) he señalado las palabras importantes de esos diálogos (y algunas otras, relacionadas de cerca con el tema que se haya tratado).

» **Actividades con "Juegos y ejercicios divertidos".** Al final de cada capítulo he incluido algunas actividades que te permitirán practicar algunas de las palabras y conceptos que se han expuesto en el capítulo. En esta parte he tratado de escoger las palabras más importantes, para que recuerdes lo esencial.

Suposiciones básicas

Al escribir este libro, jamás perdí de vista que estaba dirigido a lectores como tú. Creo que si tienes este libro entre las manos es porque eres una persona abierta y curiosa, que disfruta aprendiendo cosas nuevas. ¡Me parece excelente! En efecto, el primer paso para absorber información nueva es tener el deseo de absorberla.

Éstas son algunas de las características que tenéis tú y los demás lectores de este libro:

» No te apetece memorizar largas listas de vocabulario para aprender portugués.

» Quieres empaparte de portugués y, al mismo tiempo, pasar un rato agradable y divertido.

- Te interesa conocer tanto la lengua como la cultura brasileña.
- No estás buscando que un libro te enseñe a hablar portugués como un erudito, sino que la información que te proporcione sirva de base sólida para comprender la lengua.

Lo único que te pido es que dejes de lado cualquier prejuicio que te impida sacarle el mayor provecho a este libro. Por ejemplo, no es cierto aquello de que "loro viejo no aprende a hablar". No solamente la gente joven puede aprender un idioma. Lo único que necesitas es tener ganas de hacerlo. Olvídate de las clases de lengua extranjera en la secundaria, fuesen de inglés o de francés. Este libro ofrece una perspectiva fresca y relajada sobre el aprendizaje de idiomas. ¡Nadie te va a poner malas notas!

Cómo está organizado este libro

El libro está dividido por temas que se tratan en cinco partes, cada una de ellas dividida, a su vez, en capítulos. En las siguientes secciones verás qué clase de información contiene cada una de las partes.

Parte 1: Primeros pasos

En esta parte entrarás en contacto con la lengua portuguesa y aprenderás algunas nociones básicas, como la pronunciación de las palabras, la construcción de las frases, etcétera. También aprenderás a sentirte a gusto con el portugués, gracias a su proximidad con el castellano.

Parte 2: Portugués de uso diario

Nada mejor que pasar directamente a la acción en lugar de pensar por qué el idioma se estructura de tal o cual manera. En esta parte descubrirás y practicarás el portugués. Te enseñaré cómo funciona esta lengua en lugar de enredarte con complicadas explicaciones gramaticales. En esta parte aprenderás a hablarles a tus nuevos amigos brasileños.

Parte 3: De aquí para allá

Esta parte te aporta las herramientas necesarias para desenvolverte en diversas situaciones, ya sea en la calle, en un restaurante, en un museo o en una agencia de viajes, planeando una visita al Brasil. Esta sección está dirigida al viajero que hay en ti, ese que debe registrarse en la recepción de un hotel, tomar taxis y preguntar los horarios de los autobuses. Gracias a este tipo de información podrás ir a diferentes lugares donde la diversión es el objetivo principal: salir un sábado por la noche en Río o gozar de la famosa temporada del carnaval en el Brasil.

Parte 4: Los decálogos

Si buscas información breve y sencilla sobre el portugués, esta parte es para ti. Aquí podrás encontrar diez maneras de hablar rápidamente portugués, diez expresiones prácticas y diez expresiones familiares.

Parte 5: Apéndices

Esta parte del libro es una excelente guía de referencia. Contiene las tablas de conjugación de los verbos más comunes del portugués brasileño. También encontrarás dos minidiccionarios: del español al portugués y del portugués al español. En otro de los apéndices podrás ver las respuestas a las actividades propuestas en los apartados "Juegos y ejercicios divertidos". Finalmente, incluimos una lista de los diálogos de los archivos de audio que puedes encontrar en `www.paradummies.es`, de manera que puedas abrir el libro en esos capítulos y leerlos mientras los escuchas.

Iconos usados en este libro

Quizá estés buscando alguna información en particular mientras lees este libro. Para facilitarte la búsqueda, hemos puesto los siguientes iconos a un lado del texto:

CONSEJO

Las ilustraciones y los dibujos van muy bien para dar vida a las páginas de un texto, ¿no te parece? A continuación, verás algunos de los iconos usados para llamar la atención sobre cierto tipo de información.

RECUERDA

Siempre que veas este práctico icono sabrás que allí encontrarás información valiosa, que vale la pena recordar una vez que cierres el libro, bien sea sobre la lengua portuguesa o sobre el Brasil en general.

Presta atención cuando encuentres este icono, pues resalta información que te puede evitar meter la pata o quedar en ridículo.

Junto a este icono se encuentran los párrafos que dan explicaciones sobre la vida cultural del Brasil.

Puedes consultar la web `www.dummies.es`, y tendrás la oportunidad de escuchar hablantes nativos del Brasil y darte una idea real de cómo suena este idioma. Con este icono hemos marcado los diálogos de "Hablando se entiende la gente" que se incluyen en la web.

¿Y ahora qué sigue?

Siempre que tengas un ratito, abre el libro en cualquier página. Lo único que necesitas es una mente curiosa y una actitud abierta para aprender cosas sobre el Brasil. Lo más importante es que no te tomes la lectura de este libro como una tarea pesada. Al fin y al cabo, lo escribí para que lo disfrutes y te diviertas.

No dudes en complementar la lectura de este libro con otras actividades, como entrar en un chat en portugués o poner música brasileña de fondo siempre que puedas, para irte acostumbrando al sonido de las palabras.

Ah, y **boa sorte** (*boa sojchi*; buena suerte).

1 Primeros pasos

EN ESTA PARTE . . .

En esta parte te familiarizarás con el portugués del Brasil. Aquí empezarás a entrar en contacto con los elementos básicos de la lengua portuguesa: la pronunciación, la forma de construir las frases, el vocabulario, etc. Además, te sentirás muy satisfecho contigo mismo, pues la similitud entre el español y el portugués te permitirán aprender muy rápidamente esta lengua maravillosa.

EN ESTE CAPÍTULO

- Las semejanzas entre el español y el portugués
- El nombre de las letras del alfabeto
- Los sonidos de las consonantes y las vocales
- Las variaciones regionales del acento

Capítulo 1
¡El portugués no es nada difícil!

Por sorprendente que pueda parecerte, la lengua portuguesa presenta importantes variaciones según las regiones del planeta donde se habla. La pronunciación del portugués del Brasil es totalmente diferente de la del portugués de Portugal. A algunos turistas brasileños de paseo por Portugal les puede resultar totalmente incomprensible el acento de la Península. Algo similar ocurre entre el castellano de España y el de América Latina, ¡aunque no de manera tan drástica! Además, algunos términos son exclusivos de cada país, ¡y a veces se crean terribles confusiones!.

Por otro lado, el portugués escrito es bastante estándar, especialmente si se trata de un periódico o de otras publicaciones formales que no utilizan términos familiares o coloquialismos. Un brasileño puede entender perfectamente un periódico portugués o leer las novelas de José Saramago, premio Nobel de literatura.

En este libro, pondré el énfasis en el portugués del Brasil y no en el de Portugal ni en el de algunos países de África (como las islas de Cabo Verde, al noroeste de África; Mozambique, en la costa sureste; Guinea-Bissau, en la zona occidental; Angola, en la zona suroccidental; y las islas de Santo Tomé y Príncipe, al oeste).

Las raíces del portugués

La hermosa lengua portuguesa es una de las llamadas lenguas romances, una familia lingüística cuyos orígenes se remontan al Imperio romano. Por aquel entonces, Roma era el centro de una vasta extensión territorial que comprendía Europa, el norte de África y algunas partes de Asia. La influencia de Roma no se limitaba al ámbito político, sino que incluía el idioma del imperio: el latín.

Cuanto más cerca se hallaba un lugar de Roma, tanto mayores eran las posibilidades de que el latín se incorporara a la lengua vernácula. Éste fue el caso del portugués, que se originó en Portugal, y de otras lenguas como el francés, el español e, incluso, el rumano.

¿Y cómo llegó el idioma portugués al Brasil? El conquistador portugués Pedro Álvares Cabral arribó a las costas de lo que hoy en día se conoce como el Brasil, el 22 de abril de 1500. A él se le atribuye el "descubrimiento" de esta parte del continente sudamericano. Por supuesto que esta zona ya estaba poblada por indígenas, pero ésa es otra historia. La lengua que hablaban estos pobladores autóctonos pertenecía a la familia **tupi-guarani** (*tupí guaraní*).

CULTURA GENERAL

En el portugués del Brasil encontramos algunas palabras de origen tupí-guaraní. Se trata, principalmente, de nombres de ciudades brasileñas. Veamos algunos ejemplos: **Uba-Tuba**, una hermosa población costera en el estado de São Paulo a la que los brasileños denominan familiarmente **Uba-Chuva**, porque allí llueve mucho, y **chuva** (*shuva*) significa lluvia. También se encuentran palabras de origen tupí-guaraní para designar plantas y animales nativos. Armadillo, por ejemplo, se dice **tatu** (*tatú*). Cuando te familiarices más con el portugués te resultará muy fácil determinar si una palabra es de origen latino o tupí-guaraní.

Otro grupo de palabras del portugués brasileño tiene su origen en lenguas africanas, que llegaron al Brasil a través de los esclavos de África. El Brasil actual debe mucho a este mestizaje lingüístico y cultural.

El influjo del latín se extendió también a lenguas germánicas como el inglés, con las que comparte ciertas raíces. Pero la mayor parte de similitudes (no sólo en lo que respecta a las raíces) se encuentran entre lenguas originadas en zonas de gran proximidad geográfica, tal como ocurrió con las lenguas de la península Ibérica. Por eso, los hablantes de castellano tienen una gran ventaja para aprender portugués respecto a hablantes de lenguas como el inglés o de otras lenguas no romances.

Esta ventaja, sin embargo, no debe hacernos olvidar que hay ciertas diferencias que es preciso identificar claramente, a fin de poder hablar un portugués correcto y no un chusco "portuñol". Si bien es cierto que hay palabras que se escriben de manera similar, la diferencia de pronunciación entre ambas lenguas es notable. Veamos algunos ejemplos de similitudes y diferencias: **carnaval** (*kajnavau*; –), **divertido** (*dchivejchidu*; –), **algo** (*augu*; –), **decisão** (*desisãu*; decisión) y **liberdade** (*libejdadchi*; libertad).

Hay otra ventaja: **O português** (*u pojtuguéz*; el portugués) tiene un alfabeto exactamente igual al nuestro, lo mismo que las demás lenguas derivadas del latín. Algunas vocales tienen acentos gráficos de varios tipos. ¡Obviamente, esas tildes forman parte del encanto de esta lengua fascinante! Por tanto, para los hispanohablantes aprender este idioma es mucho más sencillo que aprender japonés o árabe, lenguas que tienen alfabetos y grafías diferentes.

Para terminar, debido a la enorme influencia del inglés en el mundo contemporáneo (de cierta forma, puede decirse que ha tenido una mayor influencia que la del latín del antiguo Imperio romano), el portugués ha incorporado a su vocabulario muchas palabras del inglés, sin adaptarlas. Entre estas palabras se encuentran aquellas relacionadas con el ámbito de la tecnología moderna, como **e-mail** (*i-meil*) y también palabras básicas como **shopping** (*shoping*) o **show** (*shou*).

Empecemos por el alfabeto

Al principio, el portugués me sonaba muy extraño. Se me antojaba similar al ruso, ya que no entendía ni media **palavra** (*palavra*; palabra). Algunos sonidos son bastante difíciles de imitar, pues son muy particulares de esta lengua. Sin embargo, los brasileños suelen entender lo que dices aunque no pronuncies a la perfección. A muchos les parece encantador el **sotaque** (*sotaki*; acento) extranjero, así que no te preocupes.

Otra ventaja es que los sonidos de las letras escritas del portugués se corresponden de manera sistemática con la pronunciación. Una vez que aprendas cómo suena determinada combinación de vocales o de vocales y consonantes, todo será cuestión de práctica. No te encontrarás con muchas sorpresas en **a pronúncia** (*a pronúnsia*; la pronunciación) cuando tengas dominadas las bases.

¿Viste, al principio de este capítulo, que hay una guía de pronunciación entre paréntesis, después de cada palabra portuguesa? Pues bien, ése es el método que emplearemos a lo largo de todo el libro para mostrar cómo se pronuncia cada palabra nueva que aparezca. La sílaba que va *subrayada* es la que lleva el acento tónico.

Muy bien, ahora ya estamos listos para comenzar a aprender las bases de **o português**. Empecemos con el alfabeto. Pronuncia en voz alta estas letras:

- **a** (*á*)
- **b** (*bé*)
- **c** (*cé*)
- **d** (*dé*)
- **e** (*é*)
- **f** (*efi*)
- **g** (*yé*)
- **h** (*agá*)
- **i** (*i*)
- **j** (*yota*)
- **k** (*ka*)
- **l** (*eli*)
- **m** (*emi*)
- **n** (*ene*)
- **o** (*o*)
- **p** (*pé*)
- **q** (*ké*)
- **r** (*erri*)
- **s** (*esi*)
- **t** (*té*)
- **u** (*ú*)
- **v** (*vé*)
- **w** (*dabliu*)
- **x** (*chiz*)
- **y** (*ípsilon*)
- **z** (*zé*)

CONSEJO

Cuando usamos la *z* dentro de las guías de pronunciación, no pienses en la palabra zapato, a la española, que es un sonido interdental sordo. Aquí lo usamos para designar un sonido parecido al zumbido de una abeja, es decir, un sonido alveolar sonoro, a la portuguesa, como en **rosa** (*joza*). De manera similar, al ver en las guías de pronunciación la letra *y*, piensa en un sonido intermedio entre *y* (*yate*) y *sh* (*show*).

A la conquista de las consonantes

La lectura de este libro será muchísimo más fácil una vez que te familiarices con la pronunciación básica que puedes aprender en esta sección. No pasa nada si te saltas la guía, ya que puedes escuchar el archivo de audio y hacerte una idea de la pronunciación, además de leer las guías de fonética de los siguientes capítulos. Sin embargo, si quieres tener claro cómo se pronuncian otras palabras que no aparecen en este libro, vale la pena que leas este capítulo. Comenzaremos por las consonantes.

CULTURA GENERAL

Hay un aspecto bastante divertido en la pronunciación portuguesa de las palabras de origen extranjero (casi siempre tomadas del inglés), cuando dicha palabra termina en consonante. Los brasileños añaden el sonido *i*, después de la consonante final. Veamos algunos ejemplos: **club** (*klubi*); **laptop** (*lapitopi*; ordenador portátil); **hip-hop** (*jipijopi*); **rap** (*japi*) y **rock** (*joki*).

Hay algunas diferencias de pronunciación entre las consonantes del portugués y del castellano, pero también algunas similitudes, como veremos en la siguientes secciones.

La letra C

Cuando la *c* va al comienzo de la palabra, suena como una *k*.

» **casa** (*kasa*; -)

» **café** (*kafé*; -)

Si la letra *c* tiene una cedilla (una especie de coma debajo), se pronuncia como una *s*.

» **serviço** (*sejvisu*; servicio)

» **França** (*fransa*; Francia)

El lugar más frecuente donde aparece esta **c-cedilha** (*se sedilia*; ce con cedilla) es en la última sílaba de una palabra, seguida de las vocales **-ão**. Forma así un sufijo que equivale a *-ción* en español.

» **promoção** (*promosãu*; promoción/descuento)

» **evolução** (*evolusãu*; evolución)

La letra D

Si la palabra comienza con una *d*, el sonido es similar al del español.

» **dançar** (*dansaj*; bailar)

» **data** (*data*; fecha)

La preposición **de** suena como *dchi*.

Si la *d* se encuentra en medio de una palabra o delante de una vocal, puede sonar de dos formas: como una *d* española (en la palabra dedo) o como la *y* española (en la palabra yunque).

- **modelo** (*modelu*; –)
- **estado** (*estadu*; –)
- **pedir** (*pedchij*; –)
- **liberdade** (*liberdadchi*; libertad)

La letra G

El sonido de la *g* en portugués suele ser como el de la palabra *gato* en español.

- **gato** (*gatu*; –)
- **governo** (*govejnu*; gobierno)
- **segundo** (*segundu*; –)

Sin embargo, cuando va seguida de *e* o de *i*, la *g* también puede tener un sonido que no existe en español, entre la letra *y* y el fonema *sh*.

- **gente** (*yenchi*; –)
- **biologia** (*bioloyia*; biología)

La letra H

Al igual que en español, la *h* puede ser muda cuando va al comienzo de la palabra.

- **honesto** (*onestu*; –)
- **hora** (*ora*; –)

Sin embargo, si la *h* va después de una *l* (*lh*) suena como una combinación de *l* con *i*. Si va después de *n* suena como una *ñ*.

- **maravilhoso** (*maraviliozu*; maravilloso)
- **palhaço** (*paliasu*; payaso)
- **companhia** (*kompañía*; compañía)
- **Espanha** (*españa*; España)

La letra J

Al igual que los sonidos *ge* y *gi*, esta letra tiene un sonido que no existe en español, y que es algo intermedio entre *y* (*yate*) y *sh* (*show*).

- **julho** (*yuliu*; julio)
- **Jorge** (*yordchi*; –)
- **loja** (*loya*; tienda)
- **joelho** (*yoeliu*; rodilla)

La letra L

La *l* del portugués también es líquida, pero se asemeja más a la *l* del inglés.

- **líder** (*lídej*; –)
- **gelo** (*yelu*; hielo)

Sin embargo, cuando se encuentra al final de palabra, se pronuncia como una *u*.

- **mil** (*miu*; –)
- **Natal** (*natau*; Navidad)

Las letras M y N

Por lo general, las letras *m* y *n* en portugués suenan igual que en español.

- **mel** (*meu*; miel)
- **medo** (*medu*; miedo)
- **janela** (*yanela*; ventana)
- **não** (*nãu*; no)

Sin embargo, al final de una palabra, la *m* y la *n* adoptan un sonido nasal.

- **homem** (*omem*; hombre)
- **cem** (*sem*; cien)

La letra Q

En portugués, la letra *q* suena como una *k*.

» **quilo** (*kilu*; kilo)

» **quilômetro** (*kilómetru*; kilómetro)

La letra R

Si la palabra comienza con *r*, el sonido es equivalente al de la *j* española, pero pronunciada como una *h* aspirada.

» **Roberto** (*jobejtu*; –)

» **rosa** (*joza*; –)

Si la *r* se encuentra en medio de la palabra, en una sílaba acentuada, suena como una *j* aún más fuerte. En las palabras **porta** y **carta** que mostramos a continuación, hay que hacer salir el aire por la boca al pronunciar la *r*. No se trata de un sonido gutural, como el del alemán, sino parecido al de la *j* española.

» **porta** (*pojta*; puerta)

» **carta** (*kajta*; –)

Si la *r* va en medio de una palabra, en una sílaba no acentuada, suena igual que la *r* sencilla española, como en la palabra *faro*.

» **Brasil** (*braziu*; –)

» **coração** (*korasãu*; corazón)

Si la palabra tiene una *r* duplicada (*rr*), el sonido es como el de una *j* española; es el caso de **burro** (*bujo*; tonto)

Si la *r* va al final de la palabra, suena como una jota casi muda.

» **caminhar** (*kamiñaj*; caminar)

» **gostar** (*gostaj*; gustar)

La letra S

Suena como la *s* española, salvo cuando va entre dos vocales o al final de la palabra, en cuyo caso se pronuncia como el zumbido de una abeja.

» **Brasil** (*braziu*; -)

» **olhos** (*oliuz*; ojos)

» **dedos** (*deduz*; -)

La letra T

Por lo general, la *t* suena en portugués igual que la *t* española.

» **motocicleta** (*motusikleta*; -)

» **atuar** (*atuaj*; actuar)

» **Tailândia** (*tailándchia*; Tailandia)

Pero suena como *ch* cuando va seguida de *e* o de *i*.

» **passaporte** (*pasapojchi*; pasaporte)

» **forte** (*fojchi*; fuerte)

» **notícia** (*nochísia*; -)

» **time** (*chimi*; equipo)

La letra W

Ésta no es una letra común en portugués, pero cuando aparece se pronuncia como una *v* a la francesa (un sonido labiodental). Por lo general, se ve en nombres propios.

» **Wanderlei** (*vanderlei*)

» **Wanessa** (*vanesa*)

La letra X

La *x* suele tener el sonido de *sh*, como cuando pedimos hacer silencio.

» **axé** (*ashé*; un tipo de baile popular brasileño)

» **lixo** (*lisho*; basura)

» **taxa** (*tasha*; tasa)

» **bruxa** (*brusha*; bruja)

También puede tener el sonido *ks*, en casos como **tóxico** (*tóksiku*; –).

Las vocales

En este apartado, veremos la cinco vocales del portugués, así como sus acentuaciones.

Las letras A y Ã

La *a* suena igual que en español.

» **amigo** (*amigu*; -)

» **ajuda** (*ayuda*; ayuda)

» **Tatiana** (*tachiana*)

Si la *a* está acentuada con una virgulilla, o **til** (*chiu*; tilde), igual a la de la eñe (*ã*), entonces se pronuncia de forma nasal. Para lograrlo, hay que abrir la boca igual que para la otra *a*, pero se debe dejar salir buena parte del aire por la nariz. ¿Oyes la diferencia? ¡Ése es el sonido de la *ã*!

El sonido de la *ã* es muy común en el portugués brasileño. Tiene un sonido prolongado, acentuado y nasal. Sin embargo, para ser franca, me llevó más de un año llegar a ser capaz de pronunciarlo igual que los brasileños. No te angusties por eso. Casi todo el mundo te comprenderá aunque no lo pronuncies a la perfección.

La *ã* suele presentarse al final de la palabra.

» **maçã** (*masã*; manzana)

» **Maracanã** (*marakanã*; estadio de fútbol en Río)

Con mucha frecuencia, la *ã* va seguida de una *o* (ão). Estas dos letras producen un sonido igualmente nasal, es decir, dejando salir buena parte del aire por la nariz.

» **não** (*nãu*; no)

» **informação** (*infojmasãu*; información)

Las letras E y Ê

En general, la *e* del portugués suena igual que en español.

» **elefante** (*elefanchi*; -)

» **dedo** (*dedu*; -)

Si la *e* se encuentra al final de palabra, generalmente suena como una *i*.

» **dificuldade** (*difikuldadchi*; dificultad)
» **boate** (*boachi*; club nocturno)

Si la *e* tiene un acento circunflejo (*ê*), no te preocupes, suena igual.

» **três** (*tréz*; tres)

La letra I

Prácticamente sin ninguna excepción, la *i* suena igual que en español.

» **inglês** (*ingléz*; inglés)
» **livro** (*livru*; libro)

Las letras O y Ô

La *o* del portugués suena, casi siempre, como nuestra *o* española.

» **ontem** (*ontem*; ayer)
» **onda** (*onda*; ola)

Sin embargo, cuando va al final de palabra, suena como una *u*.

» **tudo** (*tudu*; todo)
» **Gramado** (*gramadu*; ciudad del estado de Rio Grande do Sul, famosa por su festival de cine)

También es posible ver la *o* con un acento circunflejo (*ô*). El sonido es el mismo de la *o* sin acento.

» **ônibus** (*ónibus*; autobús)

La letra U

La *u* también suena como en español.

» **urso** (*ursu*; oso)
» **útil** (*úchiu*; -)
» **ou** (*ou*; o)

Diferencias regionales en el acento

La pronunciación portuguesa que damos en este libro se puede aplicar a casi todo el Brasil y, sin lugar a dudas, es perfectamente comprensible para todos los brasileños. Sin embargo, existen características distintivas entre los acentos de cada región del Brasil. Por lo general, la diferencia no está en la manera de hablar como tal, sino en la forma de producir ciertos sonidos.

A continuación te muestro algunas diferencias clásicas de acento, que te permitirán detectar de qué parte de Brasil es tu interlocutor. Sin embargo, no tienes que memorizar nada. Te doy esta información sólo como dato de cultura general.

Río de Janeiro

Los cariocas (*kariokaz*; oriundos de la ciudad de Río) son famosos por decir *sh* en lugar de *s*.

Palabra	***Pronunciación de Río***	***Pronunciación estándar***	***Significado***
mulheres	*mulierish*	*mulieriz*	mujeres
esquina	*eshkina*	*eskina*	–

Interior del estado de São Paulo

La gente del interior del estado de São Paulo (no de la ciudad de São Paulo) se caracteriza por pronunciar el portugués como los estadounidenses. Increíble, ¿no? Eso se debe a que pronuncian la *r* de las sílabas acentuadas como una *r* fuerte en inglés, y no como una *j* fuerte.

Palabra	***Pronunciación del interior de São Paulo***	***Pronunciación estándar***	***Significado***
interior	*interior*	*interioj*	–
porta	*porta*	*pojta*	puerta

Noreste del Brasil

En esta parte del país, la mayoría de la gente (exceptuando la del estado de Bahía) pronuncia la *d* como suena en español. La *t*, por otra parte, suena como la *t* explosiva del inglés, a diferencia del sonido *ch* que se oye en el resto del país.

Palabra	***Pronunciación del noreste***	***Pronunciación estándar***	***Significado***
bom dia	*bom dia*	*bom dchia*	buenos días
forte	*fojti*	*fojchi*	fuerte

Rio Grande do Sul

Los **gaúchos** (*gaúshoz*; originarios del estado de Rio Grande do Sul) se caracterizan por hablar con un acento cantado que sube y baja mucho de tonalidad. Estas personas viven cerca de la frontera con Argentina y Uruguay, lo cual significa que su acento suena muy parecido al español de esas zonas.

Juegos y ejercicios divertidos

Une mediante una línea las letras portuguesas de la primera columna con el sonido que les hemos asignado en las guías de pronunciación.

1. **d**	a. s
2. **u**	b. ch
3. **t**	c. u
4. **ç**	d. v
5. **w**	e. y

EN ESTE CAPÍTULO

Sustantivos y adjetivos: descripción de personas, lugares y cosas

Artículos determinados e indeterminados: el, la y unos

El uso de los pronombres: yo, tú, él, ella, nosotros, ellos

Frases simples

Conjugaciones regulares e irregulares

Combinación de palabras mediante contracciones

Objetos indirectos: cosas que te ocurren a ti y a mí

Los números del 1 al 100 (y más)

Capítulo 2

La gramática portuguesa básica y los números cardinales

¡Ay, ay, ay! ¿Alguien ha dicho gramática? Ésta era la peor asignatura de la escuela, junto con las matemáticas. Nuestros profesores nos enseñaban la gramática de tal manera que el objeto de estudio parecía un campo minado de teoremas y no un tema cultural divertido e interesante. Pues bien, en este capítulo no hablaré de gramática como si se tratara de un conjunto de reglas para memorizar. Además, si quieres ejercitarte un poco con las matemáticas, al final del capítulo te encontrarás con los números en portugués.

Comprender cómo se clasifican las palabras según su función y saber qué lugar ocupan en una frase es, de algún modo, como armar un rompecabezas. Tal como habrás imaginado, las piezas que se usan en español y en portugués son del mismo tipo y tienen el mismo nombre. Cada una de esas piezas es una categoría de palabras que se usa para formar la frase: son las partes de la oración.

La concordancia de sustantivos y adjetivos

Al igual que en español, en portugués los sustantivos son una de las principales partes de la oración, es decir, se cuentan entre las piezas más importantes del rompecabezas. Se usan para designar personas, lugares y cosas, como **casa** (*kasa*; –), **amigo** (*amigu*; –), **Maria** (*maria*; María), **caneta** (*kaneta*; bolígrafo).

Los sustantivos del portugués son de dos géneros: masculinos y femeninos. Los sustantivos masculinos generalmente terminan en *-o*, y los femeninos en *-a*. Si el sustantivo termina en una letra diferente, te sugiero que consultes el diccionario para saber con seguridad en qué género clasificarlo.

La ventaja para los hispanohablantes es que muchos de los sustantivos coinciden (aunque no todos), así como las variaciones de género. Sucede lo mismo con los adjetivos. Pensemos, por ejemplo, en los siguientes casos: **bonita** (*bunita*; –), **simpático** (*simpáchiku*; –) o **grande** (*grandchi*; –). Igual que con los sustantivos, los adjetivos femeninos suelen terminar en *-a* y los masculinos en *-o*.

RECUERDA

Como te habrás imaginado, el orden de colocación del sustantivo y el adjetivo en una frase en portugués es similar al español, es decir, primero va el sustantivo y luego el adjetivo: **amigo simpático**, **casa bonita**, etc.

Veamos algunos ejemplos del orden de colocación del sustantivo y el adjetivo, así como de concordancia de género:

» **homem lindo** (*omem lindu*; hombre guapo)

» **mulher linda** (*muliej linda*; mujer guapa)

- **quarto limpo** (*kuajtu limpu*; habitación limpia)
- **casa suja** (*kasa suya*; casa sucia)
- **comida gostosa** (*komida gostosa*; comida sabrosa)

Algunos adjetivos son neutros, es decir, mantienen la misma forma ya sea que califiquen un sustantivo femenino o uno masculino. Estos adjetivos suelen terminar en *-e*, y no en *-o* ni en *-a*. Entre estos adjetivos se encuentran, por ejemplo, **inteligente** (*inteliyenchi*; –) y **grande**.

Observa que el adjetivo **inteligente** permanece igual, tanto si califica al sustantivo masculino como al femenino:

- **Ela é muito inteligente** (*ela é muitu inteliyenchi*; ella es muy inteligente).
- **Ele é muito inteligente** (*eli é muitu inteliyenchi*; él es muy inteligente).

Si el sustantivo es plural, basta con añadir una *s* al final del adjetivo: **cachorros pequenos** (*kachojuz pekenuz*; cachorros pequeños).

Algunos artículos

Al igual que sustantivos y adjetivos, también los artículos en portugués varían según el género y el número, tal como sucede en español, que tenemos *el, la, los, las, un, una, unos, unas.*

Siguiendo una estricta lógica, la vocal que marca el masculino es la *o* y la vocal que marca el femenino es la *a*. Pues bien, el artículo singular en portugués es una simple vocal. Observa los siguientes ejemplos:

- **o homem lindo** (*u omem lindu*; el hombre guapo)
- **a mulher linda** (*a muliej linda*; la mujer guapa)
- **o cuarto limpo** (*u kuajtu limpu*; el cuarto limpio)
- **a casa suja** (*a kasa suya*; la casa sucia)

El uso del artículo delante de los sustantivos es similar al del español. Veamos algunos ejemplos: **os livros são divertidos** (*oz livruz sãu dchivejchiduz*; los libros son divertidos). **O Brasil é grande** (*u braziu é grandchi*; el Brasil es grande).

RECUERDA

Los brasileños siempre usan el artículo **o** (si es masculino) o **a** (si es femenino) delante del nombre de una persona: **a Mónica** (*a mónika*), **a Cláudia** (*a kláudchia*), **o Nicolas** (*u nikoláz*), **o Roberto** (*u jobejtu*).

Si el sustantivo es plural, se usa el artículo **os** (*os*; los) o **as** (*as*; las). Veamos los ejemplos:

» **os barcos grandes** (*oz bajkuz grandchiz*; los barcos grandes)

» **as flores amarelas** (*az florez amarelaz*; las flores amarillas)

Los artículos indeterminados en singular son **um** (*um*; un) y **uma** (*uma*; una):

» **um banheiro** (*um bañeiru*; un baño)

» **uma pessoa** (*uma pesoa*; una persona)

» **um livro** (*um livru*; un libro)

» **uma mesa** (*uma mesa*; una mesa)

Los artículos indeterminados en plural son **uns** (*unz*; unos) y **umas** (*umaz*; unas):

» **uns sapatos** (*unz sapatuz*; unos zapatos)

» **umas garotas** (*umaz garotaz*; unas chicas)

» **umas praias** (*umaz praiaz*; unas playas)

RECUERDA

Cuando queremos formar el plural de una palabra que termina en *m*, tal como **homem**, la *m* siempre se convierte en *n* (y se le añade la *s*, claro): **um homem** (*um omem*) pasa a ser **uns homens** (*unz omenz*).

Los pronombres: primera, segunda y tercera persona

Usamos los pronombres cuando omitimos el nombre de la persona. Éstos son los pronombres que se usan en portugués:

» **eu** (*eu*; yo)

» **você/vocês** (*vosé/vosés*; tú/ustedes,vosotros)

» **ele** (*eli*; él)

- **ela** (*ela*; ella)
- **nós** (*nóz*; nosotros)
- **eles** (*eliz*; ellos)
- **elas** (*elaz*; ellas)

CONSEJO

Para referirse a objetos, los brasileños también utilizan los pronombres personales, siempre que no utilicen el sustantivo. Sin embargo, lo más corriente es usar el sustantivo. Con todo, **a mala** (*a mala*; la maleta) puede convertirse en **ela** (*ela*; ella), si ambos interlocutores tienen claro el contexto. **Eu perdi ela** (*eu pejdchí ela*) significa 'la perdí'.

RECUERDA

Si estás hablando con una persona mayor o con una persona importante, como tu jefe o un político, no debes usar el pronombre **você**, sino que debes dirigirte a ella diciéndole **o senhor** (*o señój*; usted. Literalmente: el señor) o **a senhora** (*a señora*; usted. Literalmente: la señora), en señal de respeto.

Veamos el uso de los pronombres en algunas frases:

- **Eu falo português** (*eu falu pojtuguéz*; yo hablo portugués).
- **Você escreve** (*vosé eskrevi*; tú escribes).
- **A senhora é brasileira?** (*a señora é brazileira?*; ¿usted es brasileña? —para dirigirnos a una mujer mayor).

Los verbos y la construcción de las frases

Para poder darle vida a una frase, necesitamos los verbos. Junto con los sustantivos, constituyen la parte más importante de una frase. Los verbos sirven para unir una cosa con aquello que la describe. Quizá el verbo más utilizado del portugués sea **ser** (*sej*; –). Las siguientes frases estás compuestas, simplemente, por un sustantivo, un verbo y un atributo:

- **A casa é bonita** (*a kasa é bunita*; la casa es bonita).
- **O amigo é simpático** (*u amigu é simpáchiku*; el amigo es simpático).
- **As rosas são vermelhas** (*az jozaz sãu vejmeliaz*; las rosas son rojas).

Por supuesto que hay muchísimos verbos más, pero la construcción sigue siendo similar: un sustantivo seguido de un verbo. En estos casos, el verbo señala una acción. Ejemplos de verbos de acción son **estudar** (*estudaj*; estudiar), **ir** (*ij*; –) o **cantar** (*kantaj*; –). Veamos algunas frases completas:

» **Os amigos falam** (*oz amiguz falam*; los amigos hablan).

» **O gato dorme** (*u gatu dujmi*; el gato duerme).

» **A mãe cozinha** (*a mãi koziña*; la madre cocina).

Si quieres hacer una pregunta, no es necesario que inviertas el orden de las palabras. Basta elevar la entonación hacia el final de la frase. Usa el mismo tono de voz que en español cuando preguntas algo.

» **A casa é bonita?** (*a kasa é bunita?*; ¿la casa es bonita?).

» **As rosas são vermelhas?** (*az jozaz sãu vejmeliaz?*; ¿las rosas son rojas?).

Las conjugaciones del verbo cambian según la persona que esté ejecutando la acción. En la siguiente sección veremos algunos ejemplos.

Conjugación de los verbos

La conjugación consiste en hacer coincidir el verbo con la persona (o sujeto). Si eres un lector intuitivo, habrás adivinado que los verbos del portugués se dividen en tres grupos según su terminación: en *-ar*, en *-er* y en *-ir*. La terminación en *-ar* no tiene mayor complicación; salvo por algunas excepciones, estos verbos son regulares (es decir, tienen la buena costumbre de funcionar siempre de la misma manera). En cambio, los verbos terminados en *-er* y en *-ir* son un poco más complicados. Hay reglas para conjugarlos, pero tienen la fea inclinación de no ceñirse siempre a ellas. En el apéndice A, encontrarás una lista de verbos conjugados, entre ellos algunos irregulares.

La conjugación de los verbos en portugués sigue el mismo principio que en español: quitas la terminación y añades la desinencia que corresponde a la persona que ejecuta la acción. En los siguientes apar tados explicaremos qué desinencias (o terminaciones) usar.

RECUERDA

Para que te resulte más claro, he puesto en diferentes líneas la conjugación de **você** (tú) y **ele/ela** (él/ella), aunque es la misma. En el plural ocurre lo mismo; la segunda (vocês) y la tercera (eles/elas) personas se conjugan igual. Por otra parte, tampoco verás en las tablas la conjugación de **o senhor/a senhora**, para esta fórmula de cortesía se utiliza la misma conjugación de **você** y **ele/ela**. Así pues, cuando quieras tutear o hablar de usted, la conjugación es igual. La conjugación no tiene género.

CONSEJO

A veces puedes usar el verbo en infinitivo, es decir, sin conjugar. Lo mismo que en castellano: **Dançar é divertido** (*dansaj é dchivejchidu*; bailar es divertido). **Falar português não é dificil** (*falaj pojtuguéz nãu é dchifisiu*; hablar portugués no es difícil).

Los verbos terminados en *-ar*

Cuando quieras usar un verbo en *-ar*, agrega a la raíz del verbo alguna de las siguientes desinencias (o terminaciones): *-o*, *-a*, *-a*, *-amos* y *-am*. Cuál de ellas escoger depende del sujeto de la frase. En la tabla 2-1 encontrarás las desinencias para los verbos terminados en *-ar*.

TABLA 2-1 **Terminaciones de los verbos en *-ar***

Pronombre en español	Pronombre en portugués	Terminación
yo	eu	-o
tú	você	-a
él /ella	ele/ela	-a
nosotros/nosotras	nós	-amos
vosotros/vosotras	vocês	-am
ellos/ellas	eles/elas	-am

Tomemos, por ejemplo, el verbo **falar** (*falaj*; hablar). En primer lugar, quita la terminación *-ar* y deja sola la raíz, es decir, **fal**. Luego, agrega la terminación adecuada.

Conjugación	***Pronunciación***
eu falo	*eu falu*
você fala	*vosé fala*
ele/ela fala	*eli/ela fala*
nós falamos	*nóz falamuz*
eles/elas falam	*eliz/elaz falam*

A continuación, veremos cómo usar los verbos **adorar** (*adoraj*; – en el sentido de gustar mucho), **fechar** (*feshaj*; cerrar) y **começar** (*komesaj*; comenzar). Algunos de los sustantivos de los siguientes ejemplos no son personas, pero se utiliza para ellos la misma conjugación de **ele/ela**:

» **Eu adoro viajar** (*eu adoru viayaj*; me encanta viajar).

» **A loja fecha cedo hoje** (*a loya fesha sedu oyi*; la tienda cierra temprano hoy).

» **O concerto começa agora** (*u konsejtu komesa agora*; el concierto comienza ahora).

Hablando se entiende la gente

Vitor (*vitoj*) y **Danilo** (*danilu*) acaban de conocerse en el gimnasio. Los dos chicos hablan sobre las actividades físicas que les gustan, aparte de levantar pesas. Presta atención a las conjugaciones de los verbos. Tres de estos terminan en *-ar*: **gostar** (*gostaj*; gustar), **caminhar** (*kamiñaj*; caminar) y **jogar** (*yogaj*; jugar).

Danilo: **O quê tipo de esporte você gosta de fazer?**
u ké tipu dchi espojchi vosé gosta dchi fazej?
¿Qué tipo de deporte te gusta practicar?

Vitor: **Eu caminho muito e faço aula de Tai Chi.**
eu kamiñu muitu i fasu aula dchi tai chí.
Camino mucho y voy a clases de taichí.

Danilo: **Você não joga futebol?**
vosé nãu yoga fuchibou?
¿No juegas al fútbol?

Vitor: **Só as vezes.**
só az veziz.
Sólo a veces.

Verbos en *-er* y en *-ir*

La conjugación de los verbos regulares en *-er* y en *-ir* no es difícil. En la mayoría de los casos basta con reemplazar la terminación del verbo en infinitivo por alguna de las desinencias: *-o*, *-e*, *-e*,*-emos*/*-imos* y *-em*. En la tabla 2-2 puedes ver qué desinencia debes usar, según la persona.

TABLA 2-2 **Terminaciones de los verbos regulares en *-er* y en *-ir***

Pronombre en español	Pronombre en portugués	Terminación
yo	eu	-o
tú	você	-e
él /ella	ele/ela	-e
nosotros/nosotras	nós	-emos (para los verbos en -er) -imos (para los verbos en -ir)
vosotros/vosotras	vocês	-em
ellos/ellas	eles/elas	-em

Palabras para recordar

quê	***ké***	**qué**
tipo	***tipu***	**tipo**
esporte	***espojchi***	**deporte**
gosta	***gosta***	**te gusta**
caminho	***kamiñu***	**camino**
muito	***muitu***	**mucho**
e	***i***	**y**
aula	***aula***	**clase**
não	***nãu***	**no**
joga	***yoga***	**juegas**
futebol	***fuchibou***	**fútbol**
só	***só***	**sólo (solamente)**
as vezes	***az veziz***	**a veces**

Un verbo muy sencillo teminado en *-er* es **comer** (*komej*; –). Deja sola la raíz y agrégale una de estas terminaciones:

Conjugación	***Pronunciación***
eu como	*eu komu*
você come	*vosé komi*
ele/ela come	*eli/ela komi*
nós comemos	*nós komemuz*
eles/elas comem	*eliz/elaz komem*

Muchos verbos terminados en *-er* y en *-ir* tienen desinencias especiales. Por ejemplo, con los verbos que terminan en *-zer*, como **fazer** (*fazej*; hacer), debes quitar la partícula *-zer* para obtener la raíz. Luego, los verbos adoptan las desinencias *-ço*, *-z*, *-z*, *-zemos* y *-zem*. Las dos últimas terminaciones (para las personas *nosotros/nosotras, vosotros/vosotras* y *ellos/ellas*) son iguales a las de los verbos en *-er*, pero las primeras (para las personas *yo*, *tú* y *él/ella*) son un poco extrañas. Observa los siguientes ejemplos para las formas *yo* y *tú*:

» **Eu faço muitas coisas** (*eu fasu muitaz koisaz*; yo hago muchas cosas).

» **Você traz um presente** (*vosé traz um presenchi*; tú traes un regalo).

Contracciones sin dolor

Las contracciones (y no me refiero a las de un parto) son un fenómeno de la gramática que consiste en unir dos palabras para formar una sola. En español, tenemos los casos de *al* y *del*, en las que se unen *a* y *el*, y *de* y *el*, respectivamente. En esta sección aprenderás a reconocer las contracciones del portugués y a saber en qué casos se usan.

Puede resultar un poco difícil recordar todas las contracciones, pero no te preocupes por eso, porque no son tan importantes como los sustantivos, los verbos o los adjetivos, que son las verdaderas **estrelas** (*estrelaz*; estrellas) de la frase. Las contracciones sirven para unir las piezas del rompecabezas, pero no intervienen casi nada en la formación del sentido de la frase.

Observa lo que ocurre en portugués cuando combinas **em** y **o**. **Em** (*em*) significa *en*, y **o** (*u*) significa *el*. Sin embargo, en portugués no se dice **em o** (en el), porque para eso existe la contracción **no** (*nu*).

- **no banheiro** (*nu bañeiru*; en el baño)
- **no quarto** (*nu kuajtu*; en la habitación)
- **no teto** (*nu tetu*; en el techo)

Los anteriores ejemplos se aplican a sustantivos masculinos singulares. Ahora veamos lo que ocurre en el caso de los sustantivos femeninos y en el caso de los plurales. En lugar de la contracción **no**, tenemos **na** (femenino, singular) y para los plurales tenemos **nos** (masculino) y **nas** (femenino).

- **na mesa** (*na mesa*; en la mesa)
- **na cozinha** (*na coziña*; en la cocina)
- **na rua** (*na jua*; en la calle)
- **nos livros** (*noz livruz*; en los libros)
- **nas praias** (*naz praiaz*; en las playas)

Otra contracción es la de las palabras **de** y **o**, y también la de **por** y **o**. Así, por ejemplo, cuando quieres decir *de* y *el* (*del*, en español), dices **do**; pero la mezcla se puede hacer, igualmente, con otros artículos aparte de *el*: **da/dos/das**. Para decir *por el* usas la contracción **pelo** y, como es obvio, la mezcla también es posible con los demás artículos: **pela/pelos/pelas**. La clave está en recordar que la *o* va con los sustantivos masculinos, la *a* con los femeninos y la *s* con el plural.

Veamos algunos ejemplos:

- **do livro** (*du livru*; del libro)
- **das professoras** (*daz profesoraz*; de las profesoras)
- **pelo telefone** (*pelu telefoni*; por teléfono)
- **pelas ruas** (*pelaz juaz*; por las calles)
- **dos pais** (*doz paiz*; de los padres)

Los brasileños también usan contracciones específicamente para decir *de él*, *de ella* o *de ellos* (para más información sobre el uso de las contracciones para indicar posesión, consulta el capítulo 4).

- **dela** (*dela*; de ella)
- **dele** (*deli*; de él)
- **delas** (*delaz*; de ellas)
- **deles** (*deliz*; de ellos)

Ahora lee los siguientes ejemplos de frases donde se usan las contracciones que acabas de aprender:

- **Gosto de viajar pelo mundo** (*gostu dchi viayaj pelu mundu*; me gusta viajar por el mundo).
- **Ele mora no Brasil** (*eli mora nu braziu*; él vive en el Brasil)
- **Nos Estados Unidos, há cinqüenta estados** (*noz estaduz uniduz, á sinkuenta estaduz*; en los Estados Unidos hay cincuenta estados).
- **As chaves estão em cima da mesa** (*az shavez estãu em sima da mesa*; las llaves están encima de la mesa).

Objetos indirectos: a mí, a ti

Unos de mis aspectos favoritos de la gramática portuguesa es el de los objetos indirectos: son esos pronombres que aunque están en la frase, no son ellos quienes ejecutan la acción. Son, por así decirlo, los destinatarios de la acción.

Lo bueno es que en los dos siguientes casos no tendrás que hacer muchos esfuerzos de memorización: **te** (*te*) significa *te*, lo mismo que en español, y **me** (*mi*), *me*. Los objetos indirectos se ponen antes del verbo. Observa los siguientes ejemplos:

- **Eu te dou dinheiro** (*eu chi dou dchiñeiru*; yo te doy dinero).
- **Me diga o seu nome** (*mi dchiga u seu nomi*; dígame su nombre).

En la primera frase, el sujeto (quien hace la acción) es **eu**. En la segunda, se trata de la forma imperativa (para dar órdenes o pedir algo), y no aparece la persona a quien se da la orden. En todo caso, podemos ver que el verbo **diga** se encuentra en la forma **você/ele/ela**. Si alguien te mira y te dice **Me diga o seu nome**, es evidente que te está pidiendo la información a *ti* y no a *él*, a *ella* o a cualquier otra persona. Los brasileños omiten el sujeto de la frase cuando es obvio. Tampoco en español mencionamos la persona a quien damos la orden, a menos que queramos poner un énfasis particular. Por otra parte, cuando el destinatario del favor o de la orden soy *yo*, se utiliza el pronombre *me*, seguido de un verbo:

- **Me faz um recibo, por favor?** (*mi faz um jesibu, poj favoj?*; ¿me haces un recibo, por favor?).

» **Me traz uma água, por favor?** (*mi traz uma água, poj favoj?*; ¿me traes agua, por favor?).

» **Me explica o que aconteceu** (*mi esplika u ké akonteseu*; explícame lo que pasó).

» **Me leva até a rodoviária?** (*mi leva até a jodoviária?*; ¿puedes llevarme a la estación de autobuses?).

» **Me da o seu passaporte, por favor** (*mi da u seu pasapojchi, poj favoj*; deme su pasaporte, por favor).

Los números: todo cuenta

¿Matemáticas fáciles? ¡Claro! En portugués los números son muy sencillos de aprender para un hispanohablante. Así, podrás sentirte bastante seguro cuando vayas a una tienda a hacer tus compras. Tu experiencia como turista será, entonces, muy agradable y relajada.

Si quieres entrar en detalles sobre los precios (e incluso regatear un poco), te conviene estudiar los números. Las cifras estarán dadas en **reais** (*jeaiz*; reales), que es el nombre de la moneda del Brasil. En el capítulo 11 encontrarás más información relacionada con el dinero. En los capítulos 5 y 6 hablaremos sobre actividades como salir a comer e ir de compras.

Las principales circunstancias en las que necesitarás hacer uso de los números son: decir o preguntar la hora, averiguar el número de una calle o hablar sobre precios. Éstos son los números del uno al diez:

» **um** (*um*; 1)

» **dois** (*doiz*; 2)

» **três** (*tréz*; 3)

» **quatro** (*kuatru*; 4)

» **cinco** (*sinku*; 5)

» **seis** (*seiz*; 6)

» **sete** (*sechi*; 7)

» **oito** (*oitu*; 8)

» **nove** (*novi*; 9)

- **dez** (*dez*; 10)

Ahora veamos del 11 al 19:

- **onze** (*onzi*; 11)
- **doze** (*dozi*; 12)
- **treze** (*trezi*; 13)
- **quatorze** (*katojzi*; 14)
- **quinze** (*kinzi*; 15)
- **dezeseis** (*deziseiz*; 16)
- **dezesete** (*dezisechi*; 17)
- **dezeoito** (*dezoitu*; 18)
- **dezenove** (*dezinovi*; 19)

Y los del 20 al 100, contando de diez en diez:

- **vinte** (*vinchi*; 20)
- **trinta** (*trinta*; 30)
- **quarenta** (*kuarenta*; 40)
- **cinqüenta** (*sinkuenta*; 50)
- **sessenta** (*sesenta*; 60)
- **setenta** (*setenta*; 70)
- **oitenta** (*oitenta*; 80)
- **noventa** (*noventa*; 90)
- **cem** (*sem*; 100)

Para decir un número que no termine en cero, basta poner la palabra **e** (*i*; y) en medio de las decenas y las unidades. Si quieres decir 34, por ejemplo, di **trinta e quatro** (*trinta i kuatru*).

Para decir los números del 100 al 199, usa las palabras **cento e** (*sentu i*) y luego el resto del número. Por ejemplo: **Cento e trinta e quatro** (*sentu i trinta i kuatru*; 134); **cento e oitenta e sete** (*sentu i oitenta i sechi*; 187).

Para los números entre el 201 y el 999, reemplaza la palabra **cento** con los siguientes términos según cada centena:

- **duzentos** (*duzentuz*; 200)

- » **trezentos** (*trezentuz*; 300)
- » **quatrocentos** (*kuatrosentuz*; 400)
- » **quinhentos** (*kiñentuz*; 500)
- » **seiscentos** (*seisentuz*; 600)
- » **setecentos** (*sechisentuz*; 700)
- » **oitocentos** (*oitusentuz*; 800)
- » **novecentos** (*novisentuz*; 900)

Para cerrar con broche de oro, tenemos **mil** (*miu*; –) y **um milhão** (*um miliãu*; un millón). Para los números que se encuentran entre estos dos, basta con agregar la palabra **e** y luego el resto del número.

Juegos y ejercicios divertidos

Carolina (*karolina*) y **Mauricio** (*maurisiu*) son marido y mujer. Asigna los adjetivos de la parte inferior de la página a cada personaje, según corresponda.

1. **inteligente**
2. **simpático**
3. **honesta**
4. **linda**
5. **alto**
6. **jovem**
7. **médica**
8. **organizado**

EN ESTE CAPÍTULO

Presentarse a sí mismo o a los amigos

Hablar en situaciones formales

Expresar quién eres y cómo eres

El verbo *falar*

Despedirse

Capítulo 3 Saludos y presentaciones

Las palabras para saludar y despedirse son fundamentales en cualquier **lingua** (*lingua*; idioma). Si vas al Brasil, tendrás muchas oportunidades de **praticar** (*prachikaj*; practicar) estas **palavras** (*palabraz*; palabras) básicas. Si vas a unas **lojas** (*loyaz*; tiendas), a los **restaurantes** (*jestauranchiz*; –) y **hotéis** (*otéiz*; hoteles), oirás a la gente decir **Tudo bom?** (*tudu bom?*; ¿cómo estás?) y **Tchau!** (*chau!*; ¡adiós!), que viene del italiano *ciao*, como en español.

El **próximo passo** (*próksimu pasu*; próximo paso) es presentarte a ti mismo y presentar a otras personas que estén contigo. Querrás decirles a tus interlocutores cuál es tu **nome** (*nomi*; nombre) y quizás también tu **sobrenome** (*sobrenomi*; apellido).

Después de haber dado a conocer los nombres y el lugar de origen de todo el mundo, el siguiente paso en una **conversa** (*konvejsa*; conversación) puede ser explicar a qué te dedicas e, incluso, cómo eres. Asimismo, puedes averiguar, mediante estas técnicas de conversación, cómo es otra persona. Si quieres saber cómo es **fisicamente** (*fisikamenchi*; físicamente) alguien, puedes preguntar si es **alto** (*autu*; –), **baixo** (*baishu*; bajo) o **simpático** (*simpáchiku*; –).

Finalmente, querrás decir cómo estás en un **momento** (*momentu*; –)

en particular. ¿Estás **cansado** (*kansadu*; –), o **contente** (*kontenchi*; contento)? ¿Estás **pronto** (*prontu*; listo) para aprender portugués?

Algunas maneras de saludar

Saludar es una necesidad fundamental, estés en tu país o en el Brasil. Una vez que hayas dado este paso amistoso en la comunicación, queda el terreno abonado para la interacción social. ¡Ésa es la parte divertida! No es posible predecir qué sigue después de decir hola, pero en eso radica la belleza de **a vida** (*a vida*; la vida).

Éstas son las maneras más comunes de saludar en el Brasil:

- **Oi** (*oi*; hola).
- **Olá** (*olá*; hola).

Si entras en una tienda, en un restaurante o en un hotel, lo usual es decir *buenos días* o *buenas tardes*, lo mismo que en español.

- **Bom dia** (*bom dchia*; buenos días).
- **Boa tarde** (*boa tajdchi*; buenas tardes).
- **Boa noite** (*boa noichi*; buenas noches).

CULTURA GENERAL

En el Brasil, **a tarde** (*a tajdchi*; la tarde) empieza y termina en horarios un poco diferentes de muchos países de habla hispana. La tarde **começa** (*komesa*; comienza) hacia las 14 h y termina hacia las 20 h. El **meio-dia** (*meio-dchia*; mediodía) comienza a las 12 h y termina a las 14:00 h. Sin embargo, **ninguém** (*ninguém*; nadie) dice **bom meio-dia!** Lo que se dice es **boa tarde**.

Otra manera de saludar en el Brasil es preguntando directamente a la persona cómo está. Hay dos formas para hacerlo:

- **Tudo bem?** (*tudu bem?*; ¿cómo estás? Literalmente: ¿todo bien?).
- **Tudo bom?** (*tudu bom?*; ¿cómo estás? Literalmente: ¿todo bueno?).

Y las respuestas:

- **Tudo bem** (*tudu bem*; todo bien).
- **Tudo bom** (*tudu bom*; todo bueno).

CONSEJO

Me imagino que en este momento te estarás preguntando cuál es la diferencia entre **tudo bem** y **tudo bom**. Una gran pregunta. La respuesta es que no hay ninguna diferencia. Pero hay un truco. Si alguien te pregunta: **Tudo bem?**, responde: **Tudo bom**. Si te preguntan: **Tudo bom?**, responde: **Tudo bem**. Es muy sencillo: usa, al responder, la expresión diferente a la pregunta. A mí me llevó muchos meses darme cuenta de que a los brasileños no les gusta responder con la misma frase de la pregunta. Yo utilizaba las frases al azar, hasta que alguien me sacó de la duda respecto al dilema de **bem** y **bom**. Los brasileños son tan amables que no querían "molestarme" corrigiéndome.

La gente combina las palabras que acabas de aprender de las siguientes maneras: **Olá, tudo bom?** (*olá, tudu bom?*; hola, ¿cómo estás?) u **Oi, tudo bem?** (*oi, tudu bem?*; hola, ¿cómo estás?).

Cuando quieres presentarte

Presentarse a sí mismo es muy fácil. Veamos dos maneras diferentes de hacerlo:

» **O meu nome é...** (*u meu nomi é...*; mi nombre es...).

» **Eu sou o/a...** (*eu sou u/a...*; yo soy...).

Usa el artículo **o** delante de tu nombre si eres un hombre, o el artículo **a** si eres una mujer. Por ejemplo: **Eu sou a Sonia**. Si fuéramos a traducir literalmente, diríamos: "Yo soy la Sonia". Puede que suene un poco **estranho** (*estrañu*; extraño), pero así es. Precisamente ahí está la emoción de aprender idiomas extranjeros: aunque te parezca **estranho** dices **coisas divertidas** (*koisaz dchivejchidaz*; cosas divertidas).

Si quieres preguntarle a alguien cómo se llama, di: **Qual é seu nome?** (*kuau é seu nomi?*; ¿cómo te llamas? Literalmente: ¿cuál es tu nombre?).

Después de que alguien te pregunte cómo te llamas, tú puedes devolver la pregunta diciendo: **E o seu?** (*i u seu*; ¿y el tuyo?).

Si quieres **apresentar** (*apresentaj*; presentar) amigos o familiares después de haberte presentado a ti mismo, di:

Este é... *eschi é...* *Éste e...* (*nombre de hombre*)

Esta é... *esta é...* *Ésta es...* (*nombre de mujer*)

Estes são... *eschiz sãu...* ***Éstos son...*** (*nombres de muchas personas*)

Estas são ... *estaz sãu ...* ***Éstas son...*** (*nombres de mujeres*)

Las siguientes son formas habituales de presentación:

- **Este é o meu amigo** (*eschi é u meu amigu*; éste es mi amigo).
- **Esta é a minha amiga** (*esta é a miña amiga*; ésta es mi amiga).
- **Estes são os meus amigos** (*eschiz sãu oz meuz amiguz*; éstos son mis amigos).
- **Estas são as minhas amigas** (*estaz sãu az miñaz amigaz*; éstas son mis amigas).

Si quieres saber cómo presentar a algunos miembros de tu familia, tales como hermanas, hermanos, primos, mamá, etc., pasa al capítulo 4. ¡Allí encontrarás el **árvore genealógica** (*árjori yenealódchika*; árbol genealógico) completo!

Nombres, apellidos y apodos al estilo brasileño

Los nombres de pila son los **primeiros nomes** (*primeiruz nomiz*; nombres) y los apellidos son **sobrenomes** (*sobrenomiz*; apellidos. Literalmente: sobrenombres).

Cuando alguien te pregunta **"Qual é seu nome?",** lo que esa persona quiere saber es tu nombre de pila. Si te dice **"Qual é seu nome completo?"** (*kuau é seu nomi kompletu?*; ¿cuál es tu nombre completo?), es porque quiere saber tu **primeiro nome** y tu **sobrenome.**

La mayoría de los brasileños tienen un nombre y un apellido. Sin embargo, algunos usan dos apellidos, como los hispanohablantes: el del padre y el de la madre. Si el nombre es muy largo, es probable que la persona sea de una **família rica** (*família jika*; familia rica) que goza con la preservación de la **tradição** (*tradisãu*; tradición).

Si hay dos apellidos, el de la madre va antes que el del padre. Algunas personas, incluso, tienen un nombre de pila compuesto y dos apellidos: un nombre largo como un tren. Mira este ejemplo: **Henrique Alfredo Gonçalves de Almeida** (*enjiki alfredu gonsauvez dchi aumeida*).

A veces, los apellidos vienen con la preposición **de** (*dchi*; de, antes de un apellido de forma masculina) o **da** (*da*; de la, antes de un apellido de forma femenina). Recordemos, por ejemplo, a **Vinicius de Moraes** (*vinisiuz dchi moraez*), uno de los famosos compositores de "La garota de Ipanema".

En todos los idiomas algunos apellidos son más comunes que otros. En el Brasil, el apellido más común es **da Silva** (*da siuva*). Es algo así como el apellido García en el mundo hispánico.

El presidente del Brasil (en 2009) tiene un nombre bastante peculiar. Se llama **Luiz Inácio Lula da Silva** (*luiz inásiu lula da siuva*). Tiene dos nombres de pila y el tercero, Lula, es el **apelido** (*apelidu*; apodo) que se les da a quienes se llaman Luiz. Sería como decir *Luis Ignacio Lucho García*. No es común que un apodo forme parte del nombre, como en este caso, pero los brasileños son únicos y todo vale.

Por otro lado, **os brasileiros** (*oz brazileiruz*; los brasileños) son bastante informales, y llaman a su presidente **Lula**. El presidente anterior, **Fernando Henrique Cardoso** (*fejnandu enjiki kajdosu*), era conocido simplemente como Fernando Henrique. Nadie, ni siquiera en los telediarios, los llama **Senhor da Silva** o **Senhor Cardoso**. Si la gente quiere ser formal, lo llama **o Presidente Lula** (*u presidenchi lula*), que sería como llamar *presidente José Luis* a José Luis Rodríguez Zapatero.

Los brasileños tienen una obsesión con los **apelidos** (*apeliduz*; apodos, que también significa 'apellidos'). Hace poco me enteré de que el verdadero nombre de la estrella más grande del fútbol brasileño de todos los tiempos, **Pelé**, es **Edson Arantes do Nascimento** (*edson arantez du nasimentu*), pero lo supe en Estados Unidos. En el Brasil, simplemente oí miles de veces el nombre **Pelé**.

En general, los brasileños prefieren los **primeiros nomes**. Tengo amigos que no saben los **sobrenomes** de sus amigos, ¡aunque se conocen desde hace tiempo!

La división entre lo formal y lo informal

A grandes rasgos, el mundo se puede dividir entre la gente que llamas **senhor** o **senhora** y la gente que llamas por su nombre de pila.

Los brasileños usan los términos **senhor** (*señoj*; señor) y **senhora** (*señora*; señora) de manera similar a los hispanohablantes. Si vas a dirigirte a tu **vizinho** (*viziñu*; vecino), que es un hombre mayor, le dices

senhor fulano de tal. Si un **casal** (*kasau*; matrimonio, pareja) va a una agencia inmobiliaria, los empleados usarán los apelativos **senhor e senhora** (*señoj i señora*) fulano de tal.

Los brasileños usan el artículo **o/a** antes de decir **senhor** o **senhora**, que sería como decir "el señor Oliveira". Veamos algunos ejemplos:

» **o Senhor Oliveira** (*u señoj oliveira*; el señor Oliveira)

» **o Senhor da Silva** (*u señoj da siuva*; el señor da Silva)

» **a Senhora Tavares** (*a señora tavariz*; la señora Tavares)

» **a Senhora Gimenes** (*a señora yimeniz*; la señora Gimenes)

Por otra parte, en el Brasil es corriente usar los apelativos **senhor** y **senhora** para la gente joven (e, incluso, para los adolescentes). Prácticamente no se usa el equivalente de *señorita*, para las mujeres jóvenes. Además, es normal usar el nombre de pila, **Senhor David** o **Sehnora Luciana**, en lugar del apellido.

A mí siempre me llamaban **Senhora Karen**, estuviera en el **cabeleireiro** (*kabelereiru*; peluquero), hablando con un **agente de viagens** (*ayenchi dchi viayenz*; agente de viajes) o en mi **padaria** (*padaria*; panadería) favorita. Al principio pensaba que tal vez la gente me veía mayor de lo que era (entonces no había cumplido los treinta años). Luego me di cuenta de que también a los adolescentes les daban ese tratamiento. ¡Qué alivio! Dejé de sentirme como una cincuentona.

Si estás hablando con el recepcionista del hotel donde te hospedas, él debe tratarte con respeto, pues su trabajo consiste en prestarte un servicio. Las siguientes preguntas se las hará a un hombre:

» **O senhor mora aqui?** (*u señoj mora aki?*; ¿usted está hospedado aquí?).

» **O senhor está cansado?** (*u señoj está kansadu?*; ¿está usted cansado?).

» **O senhor é brasileiro?** (*u señoj é brazileiru?*; ¿es usted brasileño?).

» **O senhor gosta do restaurante?** (*u señoj gosta du jestauranchi?*; ¿le gusta el restaurante?).

Si eres mujer, te hará las siguientes preguntas:

» **A senhora gosta de dançar?** (*a señora gosta dchi dansaj?*; ¿a usted le gusta bailar?).

- **A senhora é espanhola?** (*a señora é española?*; ¿es usted española?).
- **A senhora vai para praia?** (*a señora vai para praia?*; ¿va usted a la playa?).
- **A senhora está de férias?** (*a señora está dchi fériaz?*; ¿está usted de vacaciones?).

Ahora bien, si tu interlocutor es un brasileño de más o menos tu misma edad, que está viajando contigo, no te dirá **o senhor** ni **a senhora**, sino **você** (*vosé*; tú). Si la ocasión precisa un trato informal, se usa la palabra **você**.

CONSEJO

Si te vas de vacaciones al Brasil, buena parte de las personas que entrarán en contacto contigo trabajarán con el turismo, y te llamarán **o senhor** o **a senhora**. Tú, por tu parte, sólo debes **lembrar** (*lembraj*; recordar) este uso formal si vas a hablar con **um idoso** (*um idosu*; una persona mayor). Es muy agradable mostrar respeto cuando se debe.

Hablando se entiende la gente

ESCUCHA

Tatiana (*tachiana*) se encuentra en lo profundo del Amazonas y se está instalando en su hospedaje de la selva. Allí empieza a conocer a su guía, **Lucas** (*lukaz*), un joven de la región. Observa que Tatiana se dirige a él diciéndole **você**, pero él se dirige a ella diciéndole **a senhora**.

Tatiana: **Olá, você é o guia?**
olá, vosé é u guia?
Hola, ¿tú eres el guía?

Lucas: **Olá. Sim, sou.**
olá. sim, sou.
Hola. Sí, lo soy.

Tatiana: **Qual é seu nome?**
kuau é seu nomi?
¿Cómo te llamas?

Lucas: **Lucas. E o nome da senhora?**
lukaz. i u nomi da señora?
Lucas. ¿Y usted?

Tatiana:	**Tatiana.** *tachiana.* Tatiana.
Lucas:	**A senhora é de onde?** *a señora é dchi ondchi?* ¿De dónde es usted?
Tatiana:	**Sou do Rio. E você, é daqui?** *sou du jiu. i vosé, é daki?* Soy de Río. ¿Y tú eres de aquí?
Lucas:	**Sim, sou. A senhora quer uma caipirinha?** *sim, sou. a señora kej uma kaipiriña?* Sí. ¿Quiere usted una caipiriña?
Tatiana:	**Eu quero! Obrigada!** *eu keru! obrigada!* ¡Sí, claro! (Literalmente: yo quiero). ¡Gracias!

Palabras para recordar

guia	*guia*	guía
daqui	*daki*	de aquí
quer	*kej*	quiere
uma caipirinha	*uma kaipiriña*	una caipiriña (bebida nacional brasileña, hecha con licor de caña de azúcar, limón verde y azúcar)

Descripción de cualidades permanentes: *ser*

El uso del verbo **ser** (*sej*; –) en portugués es muy similar al del español. ¿No te parece fantástica esta ayuda que recibes gratuitamente, sólo por hablar castellano?

Aunque sé que puedes asimilar este asunto intuitivamente, no está de más conocer algunas explicaciones lógicas sobre el uso del verbo **ser**. Los brasileños lo usan para describir cualidades, tanto de las personas como de los lugares, que no cambian mucho o nada con el tiempo: **Madeira é uma ilha** (*madeira é uma ilia*; Madeira es una isla), **ele é rico e inteligente** (*eli é jiku i incheliyenchi*; él es rico e inteligente). Ahora bien, el verbo **estar** (*estaj*; –), al igual que en español, se usa en situaciones en que las cosas son temporales, como en **eu estou cansada** (*eu estou kansada*; estoy cansada). Después de echar la siesta, la situación habrá cambiado, pues el estar cansada no es una cualidad intrínseca tuya, sino una circunstancia pasajera.

Si, por ejemplo, estás hablando de tu amiga Ana, casada con un hombre rico, no te preocupes pensando qué pasa (gramaticalmente, digo) si mañana el marido de Ana queda arruinado. Simplemente, si la cualidad (en este caso, ser rico) puede durar mucho tiempo, utiliza el verbo **ser**.

No te preocupes si cometes un error, pues es así como se aprende. Además, los brasileños son amables y no se burlarán de ti.

Un ejemplo

Voy a usar el **exemplo** (*eksemplu*; ejemplo) de **Gisele Bündchen** (*yiseli bundshen*), la **modelo** (*modelu*; –) más famosa del Brasil, y quizá una de las mejor pagadas del mundo de **hoje** (*oyi*; hoy). Si no la has visto jamás, búscala primero en Google y vuelve a este libro.

¿Lo hiciste? Muy bien. ¿Cuáles son las cualidades permanentes de Gisele? Se trata de características que pueden permanecer **um longo periodo** (*um longu periodu*; un tiempo largo), incluso décadas. Para estas cualidades utiliza el verbo **ser** conjugado en la tercera persona (es decir, ella), que se convierte en **é** (*é*).

Ela é (*éla é*; ella es):

- **alta** (*auta*; –)

» **bonita** (*bunita*; -)

» **loira** (*loira*; rubia)

» **rica** (*jika*; -)

» **uma modelo** (*uma modelu*; una modelo)

» **do Rio Grande do Sul** (*du jiu grandchi du suu*; del estado de Rio Grande do Sul)

He mencionado sus características físicas, su ocupación y su lugar de origen. Son características de Gisele que muy probablemente no van a **mudar** (*mudaj*; cambiar) en unos **dez anos** (*dez anuz*; diez años). Ciertamente, no se volverá **baixa ou feia** (*baisha ou feia*; baja o fea), o por lo menos no muy **logo** (*logu*; pronto).

El verbo **ser** es el más utilizado en portugués. Es un verbo irregular (para hacer un rápido repaso de los verbos, consulta el capítulo 2). Sin embargo, es el verbo irregular más fácil de esta lengua. Mira y verás:

Conjugación	***Pronunciación***
Eu sou	*eu sou*
Você é	*vosé é*
Ele/ela é	*eli/ela é*
Nos somos	*noz somuz*
Eles/elas são	*eliz/elaz sau*

Familiarizarse con el verbo *ser*

Entendeu? (*entendeu?*; ¿lo has entendido?). No me cabe la menor duda. Si no fuera por el verbo **ser**, no podríamos decir que **o português é uma língua maravilhosa** (*u pojtuguéz é uma língua maravilioza*; el portugués es una lengua maravillosa).

Ahora que conoces el verbo **ser**, puedes decir un montón de cosas:

» **Eu sou homem** (*eu sou omem*; yo soy hombre).

» **Eu sou de Colômbia** (*eu sou dchi kolombia*; yo soy de Colombia).

» **Ele é muito alto** (*eli é muitu autu*; él es muy alto).

» **Nós somos amigos** (*nóz somuz amiguz*; nosotros somos amigos).

» **Elas são simpáticas** (*elaz sãu simpáchikaz*; ellas son simpáticas).

- **Ela é jovem** (*ela é yovem*; ella es joven).
- **Nós somos da Australia** (*nóz somuz da australia*; nosotros somos de Australia).
- **Eles são inteligentes** (*eliz são inteliyenchiz*; ellos son inteligentes).

Adjetivos para describir estados permanentes

Como te habrás dado cuenta, el verbo **ser** funciona perfectamente con descripciones, tanto de objetos como de personas. Ahora, toma nota de algunos de los adjetivos que puedes usar con **ser**. No lo dudes: las palabras de la tabla 3-1 te serán de mucha utilidad.

TABLA 3-1 **Adjetivos para describir estados permanentes**

Adjetivo	Pronunciación	Traducción
alto	*autu*	–
baixo	*baishu*	bajo
caro	*karu*	–
barato	*baratu*	–
bom	*bom*	bueno
mau	*mau*	malo
curto	*kujtu*	corto
comprido	*kompridu*	largo
pequeno	*pekenu*	pequeño
grande	*grandchi*	–
fácil	*fásiu*	–
difícil	*dchifísiu*	–
divertido	*dchivejchidu*	–
chato	*shatu*	aburrido
magro	*magru*	delgado
jovem	*yovem*	joven
velho	*veliu*	viejo

Hablando se entiende la gente

ESCUCHA

Estando en un cafecito encantador en la zona antigua de Río, oyes la siguiente conversación. Presta atención a todos los usos del verbo ser para describir la ciudad de Nueva York.

Marco: **E como é a Nova Iorque?**
i <u>ko</u>mu é a <u>no</u>va <u>io</u>jki?
¿Y cómo es Nueva York?

Ana: **É muito grande. Também é muito bonita.**
é <u>mui</u>tu <u>gran</u>dchi. também é <u>mui</u>tu bu<u>ni</u>ta.
Es muy grande. También es muy bonita.

Marco: **É uma ilha, né?**
é <u>u</u>ma <u>i</u>lia, né?
Es una isla, ¿verdad?

Ana: **Manhattan é uma ilha.**
man<u>ja</u>tan é <u>u</u>ma <u>i</u>lia.
Manhattan es una isla.

Marco: **E foi para visitar a sua irmã, né?**
i foi <u>pa</u>ra visi<u>taj</u> a sua ijmã, né?
Y fuiste a visitar a tu hermana, ¿verdad?

Ana: **É. Ela é muito legal.**
é. <u>e</u>la é <u>mui</u>tu le<u>gau</u>.
Sí. Ella es genial.

Marco: **Ela é casada?**
<u>e</u>la é ka<u>sa</u>da?
¿Está casada?

Ana: **É. O marido dela é da Nova Iorque.**
é. u ma<u>ri</u>du <u>de</u>la é da <u>no</u>va <u>io</u>jki.
Sí. Su marido es de Nueva York.

Marco: **Como ele é?**
<u>ko</u>mu <u>e</u>li é?
¿Cómo es él?

Ana: **É rico e simpático!**
é <u>ji</u>ku i simpáchiku!
¡Es rico y simpático!

Palabras para recordar

como é...?	*komu é...?*	¿cómo es...?
Nova Iorque	*nova iojki*	Nueva York
muito	*muitu*	muy
grande	*grandchi*	–
também	*também*	también
ilha	*ilia*	isla
foi	*foi*	fuiste
para	*para*	–
visitar	*visitaj*	–
irmã	*ijmã*	hermana
legal	*legau*	genial / chévere
casada	*kasada*	–
marido	*maridu*	–

CULTURA GENERAL

Si quieres parecer un poco más sofisticado, usa la palabra **né** al final de la frase, que significa algo así como *"¿verdad?"*. En realidad, **né** es la contracción de **não é** (*nãu é.* Literalmente: no es), que también puede usarse para continuar exponiendo la misma idea. Por otro lado, di la palabra **é** al comienzo de la frase para responder afirmativamente a una pregunta que te hagan. Si quieres, puedes aprenderlas, ¡los brasileños las usan todo el tiempo!

Descripción de cualidades temporales: *estar*

El verbo estar se utiliza para describir las cualidades temporales de una cosa o de una persona. Si el estado al que te refieres es susceptible de cambiar, entonces utiliza el verbo **estar**. En cuanto a su utilización para referirse a las personas, **estar** sirve para describir sus estados físicos o de ánimo, o para hablar de su ubicación física.

Usa el verbo **estar** en casos como **estou nervoso** (*estou nejvosu*; estoy nervioso), o para decir **estou doente** (*estou doenchi*; estoy enfermo) o, también, **estou no banco** (*estou nu banku*; estoy en el banco). Mañana puedes estar *tranquilo, sano* y *en el trabajo.* Si usas el verbo **ser** con estos adjetivos, quiere decir que ésa es una característica permanente e intrínseca tuya, como **sou nervoso** (*sou nejvosu*; soy nervioso). ¡Espero que no sea tu caso!

En todo caso, si te llegaras a confundir con los verbos, no te preocupes. Los brasileños te entenderán perfectamente. No están esperando que hables sin errores.

Un ejemplo

Voy a continuar con el ejemplo de la modelo Gisele Bündchen, sólo que ahora hablaré de sus cualidades temporales, es decir, de su situación tal como se presenta en el momento actual. Puede que mañana las cosas cambien.

En todos los casos usamos el verbo **estar**. Como lo vamos a conjugar para la tercera persona del singular femenino (*ella*), debemos decir **está** (*está*).

Imagina a Gisele en una foto tomada en un día poco agradable. **Ela está** (*ela está*; ella está):

- **com fome** (*kom fomi*; con hambre)
- **triste** (*trischi*; –)
- **gordinha** (*gojdchiña*; gordita)
- **com os sapatos vermelhos** (*kom oz sapatuz vejmeliuz*; con los zapatos rojos)
- **em Roma** (*em joma*; en Roma)

He hablado de cómo es ella (sus emociones, sus necesidades físicas diarias), de los aspectos temporales de su apariencia y del lugar donde se encuentra.

Mañana, Gisele volverá a Nueva York, donde vive. Va a comenzar a hacer ejercicios, de manera que una semana después pueda decir que está **magra** (*magra*; delgada) otra vez.

No lo olvides. **Estar** sirve para hablar de las cualidades de una persona, para decir dónde se encuentra ubicado algo o alguien, y para estados temporales. Veamos una tabla con la conjugación del verbo estar.

Conjugación	*Pronunciación*
Eu estou	*eu estou*
Você está	*vosé está*
Ele/ela está	*eli/ela está*
Nós estamos	*nóz estamuz*
Eles/elas estão	*eliz/elaz estãu*

Familiarizarse con el verbo *estar*

Veamos algunas frases comunes donde se emplea el verbo **estar**:

- **Ela está de férias** (*ela está dchi fériaz*; ella está de vacaciones).
- **Nós estamos com fome** (*nóz estamuz kom fomi*; nosotros tenemos hambre).
- **Eu estou triste** (*eu estou trischi*; estoy triste).
- **Ela está no carro** (*ela está nu kaju*; ella está en el auto).
- **Eu estou em casa** (*eu estou em kasa*; estoy en casa).
- **Eles estão no Brasil** (*eliz estãu nu braziu*; ellos están en el Brasil).

Con **estar**, podemos hablar de estados emocionales, de estados físicos y de localización. En los anteriores ejemplos vemos qué está haciendo la gente, cómo está o dónde se encuentra en el momento presente. Nadie debe tener hambre o estar de vacaciones permanentemente.

Falar: el secreto de la comunicación

Ahora hablemos de un verbo fácil: **falar** (*fala̲j*; hablar). A fin de cuentas, la mejor manera de aprender un idioma es hablando. Este libro te da las bases para que puedas desenvolverte en portugués, pero si puedes viajar al Brasil o entablar relación con un brasileño que pueda **falar** contigo, en poco tiempo parecerás un hablante nativo.

¡Y lo bueno es que a los brasileños les encanta **falar**! Son excelentes compañeros de conversación.

Échale un vistazo a las diferentes formas de conjugación del verbo **falar**:

Conjugación	***Pronunciación***
Eu falo	*eu fa̲lu*
Você fala	*vosé fa̲la*
Ele/ela fala	*e̲li/e̲la fa̲la*
Nós falamos	*nóz fala̲muz*
Eles/elas falam	*e̲liz/e̲laz fa̲lam*

Falar es el **verbo perfeito** (*ve̲rbo perfe̲itu*; verbo perfecto) para los amantes de los idiomas extranjeros. Mira la tabla 3-2 para conocer los nombres en portugués de los idiomas más hablados del mundo.

TABLA 3-2 Algunas de las lenguas más habladas del mundo

Idioma	Pronunciación	Traducción
inglês	*ingléz*	inglés
português	*pojtuguéz*	portugués
português de Portugal	*pojtuguéz dchi pojtugau̲*	portugués de Portugal
português do Brasil	*pojtuguéz du brazi̲u*	portugués del Brasil
espanhol	*espa̲ñou*	español
russo	*ju̲su*	ruso
chinês	*chinéz*	chino
francês	*franséz*	francés

Idioma	Pronunciación	Traducción
italiano	*italianu*	-
alemão	*alemãu*	alemán
árabe	*árabi*	-
hebréu	*ebréu*	hebreo

CONSEJO

Algunos brasileños prefieren decir que hablan **brasileiro** (*brazileiru*; brasileño) en lugar de **português** o **português do Brasil**.

Al igual que en español, la **primeira letra** (*primeira letra*; primera letra) de los idiomas se deja en minúscula. Por el contrario, en idiomas como el inglés, **sempre** (*sempri*; siempre) se deja en mayúscula la primera letra de las **linguas estrangeiras** (*linguaz estranyeiraz*; lenguas extranjeras).

A continuación verás algunos ejemplos sencillos con el verbo **falar**:

- **Eu falo inglês** (*eu falu ingléz*; yo hablo inglés).
- **Eu gostaria de falar chinês** (*eu gostaria dchi falaj chinéz*; me gustaría hablar chino).
- **Você fala muito rápido!** (*vosé fala muitu jápidu*!; ¡hablas muy rápido!).
- **Na reunião, nos falamos durante cinco horas!** (*na jeuniãu, nos falamuz duranchi sinku oraz*!; ¡en la reunión hablamos durante cinco horas!).
- **Elas falam muito bem** (*elaz falam muitu bem*; ellas hablan muy bien).
- **Você fala quantas linguas?** (*vosé fala kuantaz linguaz*?; ¿cuántos idiomas hablas?).

CONSEJO

Apuesto a que ésta será una de tus frases favoritas de este libro: **Como se fala...?** (*komu si fala...*?; ¿cómo se dice...?). Esta frase me sacó de muchos apuros lingüísticos.

Hablando se entiende la gente

Otra vez estás en el café de la zona antigua de Río. Ahí oyes la conversación entre un camarero y una mujer que está sola en una mesa. El camarero se equivoca y cree que ella es turista, aunque en realidad es brasileña.

Camarero: **A senhora fala português?**
a señora fala pojtuguéz?
¿Habla usted portugués?

Mujer: **Sou brasileira. Você fala quantas linguas?**
sou brazileira. vosé fala kuantaz linguaz?
Soy brasileña. ¿Cuántos idiomas hablas tú?

Camarero: **Eu falo o inglês e o francês... e o portu- guês, é claro!**
eu falu u ingléz i u franséz... i u pojtu- guéz, é klaru!
Yo hablo inglés y francés... y portugués, ¡por supuesto!

Mujer: **É difícil falar o francês?**
é dchifísiu falaj u franséz?
¿Es difícil hablar francés?

Camarero: **Não, é fácil.**
nãu, é fásiu.
No, es fácil.

Mujer: **E é difícil falar o inglês?**
i é dchifísiu falaj u ingléz?
¿Y es difícil hablar inglés?

Camarero: **Inglês é mais difícil para mim.**
ingléz é maiz dchifísiu para mim.
El inglés es más difícil para mí.

Mujer: **Bom, eu só falo o português.**
bom, eu só falu u pojtuguéz.
Bueno, yo sólo hablo portugués.

Camarero: **Mas é a melhor língua do mundo...**
maz é a melioj língua du mundu...
Pero es la mejor lengua del mundo...

Mujer: **É. Eu adoro falar o português.**
é. eu adoru falaj u pojtuguéz.
Así es. A mí me encanta hablar portugués.

Palabras para recordar

como é...?	*komu é...?*	¿cómo es...?
Nova Iorque	*nova iojki*	Nueva York
muito	*muitu*	muy
grande	*grandchi*	–
também	*também*	también
ilha	*ilia*	isla
foi	*foi*	fuiste
para	*para*	–
visitar	*visitaj*	–
irmã	*ijmã*	hermana
legal	*legau*	genial / chévere
casada	*kasada*	–
marido	*maridu*	–

CULTURA GENERAL

¿Te parece extraño que **alguém** (*auguém*; alguien) diga que le gusta hablar su propia **língua nativa** (*língua nachiva*; lengua materna)? No es algo que digan con mucha frecuencia los hablantes nativos del castellano. Pues bien, para los brasileños es diferente. Cuando se les hacen entrevistas a personajes famosos del Brasil, y una de las preguntas es qué cosa extrañan por encima de todo cuando están **fora do país** (*fora du paíz*; fuera del país), ellos responden que echan de menos **falar em português** (*falaj em pojtuguéz*; hablar en portugués). ¿No son especiales los brasileños? La verdad es que yo echo de menos hablar en portugués ahora que ya no vivo en el Brasil.

No es difícil despedirse

Despedirse de un brasileño no tiene mucha complicación. Bueno, al menos la expresión es **fácil** (*fásiu*; –). Cuando has hecho **um bom amigo** (*um bom amigu*; un buen amigo) y vas a dejar de verlo durante un tiempo largo, es **difícil** (*dchifísiu*; –) despedirse, sea en el idioma que sea.

La manera rápida de despedirse es decir **Tchau!** (*chau!*; ¡chao!).

Todo mundo (*tudu mundu*; todo el mundo) en el Brasil se despide diciendo **tchau** en la mayoría de situaciones, y no queda mal. Esta expresión para despedirse la usa desde el hombre que vende **abacaxi** (*abakashi*; piña) en la calle hasta el **dono** (*donu*; dueño) del restaurante donde comes.

También es muy común en el Brasil decir **até** (*até*; hasta) más otra palabra, cuando crees que vas a ver a la otra persona **de novo** (*dchi novu*; de nuevo). Lo único que necesitas es **memorizar** (*memorizaj*; –) las siguientes frases. Sin embargo, la más práctica es **até logo**. Nunca falla.

- **Até logo** (*até logu*; hasta pronto).
- **Até mais** (*até maiz*; hasta luego).
- **Até amanhã** (*até amañã*; hasta mañana).
- **Até a semana que vem** (*até a semana ke vem*; hasta la semana próxima).

A algunas personas también les gusta decir frases religiosas:

- **Fique com Deus** (*fike kom deuz*; cuídate. Literalmente: quede con Dios).
- **Adeus** (*adeuz*; adiós).

CONSEJO

Una expresión del habla común para despedirse en situaciones informales es **a gente se vê** (*a yenchi si vé*; nos vemos).

Juegos y ejercicios divertidos

Prepárate para escribir tu propio diálogo. Imagina que estás en Brasilia, la capital del Brasil. Una amigable brasileña se te acerca a conversar a la hora del desayuno, en el hotel. Su nombre es Simone y mañana se va del hotel.

Escoge ocho frases entre las diez que verás a continuación:

Tchau!

Oi, tudo bem?

Qual é seu nome?

Obrigado/a!

Adeus!

Até a semana que vem.

Tudo bom.

Boa noite.

Você fala bem o português!

O meu nome é...

Ahora, escríbelas en el orden apropiado. Fíjate bien, para no poner en el diálogo las frases que no deben ir en él. En el apéndice C puedes ver las respuestas.

1. Simone:
2. Tú:
3. Simone:
4. Tú:
5. Simone:
6. Tú:
7. Simone:
8. Tú:

2 Portugués de uso diario

EN ESTA PARTE . . .

En esta parte comenzarás a poner en práctica el portugués. En lugar de concentrarte demasiado en la gramática o en filosofar sobre la estructura del lenguaje, aquí saltarás directamente al agua. Te mostraré cómo funciona el idioma de manera práctica y no con conceptos abstractos. En esta sección, en particular, explicamos cómo puedes hablar con tus nuevos amigos brasileños.

EN ESTE CAPÍTULO

- Preguntar a la gente de dónde es
- Hablar sobre el clima y la familia
- El uso de los posesivos
- Palabras interrogativas simples
- Dar tus datos personales

Capítulo 4

Conversación informal: darse a conocer

Cando estás aprendiendo un idioma, hablar con gente puede resultar un poco estresante, incluso si es sobre los temas más básicos. Sin embargo, si te fijas, siempre que hablamos con alguien por primera vez hacemos las mismas preguntas. En este capítulo veremos las preguntas que muy probablemente te haga la gente que habla portugués, y también las preguntas que tú querrás hacerles a ellos.

¿De dónde eres?

Muy probablemente, la primera pregunta que te harán en el Brasil es: **De onde você é?** (*dchi ondchi vosé é?*; ¿de dónde eres?). Para los brasileños, es un gran motivo de orgullo que gente de todo el **mundo** (*mundu*; –) vaya a visitar su país. Les interesa saber si vienes de muy

longe (*londchi*; lejos). También te preguntarán: **De que país você é?** (*dchi ké paíz vosê é?*; ¿de qué país eres?).

Tú puedes responder de las siguientes maneras:

- **Eu sou inglês** (*eu sou ingléz*; soy inglés).
- **Eu sou da Inglaterra** (*eu sou da inglateja*; soy de Inglaterra).

Los siguientes países y nacionalidades te pueden ser útiles:

- **Espanha** (*españa*; España)
- **espanhol/a** (*españou/la*; español/a)
- **México** (*méshiku*; México)
- **mexicano/a** (*meshikanu/a*; –)
- **Argentina** (*ajyenchina*; –)
- **argentino/a** (*ajyenchinu/a*; –)
- **Chile** (*chili*; –)
- **chileno/a** (*chilenu/a*; –)
- **Venezuela** (*venezuela*; –)
- **venezolano/a** (*venezolanu/a*; –)
- **Colômbia** (*kolombia*; Colombia)
- **colombiano/a** (*kolombianu/a*;–)
- **Bolívia** (*bolivia*; Bolivia)
- **boliviano/a** (*bolivianu/a*; –)
- **Uruguai** (*uruguai*; Uruguay)
- **uruguaiano/a** (*uruguaianu*; uruguayo/a)
- **Peru** (*perú*; Perú)
- **peruano/a** (*peruanu*; –)

No te sorprendas si un brasileño de un lugar turístico como Río te responde: **Eu já sabia** (*eu yá sabia*; ya lo sabía) cuando tú le digas de qué país eres. Son tantos los turistas que visitan su país, que los brasileños han adquirido una gran habilidad para detectar los países de origen.

Al igual que en español (y a diferencia del inglés, del alemán y del francés) los gentilicios se escriben en minúscula.

Otro consejo a propósito de las nacionalidades. A algunos brasileños les ofende que se use el término **americano** para hacer referencia a los estadounidenses, ya que dicen que ellos también son americanos. Estas personas prefieren el término **norteamericano**. Aunque, para ser justos, los canadienses también deberían protestar, pues ellos también son norteamericanos.

Los brasileños suelen usar más el gentilicio que el nombre geográfico de su lugar de origen. Veamos algunos:

- **gaucho** (*gaushu*; persona originaria del estado de Rio Grande do Sul)
- **paulistano/a** (*paulistanu/a*; persona originaria de la ciudad de São Paulo)
- **paulista** (*paulista*; persona originaria del estado de São Paulo)
- **carioca** (*karioka*; persona originaria de la ciudad de Río)
- **bahiano/a** (*baianu/a*; persona originaria del estado de Bahía)
- **mineiro/a** (*mineiru/a*; persona originaria del estado de Minas Gerais)

Después de decirte de dónde son, muchos brasileños tratarán de convencerte de que su región es la mejor, de que su comida y sus playas son únicas, y, por supuesto, de que su gente es la más amable del mundo.

La verdad es que los brasileños son amables en todas partes del país. Sin embargo, los **mineiros** son los que mejor reputación tienen respecto a la amabilidad. La frase que los caracteriza es: **Mineiros, gente boa** (*mineiruz, yenchi boa*; la gente de Minas es amable).

CULTURA GENERAL

Gente boa es una frase muy común en el Brasil. Se usa, en general, para describir a las personas relajadas y prácticas. Literalmente significa *buena gente*, pero se puede usar tanto para un grupo como para una sola persona. Observa las siguientes dos frases, que puedes usar con amigos brasileños:

- **Você é gente boa** (*vosé é yenchi boa*; eres genial).
- **Os seus amigos são muito gente boa** (*oz seuz amiguz sãu muitu yenchi boa*; tus amigos son estupendos).

Hablando se entiende la gente

ESCUCHA

Juliana trabaja como camarera en una **churrasqueria** (*shujaskeria*; churrasquería) en el estado de Rio Grande do Sul, donde surgió el **churrasco** (*shujasku*; –). Samir, de Ohio, se acaba de sentar a una mesa.

Juliana: **Tudo bem? De onde você é?**
tudu bem? dchi ondchi vosé é?
¿Qué tal? ¿De dónde eres?

Samir: **Sou norteamericano.**
sou nojchiamerikanu.
Soy estadounidense.

Juliana: **De que lugar?**
dchi ké lugaj?
¿De qué lugar?

Samir: **De Ohio. E você, é daqui?**
dchi ojaio. i vosê, é daki?
De Ohio. Y tú, ¿eres de aquí?

Juliana: **Sim, sou gaucha. De onde vem?**
sim, sou gausha. dchi óndchi vem?
Sí, soy de Rio Grande do Sul. ¿De dónde vienes?

Samir: **Do Rio. Vou passar uma semana aqui no Rio Grande do Sul.**
du jiu. vou pasaj uma semana aki nu jiu grandchi du suu.
De Río. Voy a pasar una semana aquí en Rio Grande do Sul.

Juliana: **Ótimo. Está gostando do Brasil?**
óchimu. está gostandu du braziu?
Genial. ¿Te está gustando el Brasil?

Samir: **É claro! Estou adorando este país.**
é klaru! estou adorandu eschi paíz.
¡Claro! Me está encantando este país.

Palabras para recordar

De que lugar?	*dchi ké lugaj?*	¿De qué lugar?
De onde vem?	*dchi ondchi vem?*	¿De dónde vienes?
Está gostando do Brasil?	*está gostandu du braziu?*	¿Te está gustando el Brasil?
Estou adorando este país	*estou adorandu eschi paíz*	Me está encantando este país

Lo bueno, lo malo y lo húmedo: el clima

Aunque el **clima** (*klima*; –) en algunas partes del Brasil es prácticamente igual a lo largo de todo el año, los brasileños hablan del clima con la misma exaltación que la gente de países donde el cambio de estaciones es verdaderamente marcado.

En el sur del Brasil, hasta São Paulo, el **inverno** (*invejnu*; invierno) puede llegar a ser bastante **frio** (*friu*; frío). Incluso, **neva** (*neva*; nieva) algunos años, especialmente en el estado de Rio Grande do Sul, la región más septentrional del país. En Río, que queda a cinco horas en automóvil desde São Paulo, subiendo por la costa hacia el norte, la gente ni siquiera tiene **casaco** (*kasaku*; abrigo). En cierta ocasión, conocí en Nueva York a un joven rico de Río, que había ido a esta ciudad norteamericana en invierno. Me contó que su padre, sus hermanos y sus tíos compartían el mismo abrigo, y que cualquiera de ellos que se fuera de viaje se llevaba el abrigo.

En las regiones del norte y el noreste del Brasil, el concepto de **quatro estações** (*kuatru estasõez*; cuatro estaciones) es totalmente ajeno a sus habitantes. Para ellos, sólo hay dos estaciones: **temporada de chuva** (*temporada dchi shuva*; temporada de lluvia) y **temporada seca** (*temporada seka*; –). En muchos colegios del Brasil, los profesores se limitan a hablar del **verão** (*verãu*; verano) y del **inverno** (*invejnu*; invierno).

Veamos la lista completa de **as quatro estações do ano** (*az quatru estasõez du anu*; las cuatro estaciones del año):

- **verão** (*verãu*; verano)
- **otono** (*otonu*; otoño)
- **inverno** (*invejnu*; invierno)
- **primavera** (*primavera*; –)
- **estação** (*estasãu*; estación)

Hablando se entiende la gente

ESCUCHA

Vinicius (*vinisiuz*) es de **Florianópolis** (*florianópoliz*), una ciudad ubicada en una hermosa isla al sur del Brasil. Estamos en julio y nuestro amigo acaba de llegar a **Manaus** (*manauz*), la ciudad brasileña más grande de la región amazónica. Mientras desayuna, Vinicius habla sobre el clima con un empleado del hotel.

Vinicius: **Que calor! Estava esperando chuva.**
ké kaloj! estava esperandu shuva.
¡Qué calor! Estaba esperando lluvia.

Empleado: **Não é só chuva aqui como todo mundo pensa.**
nãu é só shuva aki komu tudu mundu pensa.
Aquí no sólo llueve, como piensa todo el mundo.

Vinicius: **Porque estamos em temporada de chuva, né?**
pojke estamuz em temporada dchi shuva, né?
Porque estamos en temporada de lluvias, ¿verdad?

Empleado: **Estamos. Na verdade, não é típico ter sol em julho.**
estamuz. na vejdadchi, nãu é chípiku tej suu em yuliu.
Así es. La verdad es que no suele hacer sol en julio.

Vinicius: **Tenho sorte, então.**
teñu sojchi, entãu.
Tengo suerte, entonces.

Empleado: **Sim, mas quem sabe... Pela tarde pode precisar um guarda-chuva.**
sim, maz kem sabi... pela tajdchi podchi presisaj um guajda-shuva.

Sí, pero quién sabe. Puede que por la tarde necesite un paraguas.

Vinicius: **Obrigado pela dica. Vou levar um.**
obrigadu pela dika. vou levaj um.
Gracias por el consejo. Voy a llevar uno.

Palabras para recordar

sol	*sou*	–
quente	*kenchi*	caliente
calor	*kaloj*	–
frio	*friu*	frío
chuva	*shuva*	lluvia
chover	*shovej*	llover
guarda-chuva	*guajda-shuva*	paraguas
nuvens	*nuvenz*	nubes
úmido	*úmidu*	húmedo
a umidade	*a umidadchi*	humedad

Las relaciones familiares

Las familias brasileñas están muy unidas. La gente suele vivir en la misma ciudad de sus **pais** (*paiz*; padres) y sus **irmãos** (*ijmãuz*; hermanos), y se ven, al menos, una vez por semana.

A los brasileños les gusta preguntar a sus nuevos amigos cuántos hermanos tienen y dónde viven su **mãe** (*mãi*; madre) y su **pãe** (*pãi*; padre), en la primera conversación. Es lo contrario de lo que sucede en muchos otros países, donde preguntar en los primeros minutos de la charla por los **familiares** (*familiariz*; –) puede parecer muy íntimo o muy aburrido.

Lee la tabla 4-1 para aprender más palabras que describen las **relações** (*gelasõez*; relaciones) familiares.

TABLA 4-1 **Relaciones familiares**

Pariente	Pronunciación	Traducción
irmão	*ijmãu*	hermano
irmã	*ijmã*	hermana
primo	*primu*	–
prima	*prima*	–
primos	*primuz*	–
avô	*avó*	abuelo
avó	*avó*	abuela
avós	*avóz*	abuelos
filho	*filiu*	hijo
filha	*filia*	hija
filhos	*filiuz*	hijos
marido	*maridu*	–
mulher	*muliej*	mujer
neto	*netu*	nieto
neta	*neta*	nieta

CONSEJO

En el Brasil, los niños de la calle suelen llamar a los adultos **tia** (*chia*; tía) o **tio** (*chiu*; tío), especialmente cuando te piden dinero o ayuda. Si te encuentras en esta situación, está bien que le des al chico una pequeña cantidad de dinero. En caso contrario, di simplemente: **Não posso** (*nãu posu*; no puedo).

El uso de posesivos

En portugués, es fácil identificar si la hermana de quien estás hablando es **a sua irmã** (*a sua ijmã*; tu hermana), **a irmã do seu amigo** (*a ijmã du seu amigu*; la hermana de tu amigo) o **a irmã dela** (*a ijmã dela*; la hermana de ella).

Los **exemplos** (*eksemplúz*; ejemplos) que acabamos de dar sirven para **mostrar** (*mostraj*; –) cómo decir *mi, tu, su* en portugués. Pero estas **palavras** (*palavraz*; palabras) se presentan en una gran cantidad de situaciones, y no solamente en relación con la familia, **é claro** (*é klaru*; por supuesto).

Los posesivos aparecen constantemente en las conversaciones cotidianas. Tal vez quieras hablar de **a minha idéia** (*a miña idéia*; mi idea), **os meus amigos** (*oz meuz amiguz*; mis amigos), **a sua profissão** (*a sua profisãu*; tu profesión), **o apartamento dela** (*u apajtamentu dela*; su piso –el piso de ella–) o de **os preços da loja** (*oz presuz da loya*; los precios de la tienda).

Para expresar la idea de posesión en la primera persona del singular (mi, mis), observa la tabla 4-2:

TABLA 4-2 **Frases que expresan la idea de "mi"**

Frase	Pronunciación	Relación	Ejemplo
a minha	*a miña*	yo poseo algo femenino	a minha irmã (mi hermana)
o meu	*u meu*	yo poseo algo masculino	o meu irmão (mi hermano)
as minhas	*az miñaz*	yo poseo algo femenino plural	as minhas irmãs (mis hermanas)
os meus	*oz meuz*	yo poseo algo masculino plural	os meus irmãos (mis hermanos)

Para expresar la idea de posesión en la segunda persona del singular (tu, tus; es decir, cuando la persona a quien te diriges no es mayor ni es una figura de autoridad), usa las frases de la tabla 4-3. En un contexto más formal, usa las frases de la tabla 4-5 (más adelante tocaremos el tema en detalle).

TABLA 4-3 **Frases que expresan la idea de "tu"**

Frase	Pronunciación	Relación	Ejemplo
a sua	*a sua*	tú posees algo femenino	a sua irmã (tu hermana)
o seu	*u seu*	tú posees algo masculino	o seu irmão (tu hermano)
as suas	*az suaz*	tú posees algo femenino plural	as suas irmãs (tus hermanas)
os seus	*oz seuz*	tú posees algo masculino plural	os seus irmãos (tus hermanos)

Para expresar la idea de posesión en la primera persona del plural (nuestro, nuestra, nuestros, nuestras) usa las frases de la tabla 4-4.

TABLA 4-4 **Frases que expresan la idea de "nuestro"**

Frase	Pronunciación	Relación	Ejemplo
a nossa	*a nosa*	nosotros poseemos algo femenino	a nossa irmã (nuestra hermana)
o nosso	*u nosu*	nosotros poseemos algo masculino	o nosso irmão (nuestro hermano)
as nossas	*as nosaz*	nosotros poseemos algo femenino plural	as nossas irmãs (nuestras hermanas)
os nossos	*os nosuz*	nosotros poseemos algo masculino plural	os nossos irmãos (nuestros hermanos)

Para expresar la idea de posesión en la tercera persona del singular o plural (su, sus), utiliza las frases de la tabla 4-5. Al hablar sobre la posesión de otras personas, el orden de la frase de los brasileños pone primero el quién y luego el qué.

Por ejemplo, en la frase **os nossos irmãos** (*oz nosuz ijmãuz*), viene primero la persona que posee (nosotros) y luego lo poseído (hermanos). Sin embargo, si queremos hablar sobre el *hermano de Tatiana*, la frase en portugués es **o irmão da Tatiana** (*u ijmãu da tachiana*; el hermano de Tatiana), es decir, la persona que posee va en segundo lugar. Otro ejemplo es **as casas deles** (*az kasaz deliz*; las casas de ellos).

En algunas ocasiones, no es una persona quien posee algo, sino una cosa o, incluso, un lugar: **os resultados financeiros da empresa** (*oz jesutaduz finanseiruz da empreza*; los resultados financieros de la empresa) o **as praias do Rio** (*az praiaz du jiu*; las playas de Río).

Esta estructura de la posesión en tercera persona en portugués es igual que en español.

Dicho esto, si cometes un error en el orden de las palabras, los brasileños no tendrán ningún problema para entenderte. ¡Relájate!

TABLA 4-5 Frases que expresan la idea de "su"

Frase	Pronunciación	Traducción	Ejemplo
de (nombre)	*dchi*	de	irmã do José (hermana de José)
dela	*dela*	de ella	irmã dela (hermana de ella)
dele	*deli*	de él	irmã dele (hermana de él)
deles	*deliz*	de ellos	irmã deles (hermana de ellos)

CONSEJO

La preposición **de** (*dchi*; –) en portugués suele ir unida al pronombre, formando una contracción. Para decir *de él* o *de ella*, los brasileños se han simplificado la vida y en vez de poner las dos palabras, **de ela**, dicen **dela**, y no dicen **de ele**, sino **dele**, etcétera. Es hasta divertido pronunciarlo. Haz la prueba.

Saber quién, qué y dónde

Si vas a viajar por el Brasil, querrás preguntar a los brasileños sobre los acontecimientos y los lugares más destacados. Por eso, necesitarás conocer las palabras **onde** (*ondchi*; dónde), **quando** (*kuandu*; cuándo) y **quanto** (*kuantu*; cuánto).

CONSEJO

Si quieres saber qué significa algo, pregunta: **O quê quer dizer...?** (*u ké kej dchizej...?*; ¿qué quiere decir...?). Por ejemplo, digamos que estás en uno de los innumerables puestos de venta callejeros de bebidas y ves la palabra **vitamina**. Es exactamente igual a la palabra *vitamina en* *español*, pero es poco probable que las vendan en estos lugares. Entonces, preguntas: **O quê quer dizer vitamina?** *(u ké kej dizej vitamina?*; ¿qué quiere decir vitamina?). Ah, y para tu información, **vitamina** quiere decir batido de frutas. Hay más de veinte sabores en el Brasil. Te encantará haber descubierto el significado para disfrutar de ellos.

Las siguientes palabras también te servirán para recabar información en distintas situaciones:

- **o quê?** (*u ké?*; ¿qué?)
- **quem?** (*kem?*; ¿quién?)
- **por quê?** (*poj ké?*; ¿por qué?)
- **como?** (*komu?*; ¿cómo?)
- **qual?** (*kuau?*; ¿cuál?)

Veamos algunos ejemplos de uso:

- **O quê é isso?** (*u ké é isu*; ¿qué es eso?).
- **Onde fica a praia?** (*ondchi fika a praia?*; ¿dónde queda la playa?).
- **Quando é o concerto?** (*kuandu é u konsejtu?*; ¿cuándo es el concierto?).
- **Quem é ele?** (*kem é eli?*; ¿quién es él?).
- **Por quê é assim?** (*poj ké é asim?*; ¿por qué es así?).
- **Como é ela?** (*komu é ela?*; ¿cómo es ella?).
- **Quanto que é?** (*kuantu ke é?*; ¿cuánto es?).
- **Qual carro é seu?** (*kuau kaju é seu?*; ¿cuál es tu coche?).

Tres frases salvadoras

Al cabo de unos meses de haber llegado al Brasil, me mandaron como reportera a una conferencia de prensa en una empresa. Todavía no entendía muy bien el idioma y me sentía un poco perdida. **De repente** (*dchi jepenchi*; –), un conferenciante se subió al estrado a hablar y vi que podía **comprender** (*komprendej*; –) más portugués de lo habitual. Me preguntaba si este individuo era de alguna región del Brasil donde el acento era más fácil de entender. **Talvez** (*tauvez*; tal vez) venía de Portugal.

¡Al final resultó que el hombre era estadounidense! Hablaba muy bien portugués, pero tenía un **sotaque** (*sotaki*; acento) inglés, que me resultaba muy fácil de comprender, ya que también soy estadounidense.

No es fácil comprender el acento brasileño al principio. A veces necesitarás pedirle a la persona que hable más lentamente.

Cuando veas que las conversaciones se ponen imposibles de entender, di:

- **Não entendi** (*nãu entendchi*; no entendí).
- **Oi?** (*oi?*; ¿qué has dicho?, informal).
- **Poderia repetir por favor?** (*poderia jepechij poj favoj?*; ¿podría repetir, por favor?).

Dar tus datos personales

Después de tu primera conversación en portugués con algunas personas, es probable que quieras mantener el contacto con ellas. De manera similar, tus nuevos amigos brasileños pueden preguntarte: **Qual é o seu número de telefone?** (*kuau é u seu númeru dchi telefoni?*; ¿cuál es tu número de teléfono?). Tú puedes responder: **o meu número de telefone é...** (*u meu númeru dchi telefoni é...*; mi número de teléfono es...).

A continuación verás otras preguntas que puedes hacer. Observa que usamos los posesivos **seu** y **meu**, que ya has visto en este capítulo:

- **Qual é o seu sobrenome?** (*kuau é u seu sobrenomi?*; ¿cuál es tu apellido?).
- **Onde mora?** (*ondchi mora?*; ¿dónde vives?).
- **Qual é o seu e-mail?** (*kuau é u seu i-meil?*: *¿cuál es tu correo electrónico?*).

Para responder a estas preguntas, di:

- **O meu sobrenome é...** (*u meu sobrenomi é...*; mi apellido es...).
- **Eu moro...** (*eu moru...*; yo vivo...).
- **O meu e-mail é...** (*u meu i-meil é...*; mi correo electrónico es...).

Hablando se entiende la gente

ESCUCHA

Diogo (*dchiogu)* y **Zeca** (*zeka)* son grandes amantes de la samba. Les gusta, en particular, un tipo antiguo de samba llamado **chorinho** (*shoriñu*). Los dos acaban de conocerse en un espectáculo de **chorinho**.

Zeca le está hablando a **Diogo** acerca del concierto de **chorinho** de la semana próxima. Observa que hasta los brasileños tienen dificultad para comprenderse entre ellos. Además, hay mucho ruido.

Zeca: **Tem um concerto de chorinho na semana que vem, sabia?**
tem um konsejtu dchi shoriñu na semana ke vem, sabia?
Hay un concierto de *chorinho* la semana próxima, ¿lo sabías?

Diogo: **Ah é? Quando e onde?**
ah é? kuandu e ondchi?
¿Ah, sí? ¿Cuándo y dónde?

Zeca: **Na noite da quarta-feira, no bairro da Laranjeiras.**
na noichi da kuajta-feira, nu baiju da laranyeiraz.
El miércoles por la noche, en el barrio de Laranjeiras.

Diogo: **Poderia me mandar um e-mail com os dados?**
poderia mi mandaj um i-meil kom oz daduz?
¿Podrías mandarme un correo electrónico con los datos?

Zeca: **Claro. Qual é o seu e-mail?**
klaru. kuau é o seu i-meil?
Claro. ¿Cuál es tu correo electrónico?

Diogo: **É diogo.conrado@uol.com.br.**
é dchiogu puntu konjadu ajoba uoéli puntu kom puntu be eji.
Es diogo.conrado@uol.com.br.

Zeca: **Não entendi.**
nãu entendchi.
No entendí.

Diogo: **É diogo.conrado@uol.com.br.**
é dchiogu puntu konjadu ajoba voéli puntu kom puntu be eji.
Es diogo.conrado@uol.com.br.

CONSEJO

El símbolo @ en portugués se llama **arroba** y se pronuncia *ajoba*. Si hay un punto en tu correo electrónico, simplemente di **ponto** (*puntu*; punto).

Juegos y ejercicios divertidos

Une mediante una línea las frases en español con su correspondiente en portugués. Todas las palabras principales se basan en los conocimientos que has adquirido en este capítulo. Recuerda que para aprender un idioma es muy importante conocer gente. Ahora, ¡relájate y disfruta! Las respuestas se encuentran en el apéndice C.

1. ¿De dónde eres?	a. **Onde moram os seus pais?**
2. No entendí.	b. **Quantos irmãos tem?**
3. ¿Dónde viven tus padres?	c. **Qual é o seu sobrenome?**
4. ¿Te está gustando el Brasil?	d. **Qual é o seu e-mail?**
5. ¿Cuántos hermanos tienes?	e. **Onde mora?**
6. ¿Cuál es tu apellido?	f. **De onde você é?**
7. ¿Podrías repetir, por favor?	g. **Poderia repetir por favor?**
8. ¿Cuál es tu correo electrónico?	h. **Está gostando do Brasil?**
9. ¿Dónde vives?	i. **Não entendi.**

EN ESTE CAPÍTULO

- Reconocer los elementos básicos de la comida
- Pedir en un restaurante
- Hablar sobre comidas y bebidas
- Obtener lo que quieres: el verbo querer
- Pedir lo que otros tienen: el verbo *ter*
- Visitar mercados al aire libre y supermercados

Capítulo 5
Salir a comer y hacer la compra

Está com fome? (*está kom fomi*; ¿tienes hambre? Literalmente: ¿estás con hambre?). **Quer comer?** (*kej komej?*; ¿quieres comer?). Pues bien, se **fala** (*fala*; se dice) que no es posible conocer realmente a fondo una **cultura estrangeira** (*kuutura estranyeira*; cultura extranjera) a menos que hayas probado su **comida** (*komida*; –). En este capítulo te familiarizarás con la cocina brasileña y las maneras de pedir en un restaurante y hablar sobre comida, para que puedas disfrutarla mejor.

Bom proveito!

Comer es una de las actividades que no podrás dejar de hacer en el Brasil: será una experiencia inolvidable. En la cocina brasileña se utilizan frutas tropicales y se combinan los alimentos tradicionales de maneras realmente sorprendentes. En esta sección aprenderás algo sobre la cultura gastronómica brasileña. Sin embargo, antes de sentarte a la **mesa** (*mesa*; –), aprende los nombres de los **talheres** (*talieriz*; cubiertos) y otras cosas:

» **garfo** (*gajfu*; tenedor)

» **faca** (*faka*; cuchillo)

» **colher** (*koliej*; cuchara)

» **prato** (*pratu*; plato)

» **prato fundo** (*pratu fundu*; plato hondo)

» **copo** (*kopu*; vaso)

» **guardanapo** (*guajdanapu*; servilleta)

A continuación verás algunos de los ingredientes básicos que necesitarás **pedir** (*pedij*; –) en un **restaurante** (*jestauranchi*; –) o si estás en **casa** (*kasa*; –) de algún amigo:

» **sal** (*sau*; -)

» **pimenta do reino** (*pimenta du jeinu*; pimienta negra)

» **pimenta** (*pimenta*; salsa picante brasileña, hecha con chiles rojos en aceite. Literalmente: pimienta)

» **limão** (*limão*; limón; los brasileños le ponen **limão** a todo)

» **pão** (*pão*; pan)

» **gelo** (*yelu*; hielo)

Puedes usar las siguientes frases para hablar sobre comida:

» **Eu adoro chocolate!** (*eu adoru shokolachi!*; ¡me encanta el chocolate!).

» **Eu detesto ovos** (*eu detestu ovuz*; detesto los huevos).

» **Qual a sua comida favorita?** (*kuau a sua komida favorita?*; ¿cuál es tu comida favorita?).

» **Que tipo de comida gosta?** (*ké tipu dchi komida gosta?*; ¿qué tipo de comida te gusta?).

» **Qual prefere: a comida hindu ou a comida chinesa?** (*kuau preferi: a komida indu ou a komida chinesa?*; ¿qué tipo de comida prefieres: la comida hindú o la comida china?).

» **Você gosta de cozinhar?** (*vosé gosta dchi koziñaj?*; ¿te gusta cocinar?).

» **Pode recomendar um bom restaurante por aqui?** (*podchi jekomendaj um bom jestauranchi poj aki?*; ¿me puedes recomendar un buen restaurante por aquí?).

Observa los nombres de las comidas según el momento del día o el orden en que se comen:

- **café da manhã** (*kafé da mañã*; desayuno. Literalmente: café de la mañana)
- **almoço** (*aumosu*; almuerzo)
- **jantar** (*yantaj*; cena)
- **entrada** (*entrada*; -)
- **sobremesa** (*sobremesa*; postre)

Di las siguientes frases, si la circunstancia es apropiada:

- **Que gostoso!** (*ké gostosu*!; ¡qué sabroso!).
- **É delicioso** (*é delisiosu*; está delicioso).
- **Está quente** (*está kenchi*; está caliente).
- **Está frio** (*está friu*; está frío).
- **Bom proveito!** (*bom proveitu*!; ¡buen provecho!).
- **Saúde!** (*saúdchi*!; ¡salud!).

En el restaurante: probar la comida típica

La **comida** brasileña clásica es **simples** (*simplez*; simple). Es un pedazo de **carne** (*kajni*; –) servida con **feijão** (*feiyãu*; fríjoles o porotos), **arroz** (*ajoz*; –) y **salada** (*salada*; ensalada). Este apartado trata sobre la experiencia en los restaurantes y la comida que puedes encontrar en ellos.

Hay cinco lugares donde puedes conseguir una **refeição** (*jefeisãu*; comida) en el Brasil:

- **Boteco** (*boteku*; restaurante barato donde también se puede beber cerveza u otro licor).
- **Padaria** (*padaria*; panadería; en las **padarias** brasileñas también sirven comida).
- **Lanchonete** (*lanchonechi*; restaurante especializado en hamburguesas, sándwiches y zumos de frutas).

» **Restaurante por quilo** (*jestauranchi poj kilu*; restaurante de autoservicio donde se paga por peso; son deliciosos, sanos y a buen precio).

» **Restaurante** (*jestauranchi*; –).

De ellos, las primeras cuatro opciones son para comidas rápidas. Por lo general se encuentran **sanduíches** (*sanduíchez*; sándwiches), **hamburguers** (*jãmburguerz*; hamburguesas), **salgados** (*saugaduz*; productos de pastelería salados) y **pratos feitos** (*pratuz feituz*; plato combinado generalmente compuesto de arroz, fríjoles, carne y ensalada). La otra opción son los **restaurantes**, de los que hablaremos más adelante en esta sección.

RECUERDA

Los brasileños no suelen dejar **gorjeta** (*gojyeta*; propina) en los restaurantes. Si el servicio es excepcional, puedes dejar una **gorjeta** del 10 %. En algunos lugares una propina del 10 o del 15 % ya está incluida en la **conta** (*konta*; cuenta). Lo sabrás porque en ella pone **serviço incluido** (*sejvisu inkluidu*; propina incluida). Las tasas aparecen indicadas con la sigla **IVA**.

Además de los **restaurantes** brasileños, también hay muchos restaurantes de tipo **italiano** (*italianu*; –) y **japonês** (*yaponéz*; japonés).

CONSEJO

Si necesitas ir al lavabo en un restaurante, puedes preguntar, simplemente: **O banheiro?** (*u bañeiru?*; ¿el baño?). Si quieres ser más elegante, di: **Por favor, onde fica o banheiro?** (*poj favoj, ondchi fika u bañeiru?*; por favor, ¿dónde queda el baño?).

Pedir en un restaurante

Cuando llegas a un **restaurante**, el **garçon** (*gajson*; camarero) o la **garçonete** (*gajsonechi*; camarera) te lleva a la **mesa** (*mesa*; –). Tal vez te pregunte si te quieres **sentar** (*sentaj*; –) **fora** (*fora*; afuera) o **dentro** (*dentru*; adentro).

Luego, el camarero te da el **cardápio** (*kajdápiu*; menú). Allí puedes ver las siguientes secciones:

» **entradas** (*entradaz*; –)

» **pratos principais** (*pratuz prinsipaiz*; platos principales)

» **bebidas** (*bebidaz*; –)

» **sobremesas** (*sobremesaz*; postres)

En algunos menús verás **especialidades da casa** (*espesialidadchiz da kasa*; especialidades de la casa).

Cuando estés **pronto** (*prontu*; listo) para **pedir** (*pedchij*; –), puedes decir: **Quero... por favor** (*keru... poj favoj*; quiero... por favor).

Los brasileños suelen decir **vou querer** (*vou kerej*; voy a querer), en lugar de **quero**. Sin embargo, **quero** es más fácil de memorizar, y es una palabra que deberás usar en muchas otras situaciones. Volveremos al verbo **querer** más adelante en este capítulo.

Si el **cardápio** te confunde, puedes pedirle al **garçon** que te recomiende algo. Dile: **O quê recomenda?** (*u ké jekomenda?*; ¿qué me recomienda?).

Si te gusta la recomendación, di: **Ok, tá bom** (*oká, tá bom*; vale).

Si quieres pedir algo en concreto, pregunta: **Têm...?** (*tem...?*; ¿tiene...?) y completa la frase con alguna de las siguientes opciones:

» **sopa** (*sopa*; -)
» **salada** (*salada*; ensalada)
» **sanduíches** (*sanduíchiz*; sándwiches)
» **algo para crianças** (*augu para kriansaz*; algo para niños)
» **pratos vegetarianos** (*pratuz veyetarianuz*; platos vegetarianos)

También puedes decir **têm...?** para saber si un plato contiene un **ingrediente** (*ingredchienchi*; –) concreto que no te guste:

» **Tem carne?** (*tem kajni?*; ¿tiene carne?).
» **Tem frutos do mar?** (*tem frutuz du maj?*; ¿tiene frutos del mar?).
» **Tem azeite de dendê?** (*tem azeichi dchi dendé?*; ¿tiene aceite de palma?).

CONSEJO

Ten cuidado con el **azeite de dendê** que se consigue en el estado de Bahía. Es muy fuerte y puede causar dolor de estómago a quienes no lo han probado nunca. Se usa especialmente para hacer **acarajé** (*akarayé*; una comida típica de Bahía, que se vende por la calle. En el apartado "El plato principal" hablaremos más sobre el tema).

Si sabes que un **prato** tiene un **ingrediente** específico que tú quieres **retirar** (*jechiraj*; –), di **sem...** (*sem...*; sin...) y llena el espacio con alguna de las siguientes opciones:

» **queijo** (*keiyu*; queso)
» **manteiga** (*manteiga*; mantequilla)

- **maionese** (*maionesi*; mayonesa)
- **leite** (*leichi*; leche)
- **açúcar** (*asúcaj*; azúcar)
- **cebola** (*sebola*; cebolla)
- **molho** (*moliu*; salsa)
- **óleo** (*óleu*; aceite vegetal)
- **alho** (*aliu*; ajo)

Por otra parte, **a carne** (*a kajni*; carne) puede ser **grelhada** (*greliada*; a la parrilla), **cozida** (*kozida*; cocida), **frita** (*frita*; –) o **assada** (*asada*; asada). Estas palabras te servirán para especificar cómo la quieres.

La comida brasileña no es **picante** (*pikanchi*; –), pero puedes pedir **pimenta** (*pimenta*; chiles picantes en aceite) o **molho de pimenta** (*moliu dchi pimenta*; salsa picante).

Pedir una bebida

Los **sucos** (*sukuz*; zumos o jugos) y la **variedade** (*variedadchi*; variedad) que se puede encontrar es uno de los aspectos gastronómicos que a mí más me gustan del Brasil. Casi todos los **restaurantes** tienen entre 10 y 20 tipos de **sucos** para escoger, y las opciones varían según la región. A los brasileños les encantan los **sucos** y las **vitaminas** (*vitaminaz*; batidos de frutas). Hay barras de zumos por todas partes: en Río están prácticamente en cada esquina.

Éstas son algunas de las **frutas** (*frutaz*; –) más comunes en el Brasil. Si quieres que te den un **suco** con alguna de ellas, di **suco de...** (*suko dchi...*; zumo de...) y llena el espacio con alguna de estas opciones:

- **laranja** (*laranya*; naranja)
- **abacaxi** (*abakashi*; piña)
- **mamão** (*mamau*; papaya)
- **melancia** (*melansia*; sandía)
- **goiaba** (*goiaba*; guayaba)
- **maracujá** (*marakuyá*; maracuyá)
- **manga** (*manga*; mango)

Mi **suco** favorito es el de **cupuaçu** (*kupuasu*; una fruta blanca y lechosa del Amazonas, con un sabor ácido).

Para acompañar las maravillas culinarias del Brasil, puedes pedir alguna de las siguientes **bebidas** (*bebidaz*; –):

- **água sem gas** (*água sem gaz*; agua sin gas)
- **água com gas** (*água com gaz*; agua con gas)
- **Guaraná Antártica** (*guaraná antájchika*; la gaseosa de marca más famosa del Brasil, hecha con el fruto del **guaraná**. La marca es **Antártica**)
- **Guaraná diet** (*guaraná daiechi*; lo mismo, pero sin azúcar)
- **Coca-Cola** (*koka-kola*; -)
- **Coca light** (*koka laigch*; Coca-Cola sin azúcar)
- **cerveja** (*sejveya*; cerveza)
- **chope** (*shopi*; cerveza de barril)
- **vinho** (*viñu*; vino)
- **café** (*kafé*; -)
- **chá** (*shá*; té)
- **leite** (*leichi*; leche)

Si vas a un bar en el Brasil, notarás que la gente dice con frecuencia **mais um** (*maiz um*) o **mais uma** (*maiz uma*). Las dos frases significan 'tomaré otro más'. Literalmente: más uno, más una.

CULTURA GENERAL

Una nota sobre la **cerveja**: los brasileños dicen medio en broma que la cerveza debe estar **estupidamente gelada** (*estupidamenchi yelada*; estúpidamente helada). Si no está lo suficientemente fría, la devuelven. Por otra parte, la única oportunidad para conseguir buena **cerveja escura** (*sejveya eskura*; cerveza negra) en el Brasil es durante el festival alemán del Oktoberfest, que tiene lugar todos los años en **Blumenau** (*blumenau*), en el estado de Santa Catarina (en el sur del Brasil, donde hay muchos descendientes de inmigrantes alemanes).

Por supuesto, también está la bebida nacional del Brasil, la **caipirinha** (*kaipiriña*). Se hace con **cachaça** (*kachasa*; cachaza), **gelo** (*yelu*; hielo), **limão** (*limãu*; limón) y **açúcar** (*asúcaj*; azúcar). Aunque ésta es la receta clásica, puedes pedir **caipifruta** (*kaipifruta*), que es una **caipirinha** hecha con la fruta que tú escojas, en lugar de limón.

Las ensaladas y los condimentos

Las **saladas** (*saladaz*; ensaladas) en el Brasil son muy básicas si se sirven como acompañante de las comidas. Sin embargo, si te vas a comer una ensalada sola, las barras de ensaladas están llenas de cantidades de ingredientes interesantes. Los brasileños no suelen mezclar los ingredientes, sino que los ponen uno junto al otro y luego les echan aceite de oliva y vinagre de vino tinto por encima.

Éstos son algunos de los ingredientes típicos que encontrarás en un establecimiento de ensaladas:

- **alface** (*aufasi*; lechuga)
- **rúcula** (*júkula*; rúgula)
- **tomate** (*tomachi*; –)
- **tomate seco** (*tomachi seku*; –)
- **milho** (*miliu*; maíz)
- **palmito** (*paumitu*; corazón de palmito)
- **cenoura** (*senoura*; zanahoria)
- **cebola** (*sebola*; cebolla)
- **beterraba** (*betejaba*; remolacha)
- **abobrinha** (*abobriña*; calabacín)
- **mozzarella de búfalo** (*mozarela dchi búfalu*; mozarela fresca)
- **queijo** (*keiju*; queso)
- **azeite de oliva** (*azeichi dchi oliva*; aceite de oliva)
- **vinagre** (*vinagri*; –)
- **vinagrete** (*vinagrechi*; tomate picado, cebolla y pimiento verde, con vinagre. Literalmente: vinagreta)

CULTURA GENERAL

Una nota sobre la palabra **alface**: los brasileños llaman **alface americano** a la lechuga larga, tal vez porque a los estadounidenses les gusta mucho más que a ellos (y tal vez más que a los romanos).

El plato principal

El plato brasileño más famoso se llama **feijoada** (*feiyoada*; plato con fríjoles). Tiene **orelha de porco** (*orelia dchi pojku*; oreja de cerdo) e incluso **joelho de porco** (*yoeliu dchi pojku*; codillo de cerdo), además de otras partes más **nobres** (*nobriz*; de buena calidad. Literalmente: nobles) del cerdo.

La **feijoada** surgió de las **cozinhas** (*koziñaz*; cocinas) de los **escravos** (*eskravuz*; esclavos) traídos de África, hace cientos de años. Los esclavos eran **pobres** (*pobriz*; –) y no desperdiciaban ninguna parte del animal. La **feijoada** suele servirse en los restaurantes en ciertos días: **quarta feira** (*kuajta feira*; miércoles) y **sábado** (*sábadu*; –).

En la siguiente lista encontrarás ingredientes y platos brasileños clásicos, aparte del **churrasco** (*shujasku*; –), tema del que hablaré en el apartado "Parrilladas al estilo brasileño", y de la **feijoada**:

» **Limão** (*limãu*; limón verde). Los brasileños le ponen gotas de limón prácticamente a todo, especialmente a la combinación clásica de arroz, judías y carne de vaca. También lo usan en zumos y postres. Ni te tomes la molestia de buscar limones amarillos en el Brasil, pues no encontrarás.

» **Coco** (*koku*; -). A los brasileños les encanta el coco. Toman agua de coco en cocos verdes, con una pajita. El vendedor quita con un machete la parte superior del coco y lo vende por un real, ya sea en la playa o en la calle. El **coco** también se usa en muchos de los platos principales del estado de Bahía.

» **Pão de queijo** (*pãu dchi keiyu*; pan de queso). Se vende en forma de bolitas, del tamaño de una galleta. Es delicioso.

» **Moqueca** (*mokeka*; guisado de pescado fresco). Plato del estado de Bahía, que se hace con **azeite de dendê** (*azeichi dchi dendé*; aceite de palma). A algunas personas les resulta pesado. También lleva **leite de coco** (*leichi dchi koku*; leche de coco).

» **Acarajé** (*akarayé*). Este popular plato del estado de Bahía se vende en las playas y en la calle. Son pastelillos de judías caupí fritos en aceite, rellenos con gambas, cebolla cruda, tomate, pimiento verde y salsa de maní. También se hace con **aceite de dendê**.

» **Coxinhas** (*koshiñaz*). Las **coxinhas** son papas en puré, frito, moldeado en forma de lágrimas y relleno con pollo desmenuzado. Se encuentran en cualquier **boteco** (*boteku*; restaurante barato) o en las panaderías del Brasil.

» **Açai na tigela com granola** (*asai na chiyela kom granola*). Es un sorbete de frutas en un tazón, con granola por encima y a veces miel. Es la comida favorita de los practicantes de surf en el

Brasil. Açai es una pequeña baya del color de las berenjenas.

- **Farofa** (*farofa*). Es harina de yuca tostada, mezclada con pedazos de cerdo fritos y huevos revueltos. Se sirve con la **feijoada** o como acompañante de la carne. Mmmm, ¡no te la pierdas!
- **Mandioca frita** (*mandchioka frita*). Mi alimento brasileño favorito es la yuca frita. ¡Es muchísimo mejor que las papas fritas!
- **X-salada** (*shiz-salada*). Es una hamburguesa con queso, lechuga y tomate. La letra equis se pronuncia shiz en portugués, que suena igual que la palabra queso en inglés, así es que a los brasileños les basta con escribir una x. Ingenioso, ¿eh?

Parrilladas al estilo brasileño

No es posible hablar de comida brasileña sin mencionar el adorado **churrasco** (*shujasku*; –). Se trata de un estilo de alimentación que consiste en **comer à vontade** (*komej á vontadchi*; comer con barra libre).

Los camareros se acercan a tu **mesa** con unos diez **cortes** (*kojtez*; –) de carne, más o menos cada cinco minutos. A veces te dan una tarjeta redonda **verde** (*vejdchi*; verde) por un lado y **vermelha** (*vejmelia*; roja) por el otro. Si quieres **comer mais** (*komej maiz*; comer más), pon la tarjeta con la cara **verde** hacia arriba. Si ya estás **satisfeito** (*satisfeitu*; satisfecho), pon la tarjeta con la cara **vermelha** hacia arriba. De lo contrario, seguirán llegando los **garçons** (*gajsonz*; camareros) con más comida.

Lo único que el **garçon** no llevará a tu **mesa** es **peixe** (*peishi*; pescado). Éstos son algunos de los **cortes** que los **garçons** te llevarán a la **mesa**:

- **picanha** (*pikaña*; filete de lomo)
- **alcatra** (*aukatra*; solomillo)
- **fraldinha** (*fraudiña*; falda)
- **linguiça** (*lingüisa*; longaniza)
- **lombo** (*lombu*; lomo de cerdo)
- **coxa de frango** (*kosha dchi frangu*; muslo de pollo)
- **peito de frango** (*peitu dchi frangu*; pechuga de pollo)
- **coração de frango** (*korasãu dchi frangu*; corazón de pollo)
- **cordeiro** (*kojdeiru*; cordero)

La **farinha** (*fariña*; harina de mandioca) es simplemente **gostosa** (*gostosa*; deliciosa): ya lo verás. Tal vez te preguntes: ¿untar la carne con harina? Pues sí. A mí, personalmente, me llevó todo un año empezar a encontrarle el gusto a la **farinha**. Ahora, cuando como carne en Estados Unidos, la echo de menos. Hay que aprender a degustarla. Una vez aprendes, ya no puedes **vivir sem** (*vivij sem*; vivir sin) ella.

CONSEJO

Hay buenas noticias para los **vegetarianos** (*veyetarianuz*; –): en las **churrascarias** siempre hay unas buenas barras de ensalada.

Hablando se entiende la gente

ESCUCHA

Puede que el momento de pagar la cuenta no sea el más divertido, pero es bueno practicar para cuando llegue la hora. **Alberto** (*aubejtu*) y **Marina** (*marina*) se quedan muy sorprendidos cuando les llega la cuenta por su deliciosa comida con frutos de mar.

Alberto: (Al camarero) **A conta, por favor.**
a konta, poj favoj.
La cuenta, por favor.

Camarero: **Vou trazé-la agora.**
vou trazé-la agora.
Se la traigo ahora mismo.

Alberto: **Aceita cartão?**
aseita kajtãu?
¿Aceptan tarjeta de crédito?

Camarero: **Aceitamos.**
aseitamuz.
Sí. (Literalmente: aceptamos).

Alberto: (Al ver la cuenta) **Que caro. Noventa e sete reais?**
ké karu. noventa i sechi jeaiz?
Qué caro. ¿Noventa y siete reales?

Marina: **O serviço está incluido?**
u sejvisu está inkluidu?
¿La propina está incluida?

Alberto: **Ah... foi por isto. É de quinze por cento.**
ah... foi poj istu. é dchi kinzi poj sentu.
Ah... fue por eso. Es el quince por ciento.

Marina: (Al camarero, cuando les lleva el recibo de la tarjeta)
Tem caneta?
tem kaneta?
¿Tiene un bolígrafo?

Camarero: **Aqui tem.**
aki tem
Aquí tiene.

Palabras para recordar

a conta	*a konta*	la cuenta
vou	*vou*	voy a
trazé-lo	*trazé-lo*	traérselo
aceita	*aseita*	acepta
cartão	*kajtãu*	tarjeta de crédito
aceitamos	*aseitamuz*	aceptamos
uma porção	*uma pojsãu*	una porción
cada	*kada*	–
caro	*karu*	–
o serviço	*u sejvisu*	la propina
incluido	*inkluidu*	–
foi por isto	*foi por istu*	fue por eso
caneta	*kaneta*	bolígrafo

Los postres

Para cerrar esta sección, hablaremos de la **sobremesa** (*sobremesa*; postre). Éstos son algunos de mis favoritos:

» **bolo de laranja** (*bolu dchi laranya*; pastel de naranja)

- **bolo de limão** (*bolu dchi limãu*; pastel de limón)
- **flan** (*flan*; -)
- **mousse de maracujá** (*muse dchi maracuyá*; *mousse* de mara- cuyá)
- **mousse de chocolate** (*muse dchi shokolachi*; *mousse* de chocolate)
- **sorvete** (*sojvechi*; sorbete)
- **iogurte** (*iogujchi*; yogur)
- **Romeo e Julieta** (*jomeu i yulieta*; pasta de guayaba con queso maduro. *Literalmente:* Romeo y Julieta)
- **pizza doce** (*pitsa dosi*; pizza dulce)

En el Brasil, es muy común encontrar pizzas de postre en las pizzerías. La de **chocolate e morango** (*shokolachi i morangu*; chocolate y fresa) no te la puedes perder.

Después de comer a gusto, querrás tomar un **cafezinho** (*kafeziñu*; café brasileño servido en una taza o vaso pequeño, con mucho azúcar) para acompañar la **sobremesa**. En los buenos restaurantes puedes pedir el café **sem açúcar** (*sem asúkaj*; sin azúcar). Ahora bien, si has decidido echar la casa por la ventana, puedes pedir **chantilly** (*shantiyi*; crema chantillí) con el café.

Dos verbos apetecibles: *comer y beber*

En este capítulo ya hemos visto la palabra **comida** (*komida*; –). Ahora veamos el verbo **comer** (*komej*; –) y su conjugación:

Conjugación	***Pronunciación***
eu como	*eu komu*
você come	*vosé komi*
ele/ela come	*eli/ela komi*
nós comemos	*nóz komemuz*
eles/elas comem	*eliz/elaz komem*

Lee las siguientes frases sencillas donde se usa el verbo **comer**:

» **Vamos comer** (*vamuz komej*; vamos a comer).

» **O meu cachorro come cenoura** (*u meu kachoju komi senoura*; mi cachorro come zanahoria).

» **Como muito** (*komu muitu*; como mucho).

» **Ela come pouco** (*ela komi pouku*; ella come poco).

Ahora veamos el verbo **beber** (*bebej*; –). Dependiendo del contexto, **beber** también puede significar específicamente tomar bebidas alcohólicas, lo mismo que en español, cuando decimos que *él bebe mucho*. El equivalente en portugués es: **Ele bebe muito** (*eli bebi muitu*). Ésta es la conjugación de **beber**:

Conjugación	*Pronunciación*
eu bebo	*eu bebu*
você bebe	*vosé bebi*
ele/ela bebe	*eli/ela bebi*
nós bebemos	*nóz bebemuz*
eles/elas bebem	*eliz/elaz bebem*

A continuación verás algunas frases sencillas donde se usa el verbo **beber**:

» **É preciso beber muita água todos os dias** (*é presisu bebej muita ágthough tuduz oz dchiaz*; es necesario beber mucha agua todos los días).

» **O quê quer para beber?** (*u ké kej para bebej?*; ¿qué quieres beber?).

Al igual que en español, los brasileños usan mucho el verbo **tomar** (*tomaj*; –) en sentido de beber. Fácil para los hispanohablantes, ¿no?

» **Gostaria de tomar uma Coca-Cola?** (*gostaria dchi tomaj uma koka-kola?*; ¿te gustaría tomar una Coca-Cola?).

» **Vamos tomar um drinque** (*vamuz tomaj um drinki*; vamos a tomarnos una copa).

Tomar, en portugués, también tiene el sentido de adoptar o de recibir:

» **tomar a iniciativa** (*tomaj a inisiachiva*; tomar la iniciativa)

» **tomar conta de** (*tomaj konta dchi*; cuidar a)

» **tomar remédios** (*tomaj jemédiuz*; tomar medicamentos)

Que se haga tu voluntad: el verbo *querer*

Usa el verbo **querer** (*kerej*; –) si estás en el **restaurante** y estás listo para **pedir** (*pedij*; –). Decir **quero** (*keru*; quiero) es la forma más eficaz para obtener algo, en diversas **situações** (*situasõez*; situaciones) y no sólo cuando **tem fome** (*tem fomi*; tienes hambre).

Puedes usar el verbo **querer** en una tienda para pedirle al dependiente lo que buscas, o, si estás en **casa** (*kasa*; –) de un amigo, para decirle la clase de **bebida** (*bebida*; –) que vas a tomar; lo puedes usar, incluso, para exponer tus aspiraciones laborales. Así se conjuga el verbo **querer**:

Conjugación	***Pronunciación***
eu quero	*eu keru*
você quer	*vosé kej*
ele/ela quer	*eli/ela kej*
nós queremos	*nóz keremuz*
eles/elas querem	*eliz/elaz kerem*

Puedes practicar el verbo querer con los siguientes diálogos:

- **Quer um guaraná?** (*kej um guaraná?*; ¿quieres un guaraná?).
- **Sim, quero** (*sim, keru*; sí, gracias. Literalmente: sí, quiero).
- **Quer ir à praia comigo?** (*kej ij a praia komigu?*; ¿quieres ir a la playa conmigo?).
- **Não, não quero, obrigada** (*nãu, nãu keru, obrigada*; no, gracias).
- **O quê quer fazer na vida?** (*u ké kej fazej na vida?*; ¿qué quieres hacer en la vida?).
- **Quero ter filhos e ser um bom amigo** (*keru tej filiuz i sej um bom amigu*; quiero tener hijos y ser un buen amigo).

CONSEJO

Los brasileños suelen hacer la pregunta sólo con el verbo (**quer?**) para saber si quieres hacer algo. Asimismo, te pueden ofrecer una parte de su comida, señalándola y diciendo: **Quer?**

Tener o no tener

Si estás es un **restaurante** (*jestauranchi)* y quieres saber si hay determinado **prato** (*pratu*; plato) o ingrediente, di: **Têm...?** (*tem...?*; tiene...?)

Conjugación	***Pronunciación***
eu tenho	*eu teñu*
você tem	*vosé tem*
ele/ela tem	*eli/ela tem*
nós temos	*eli/ela temuz*
eles/elas têm	*eliz/elaz tem*

Veamos algunos usos del verbo **ter**:

- **Eu tenho um gato** (*eu teñu um gatu*; yo tengo un gato).
- **Eu tenho muitos amigos brasileiros** (*eu teñu muituz amiguz brazileiruz*; tengo muchos amigos brasileños).
- **Eu tenho uma casa na Bahia** (*eu teñu uma kasa na baia*; tengo una casa en Bahía).
- **Eles têm muito dinheiro** (*eliz tem muitu dchiñeiru*; ellos tienen mucho dinero).
- **Você tem olhos muito bonitos** (*vosé tem oliuz muitu bunituz*; tú tienes unos ojos muy bonitos).
- **Nós temos um carro** (*nóz temuz um kaju*; nosotros tenemos un auto).
- **A empresa tem un novo diretor** (*a empresa tem un novu dchiretoj*; la empresa tiene un nuevo director).

Échale un vistazo a estas expresiones donde se usa el verbo **ter**:

- **ter razão** (*tej jazãu*; tener razón)
- **ter sorte** (*tej sojchi*; tener suerte)

Y ahora observa su uso en frases:

- **Ah, você tem razão** (*ah, vosé tem jazãu*; ah, tienes razón).
- **Ela sempre tem muita sorte** (*ela sempri tem muita sojchi*; ella siempre tiene mucha suerte).

De compras al mercado

A los brasileños les gusta hacer las compras en los **supermercados** (*supejmerkaduz*; –), pero también les gusta comprar **frutas** (*frutaz*; –), además de las **legumes e verduras** (*legumiz i vejduraz*; legumbres y verduras) en las **feirinhas** (*feiriñaz*; mercados al aire libre), donde la comida suele ser **mais barata** (*maiz barata*; más barata) y **melhor** (*melioj*; mejor). Cuando llegue la hora de pagar, te convendrá saltar al capítulo 11, donde hablamos del dinero.

CULTURA GENERAL

La cadena de supermercados más grande del Brasil se llama **Pão de Açúcar** (*pãu dchi asúkaj*; pan de azúcar), cuyo nombre fue inspirado por el famoso cerro que se destaca en el paisaje urbano de Río de Janeiro.

Conseguir algunos productos prácticos

Además de la **comida**, en el **supermercado** puedes conseguir los siguientes artículos:

- **papel higiênico** (*papeu idchiéniku*; papel higiénico)
- **produtos de limpeza** (*produtoz dchi limpeza*; productos de limpieza)
- **latas de legumes** (*lataz dchi legumiz*; latas de legumbres)
- **coisas congeladas** (*koisaz konyeladaz*; cosas congeladas)
- **adoçante** (*adosanchi*; edulcorante artificial líquido, muy usado en el Brasil)
- **revistas** (*jevistaz*; -)
- **massas** (*masaz*; pastelería)
- **temperos** (*temperuz*; condimentos)
- **creme dental** (*kremi dentau*; crema dental)
- **escova dental** (*eskova dentau*; cepillo de dientes)
- **sabonete** (*sabonechi*; jabón)
- **xampu** (*shampu*; champú)
- **fralda** (*frauda*; pañales)
- **aparelho de barbear** (*apareliu dchi bajbeaj*; cuchilla de afeitar)

Consulta el sitio web `www.paodeacucar.com.br` para conocer los nombres de otros artículos disponibles en los supermercados.

La compra en los mercados al aire libre

Prepárate para ir a una **feirinha** (*feiriña*; mercado al aire libre). A continuación verás algunas de las **verduras** (*vejduraz*; verduras) y **legumes** (*legumiz*; legumbres) que puedes encontrar allí:

- **batatas** (*batataz*; patatas)
- **couve** (*kouvi*; col. Se necesita para hacer la **feijoada**; la **couve** se fríe con ajo y se come como guarnición)
- **coentro** (*koentru*; cilantro)
- **salsinha** (*sausiña*; perejil)
- **feijão** (*feiyãu*; fríjoles)
- **pepino** (*pepinu*; pepino)
- **brócolis** (*brókoliz*; brócoli)
- **espinafre** (*espinafri*; espinaca)
- **repolho** (*jepoliu*; repollo)
- **berinjela** (*berinyela*; berenjena)
- **abóbora** (*abóbora*; calabaza)

Ahora veamos algunas carnes y pescados:

- **peixe** (*peishi*; pescado)
- **frutos do mar** (*frutuz du maj*; frutos de mar)
- **atum** (*atum*; atún)
- **salmão** (*salmãu*; salmón)
- **camarões** (*kamarõez*; camarones o gambas)
- **caranguejo** (*karangueyu*; cangrejo)
- **lula** (*lula*; calamar)
- **polvo** (*pouvu*; pulpo)
- **cortes de carne** (*kojchiz dchi kajni*; cortes de carne)

- **carne moída** (*kajni moída*; carne molida)
- **aves** (*avez*; –)
- **frango sem osso** (*frangu sem osu*; pollo deshuesado)
- **frango com osso** (*frangu kom osu*; pollo con hueso)

A veces, el carnicero te preguntará si quieres **carne de primeira ou de segunda** (*kajni dchi primeira ou dchi segunda*; carne de primera o de segunda), para saber qué calidad buscas.

Hablando se entiende la gente

ESCUCHA

Luiza (*luiza*) y **Susana** (*susana*) son amigas y han decidido ir a la **feirinha** (*feiriña*; mercado al aire libre) de su localidad para hacer la compra. A su alrededor, los vendedores ofrecen sus productos.

Luiza: **O que você precisa?**
u ké vosé presisa?
¿Qué necesitas?

Susana: **Preciso uns tomates e muita fruta.**
presisu unz tomachiz i muita fruta.
Necesito unos tomates y mucha fruta.

Luiza: **Vamos lá.**
vamuz lá.
Vamos a por ello.

Susana: (Al vendedor) **Os tomates, quanto custam?**
oz tomachiz, kuantu kustam?
¿Cuánto cuestan los tomates?

Vendedor: **Dois e cincuenta o quilo.**
doiz i sinkuenta u kilo.
Dos con cincuenta el kilo.

Susana: **Dois quilos, por favor.**
doiz kiluz, poj favoj.
Dos kilos, por favor.

Vendedor: **Quer eles numa sacola ou duas?**
kej eliz numa sakola ou duaz?
¿Los quiere en una bolsa o en dos?

Susana: **Duas, por favor. Vai ser pesado demais senão.**
duaz, poj favoj. vai sej pesadu dchimaiz sinãu.
Dos, por favor. Si no, va a ser demasiado pesado.

Luiza: **Agora as frutas...**
agora az frutaz...
Ahora las frutas...

Otro vendedor: **Pêssego docinho, quatro por um real! Pêssego bem docinho!**
pésegu dosiñu, kuatru poj um jeau! pésegu bem dosiñu!
¡Melocotón dulce, cuatro por un real! ¡Melocotón bien dulce!

Palabras para recordar

precisa	*presisa*	necesitas
preciso	*presisu*	necesito
vamos lá	*vamuz lá*	vamos a por ello
quanto custam?	*kuantu kustam?*	¿cuánto cuestan?
quilo	*kilu*	kilo
sacola	*sakola*	bolsa
pesado	*pesadu*	–
demais	*dchimaiz*	demasiado
senão	*sinãu*	si no
pêssego	*pésegu*	melocotón
docinho	*dosiñu*	dulce
bem	*bem*	bien

Juegos y ejercicios divertidos

Un amigo brasileño ha ido a tu país a visitarte y tú quieres invitarlo a un restaurante. Tu amigo no está muy seguro de lo que dice el menú y te pide que se lo traduzcas. Escribe la traducción portuguesa al lado de cada una de las siguientes palabras:

1. pollo
2. cerveza
3. agua
4. cebolla
5. arroz
6. judías
7. carne

Ahora que está seguro de haber entendido correctamente el menú, tu amigo escoge lo que quiere comer. Traduce las siguientes frases y busca en el apéndice C las respuestas.

8. **um chope:**
9. **uma água con gas:**
10. **um sanduíche de carne assada e queijo, sem tomate**

EN ESTE CAPÍTULO

- Decirle al vendedor lo que quieres
- Probarse las cosas
- Comprar y ponerse ropa
- Expresar opiniones: bueno, mejor, óptimo
- Buscar artesanía brasileña
- Negociar el precio

Capítulo 6

El placer de ir de compras

En el Brasil, o en cualquier otro lugar del mundo, puedes ir de compras bien por **prazer** (*prazej*; placer) o bien por **necessidade** (*nesesidadchi*; necesidad).

Hay, principalmente, tres maneras de **fazer compras** (*fazej kompraz*; hacer compras) en todos los países: ir a **um shopping** (*um shoping*, un centro comercial), a **uma loja na rua** (*uma loya na jua*; una tienda en la calle) o a **uma feira** (*uma feira*; un mercado al aire libre).

CULTURA GENERAL

Los **shoppings** en el Brasil son muy similares a los centros comerciales de todo el mundo. Tienen **lojas de roupas** (*loyaz dchi joupaz;* tiendas de ropa), **livrarias** (*livrariaz*; librerías), **farmácias** (*fajmásiaz*; farmacias), **lojas de CDs** (*loyaz dchi sedéz;* tiendas de CD), **salas de cinema** (*salaz dchi sinema;* salas de cine) y **praça de alimentação** (*prasa dchi alimentasãu;* mercado de alimentos). Sin embargo, a diferencia de lo que ocurre en Estados Unidos, los **shoppings** en el Brasil son frecuentados por las clases media y alta. Las personas con menos **dinheiro** (*dchiñeiru*; dinero) prefieren **as lojas na rua ou as feiras** (*as loyaz na jua ou az feiraz*; las tiendas en la calle o los mercados al aire libre), donde las **coisas** (*koisaz*; cosas) son **mais baratas** (*maiz barataz;* más baratas).

En las **feiras** del Brasil, se puede **comprar** (*kompraj*; –) **artesanato** (*ajtesanatu*; artesanía) hecho localmente, y que varía según la región. Puedes comprar **bonecos feitos à mão** (*bonekuz feituz a mãu*; muñecos hechos a mano) en el estado de Pernambuco, o montones de objetos en **pedra** (*pedra*; piedra) en el estado de Minas Gerais, así como excelentes **redes** (*jedchiz*; hamacas) en prácticamente cualquier **povoado** (*povoadu*; pueblo) brasileño.

Para decir qué buscas

En esta sección, comenzaremos comprando **roupas** (*joupaz*; ropa). Cuando entras en una **loja** (*loya*; tienda) brasileña, casi siempre te dirán: **Posso ajudar?** (*posu ayudaj*; ¿le puedo ayudar?). Después de esta pregunta, el **atendente** (*atendenchi*; dependiente) podría agregar:

» **Está procurando algo em específico?** (*está prokurandu augu em espesífiku*?; ¿busca algo en particular?).

» **Já conhece a nossa loja?** (*yá koñesi a nosa loya*?; ¿ya conoce nuestra tienda?).

» **Temos uma promoção** (*temuz uma promosãu*; tenemos una promoción).

Y éstas son algunas frases que le puedes decir tú al **atendente**:

» **Estou só olhando** (*estou só oliandu*; sólo estoy mirando).

» **Estou procurando...** (*estou prokurandu*...; estoy buscando...).

» **Tem...?** (*tem*...?; ¿tiene...?).

Ahora veamos algunas de las prendas. Como dijimos, el **atendente** te preguntará: **O que precisa?**, a lo cual tú responderás: **Estou procurando...** (*estou prokurandu*...; estoy buscando...) y puedes completar la frase con alguna de las siguientes opciones:

» **calças** (*kausaz*; pantalones)

» **calça jeans** (*kausa dchinz*; *tejanos*)

» **blusa** (*blusa*; –)

» **camisa** (*kamisa*; –)

» **camiseta** (*kamiseta*; –)

- **saia** (*saia*; falda)
- **vestido** (*veschidu*; -)
- **cinto** (*sintu*; cinturón)
- **meias** (*meiaz*; medias)
- **sapatos** (*sapatuz*; zapatos)
- **relógio** (*jelóyiu*; reloj)
- **chapéu** (*shapéu*; sombrero)

Para ciertas prendas, querrás especificar el **tamanho** (*tamañu*; talla). En el Brasil, los **tamanhos** son europeos (vienen en números, tanto la ropa como los zapatos) o genéricos, de la siguiente forma:

- **pequeno (P)** (*pekenu*; pequeño)
- **médio (M)** (*médiu*; mediano)
- **grande (G)** (*grandchi*; -)
- **extra grande (GG)** (*extra grandchi*; -)
- **tamanho único** (*tamañu úniku*; tamaño único)

CONSEJO

Las tallas brasileñas son más pequeñas que en Estados Unidos y que en ciertos países europeos. Una camisa de talla mediana en Estados Unidos es grande en el Brasil. Soy relativamente alta y me gusta hacer ejercicio regularmente; por desgracia, en muchas ocasiones debía comprar las tallas **grande** o **extra grande**. Si te pasa lo mismo, no creas que debes ponerte a **regime** (*jeyime*; dieta) de inmediato.

También puedes pedir que te muestren determinado **cor** (*koj*; color):

- **branco** (*branku*; blanco)
- **preto** (*pretu*; negro)
- **vermelho** (*vejmeliu*; rojo)
- **verde** (*vejdchi*; -)
- **amarelo** (*amarelu*; amarillo)
- **azul** (*azuu*; -)
- **marrom** (*majom*; marrón)
- **rosa** (*joza*; rosa)
- **lilás** (*liláz*; lila)
- **laranja** (*laranya*; naranja)

Si buscas un tono diferente, añade la palabra **claro** (*klaru*; –) o **escuro** (*eskuru*; oscuro), después del nombre del color:

» **azul claro** (*azuu klaru*; -)

» **vermelho escuro** (*vejmeliu eskuru*; rojo oscuro)

Al principio los **atendentes** brasileños pueden parecerte un poco pesados, ya que son demasiado insistentes. Sin embargo, debes tener presente que sólo están tratando de ayudarte y ser amistosos.

¿Qué hacer si la **camiseta** o el **cinto** son demasiado pequeños? ¿O demasiado grandes? Puedes decir:

» **É pequeno demais** (*é pekenu dchimaiz*; es demasiado pequeño).

» **É grande demais** (*é grandchi dchimaiz*; es demasiado grande).

» **É bom demais!** (*é bom dchimaiz!*; ¡es buenísimo! es una frase muy común, que significa literalmente es demasiado bueno).

Probar y probarse: el verbo *experimentar*

El verbo que se usa para probarse la ropa es **experimentar** (*esperimentaj*; probar). ¿No te parece que es uno de esos verbos que nos resultan muy conocidos pero que se usan en diferentes contextos en portugués? **Tá certo** (*tá sejtu*; es cierto). En portugués, la forma de ver qué tal te quedan ciertos **cores** (*korez*; colores) es **experimentando** (*esperimentandu*; probándose) **artigos de roupa** (*ajchiguz dchi joupa*; ropa. Literalmente: artículos de ropa).

Experimentar también se usa en el sentido de *probar* en otros contextos, como en **experimentar uma comida nova** (*esperimentaj uma komida nova*; probar una comida nueva). Veamos algunas frases de este tipo:

» **Quer experimentar...?** (*kej esperimentaj...?*; ¿quieres probar...?).

» **Posso experimentar...?** (*posu esperimentaj...?*; ¿puedo probar...?).

» **Tem que experimentar...** (*tem ke esperimentaj...*; tienes que probar...).

» **Experimenta!** (*esperimenta!*; ¡prueba!).

Ésta es la conjugación del verbo **experimentar**:

Conjugación	**Pronunciación**
eu experimento	*eu esperimentu*
você experimenta	*vosé esperimenta*
ele/ela experimenta	*eli/ela esperimenta*
nós experimentamos	*nóz esperimentamuz*
eles/elas experimentam	*eliz/elaz esperimentam*

Veamos algunos ejemplos de uso del verbo **experimentar**:

- **Posso experimentar essa blusa?** (*posu esperimentaj esa blusa?*; ¿puedo probarme esa blusa?).
- **Gostaria de experimentá-lo?** (*gostaria dchi esperimentá-lu?*; ¿le gustaría probarlo?).
- **É só experimentar** (*é só esperimentaj*; no le hará daño probárselo. *Literalmente:* es sólo probar).

Cuando salgas del **provador** (*provadoj*; probador), tendrás que decidir si quieres **comprar ou não** (*kompraj ou não*; comprar o no).

El verbo *levar*

Quer levar? (*kej levaj?*; ¿se lo quiere llevar?). Cuando te hayas probado algo, el vendedor usará el verbo **levar** (*levaj*; llevar) para saber si quieres comprar el artículo.

Veamos algunas frases comunes con el verbo **levar**:

- **Vou levar** (*vou levaj*; me lo voy a llevar).
- **Não, não vou levar, mas obrigado/a** (*nãu, nãu vou levaj, maz obrigadu/a*; no, no me lo voy a llevar, pero gracias).

Levar es otro verbo terminado en *-ar* (los más fáciles de conjugar, tal como vimos en el capítulo 2). Así se conjuga el verbo **levar**:

Conjugación	**Pronunciación**
eu levo	*eu levo*
você leva	*vosé leva*
ele/ela leva	*eli/ela leva*
nós levamos	*nóz levamuz*
eles/elas levam	*eliz/elaz levam*

Levar no sólo tiene el sentido de comprar, sino también el de transportar algo:

- **Vai levar tudo, ou só as calças?** (*vai levaj tudu, ou só az kausaz?*; ¿va a llevárselo todo, o sólo los pantalones?).
- **Levou aqueles sapatos?** (*levou akeliz sapatuz?*; ¿te llevaste aquellos zapatos?).
- **Leva uma toalha** (*leva uma toalia*; lleva una toalla).
- **Leva ela para a escola, por favor** (*leva ela para a eskola, poj favoj*; llévala al colegio, por favor).

Hablando se entiende la gente

ESCUCHA

Dudu (*dudu*; el clásico apodo para los que se llaman Eduardo) está buscando unos **óculos de sol** (*ókuloz dchi sou*; gafas de sol). Se ha parado en un tenderete en cierta calle de la playa de Copacabana.

Dudu: **Gosto muito desses.**
gostu muitu desiz.
Me gustan mucho ésas.

Vendedor: **São bonitos. Quer experimentar?**
sãu bunituz. kej esperimentaj?
Son bonitas. ¿Se las quiere probar?

Dudu: **Posso?**
posu?
¿Puedo?

Vendedor: **Claro.**
klaru.
Claro.

Dudu: **Obrigado. São muito legais.**
obrigadu. sãu muitu legaiz.
Gracias. Son estupendas.

Vendedor: **Estou vendendo muito desse modelo.**
estou vendendu muitu desi modelu.
Estoy vendiendo muchas de ese modelo.

Dudu: **Quanto custam?**
kuantu kustam?
¿Cuánto cuestan?

Vendedor: **São oito reais. Quer levar?**
sãu oitu jeaiz. kej levaj?
Son ocho reales. ¿Se las lleva?

Dudu: **Vou sim. Tem troco para dez reais?**
vou sim. tem troku para dez jeaiz?
Sí. ¿Tiene cambio de diez reales?

Palabras para recordar

gosto	*gostu*	me gusta
desses	*desiz*	de esos
estou	*estou*	estoy
vendendo	*vendendu*	vendiendo
troco	*troku*	cambio

RECUERDA

El verbo **gostar** (*gostaj*; gustar) siempre va seguido por la preposición **de** (*dchi)*. Sé que a los hispanohablantes les suena extraña la frase **gosto desses** (*gostu desiz*. Literalmente: gusto de ésos), pero así es el portugués.

Hacer comparaciones y expresar opiniones

Si te vas de compras con un **amigo** (*amigu*; –), querrás expresar tu **opinião** (*opiniãu;* opinión) sobre los artículos que se venden en la **loja** (*loya*; tienda).

Si crees que algo está más o menos bien:

- **Gosto** (*gostu*; me gusta).
- **Está bem** (*está bem*; está bien).
- **Não está mau** (*nãu está mau*; no está mal).

Luego, si ves algo que te guste más, puedes decir:

- **Esse é melhor** (*esi é melioj*; éste es mejor).
- **Esse eu gosto mais** (*esi eu gostu maiz*; éste me gusta más).
- **É bem bonito esse** (*é bem bunitu esi*; éste es muy bonito).

Cuando veas algo fantástico, puedes decir:

- **Esse é o melhor** (*esi é u melioj*; éste es el mejor).
- **É perfeito esse** (*é pejfeitu esi*; éste es perfecto).

RECUERDA

Mejor se dice **melhor** (*melioj*) y *lo mejor* se dice **o melhor** (*u melioj*).

Ahora viene lo divertido. En portugués, al igual que en español, puedes formar un aumentativo añadiendo los sufijos **–íssimo/a** y **–érrimo/a**. Así, das la idea de un adjetivo aumentado.

A los brasileños les encanta **exagerar** (*esayeraj*; –). Un objeto agradable pero no muy **caro** (*karu*; –) de repente resulta **chiquérrimo** (*shikéjimu*; muy elegante). Esta exageración está acorde con la actitud de los brasileños de sacar el mejor provecho de **a vida** (*a vida*; la vida). Cualquier cosa que tengan al frente es **a melhor**.

Aquí tienes algunas expresiones comunes que puedes usar cuando vayas de compras:

- **Chiquérrimo!** (*shikéjimu*!; muy elegante o que parece caro; viene de la palabra **chique**).
- **Caríssimo!** (*karísimu*!; ¡carísimo!; viene de la palabra **caro**).

Estas son expresiones aumentativas que puedes usar en otras situaciones:

- **Divertidíssimo!** (*dchivejchidísimu*!; ¡divertidísimo!; viene de la palabra **divertido**).
- **Gostosérrimo!** (*gostoséjimu*!; ¡delicioso!; viene de la palabra **gostoso**).

Hablando se entiende la gente

ESCUCHA

Luis (*luiz*) y **Fabiano** (*fabianu*) están en una tienda de CD de segunda mano.

Luis: **Legal. Eles têm muito do Caetano.**
legau. eliz tem muitu du kaetanu.
Genial. Tienen mucho de Caetano (Caetano Veloso, el conocido cantante brasileño).

Fabiano: **Têm** Outras palavras**?**
tem outraz palavraz?
¿Tienen (el álbum) *Outras palavras*?

Luis: **Têm. Mas acho melhor os CD´s mais recentes dele.**
tem. maz ashu melioj oz se-déz maiz jesenchiz deli.
Sí. Pero creo que son mejores sus álbumes más recientes.

Fabiano: **Bom, o melhor de todos é** Fina estampa**.**
bom, u melioj dchi tuduz é fina estampa.
Bueno, el mejor de todos es *Fina estampa*.

Luis: **Cada qual tem a sua opinião.**
kada kuau tem a sua opiniãu.
Cada uno tiene su opinión.

Fabiano: **Nossa, esse da Metallica é baratíssimo! Dois reais!**
nosa, esi da metalika é barachísimu! doiz jeaiz!
¡Vaya, este de Metallica está baratísimo! ¡Dos reales!

Luis: **Que bom.**
ké bom.
Excelente (Literalmente: ¡Qué bien!).

Fabiano: **Esqueça o Caetano!**
eskesa u kaetanu!
¡Olvídate de Caetano!

Palabras para recordar

legal	*legau*	genial / estupendo
Caetano Veloso	*kaetanu velosu*	–
acho melhor	*ashu melioj*	prefiero
recentes	*jesenchiz*	recientes
melhor de todos	*melioj dchi tuduz*	mejor de todos
baratíssimo	*barachísimu*	baratísimo
esqueça	*eskesa*	olvida

El tesoro escondido de los productos típicos brasileños

En los **mercados** (*merkaduz*; –) brasileños encontrarás montones de **artesanato** (*ajtesanatu*; artesanías) que querrás **levar** (*levaj*; llevar) a casa. El tipo de **objetos** (*obyetuz*; –) depende de la **região** (*jeyiãu*; región) del Brasil.

Las dos **lembranças** (*lembransaz*; recuerdos) más populares del Brasil son las **redes** (*jedchiz*; hamacas) y los **berimbaus** (*berimbauz*; instrumentos musicales típicos del estado de Bahía).

CULTURA GENERAL

Los **berimbaus** se parecen a un arco (sin la flecha), con una calabaza semiabierta en la parte inferior. Para tocarlo, se pulsa la cuerda con el dedo. El sonido no es particularmente encantador y sólo se puede producir una nota o dos. Sin embargo, el **berimbau** es un instrumento hermoso y la calabaza puede estar pintada en diversos colores. Ah, y una buena noticia para los principiantes: ¡es imposible dar con él una nota desafinada!

CULTURA GENERAL

En Bahía también son famosas las coloridas **fitas de Bomfim** (*fitaz dchi bomfim*; cintas de Bomfim). Estas cintas, que tienen inscritas frases religiosas, provienen de una iglesia llamada Bomfim, en la ciudad de Salvador. Cuando compras una **fita**, el vendedor te la ata en la muñeca mientras tú pides un deseo. Luego, te dice que no debes quitártela **nunca** (*nunka*; –); de lo contrario, te traerá **má sorte** (*má sojchi*; mala suerte). Por otro lado, cuando la cinta se caiga de forma natural, ¡el deseo se te hará realidad!

Otro producto muy popular son las chancletas **Havaianas** (*avaianaz*; chanclas).

Muchas mujeres disfrutan con la **bijouteria** (*biyouteria*; bisutería) que se vende en los mercados al aire libre. Se pueden encontrar diversos productos fabricados a mano: **anéis** (*anéiz*; anillos), **brincos** (*brinkuz*; pendientes / aretes) y **colares** (*kolarez*; collares).

Éstos son otros recuerdos que puedes comprar en el Brasil:

- **Uma pintura** (*uma pintura*; una pintura).
- **Um biquini** (*um bikini*; un biquini).
- **Uma canga com a bandeira brasileira** (*uma kanga kom a bandeira brazileira*; un pareo con la bandera brasileña).
- **Música brasileira** (*músika brazileira*; música brasileña).
- **Produtos dos índios** (*produtoz doz índioz*; productos realizados por nativos brasileños).
- **Pó de guaraná** (*pó dchi guaraná*; polvos de guaraná, usados para elaborar una bebida energizante natural).
- **Uma camiseta de um time de futebol** (*uma kamiseta dchi um chimi dchi fuchibou*; una camiseta de un equipo de fútbol).

CONSEJO

En todo el Brasil se venden camisetas de los equipos de fútbol del país. En la calle, la mayoría son falsificaciones (lo que resulta muy ventajoso para el bolsillo). Las camisetas oficiales son muy caras, por tanto ¡es fácil dejarse tentar por las falsas!

En el Brasil puedes encontrar montones de chucherías fabricadas con los siguientes materiales:

- **barro** (*baju*; -)
- **madeira** (*madeira*; madera)
- **pedra** (*pedra*; piedra)
- **palha** (*palia*; paja)
- **cerámica** (*serámika*; -)
- **vidro** (*vidru*; vidrio)

- **semente** (*semenchi*; semillas)
- **renda** (*jenda*; encaje)

Si quieres saber si el producto está hecho a mano, pregunta si está **feito à mão** (*feitu a mãu*; hecho a mano). Si se trata de comida, pregunta si es **caseira** (*kaseira*; casera).

Negociar los precios en los mercados al aire libre

Por lo general, en todos los **mercados** (*mejkaduz*; –) al aire libre se pueden negociar los precios, pero no dentro de las **lojas** (*loyaz*; tiendas). En las **feirinhas** (*feiriñaz*; mercados de comida al aire libre), los brasileños no suelen regatear, pero puedes intentarlo. No se considera de mala educación.

Comienza preguntando cuánto cuesta algo y luego ofrece un precio más bajo (consulta el capítulo 2 para conocer los números y el capítulo 11 para saber más sobre el dinero). También puedes decirle al vendedor que sólo dispones de cierta cantidad de dinero.

- **Quanto custa?** (*kuantu kusta?*; ¿cuánto cuesta?).
- **Quanto que é?** (*kuantu ke é?*; ¿cuánto es?).
- **Posso pagar... reais?** (*posu pagaj... jeaiz?*; ¿puedo pagar... reales?).
- **Só tenho vinte reais** (*só teñu vinchi jeaiz*; sólo tengo veinte reales).

Luego, puedes aceptar el precio que te pide el vendedor o hacerle una oferta final.

CONSEJO

Por supuesto, si le dices al vendedor que sólo te quedan quince reales, no vayas a pagar con un billete de veinte. Aparta los billetes que vayas a usar en la transacción antes de acercarte al puesto.

CONSEJO

Si vas a regatear, mantén una buena actitud. Si das el primer paso, tu primera oferta debe ser la mitad de lo que estás dispuesto a pagar. Luego puedes aceptar la contraoferta del vendedor o decir tu precio final. Sé firme pero cortés. Pocos vendedores te darán su mejor precio si sienten que no los estás tratando de manera respetuosa.

Juegos y ejercicios divertidos

¡No seas tímido! Haz como los chicos cuando aprenden los colores. Une mediante una línea el objeto de la primera columna con el color correspondiente en portugués. Las respuestas aparecen en el apéndice C.

1. tomate	a. **verde**
2. sandía	b. **azul**
3. el sol	c. **rosa**
4. una planta	d. **amarelo**
5. el cielo	e. **vermelho**

Ahora imagina que quieres sorprender a tus amigos con un par de Havaianas, pero no sabes qué colores escoger. Traduce al portugués los colores que tal vez les gustan más a tus amigos:

6. Marcela (azul claro):

7. Sara (lila):

8. Javier (negro):

9. Carlos (rojo oscuro):

10. Carmen (blanco):

EN ESTE CAPÍTULO

- Decidir qué ponerte
- Nombrar las cosas que ves en la playa
- Expresar felicidad y admiración
- Comprender las señales de peligro
- Hablar sobre fútbol y otras formas de diversión

Capítulo 7
En la playa

La mayor parte de la población brasileña está concentrada en las cercanías del **litoral** (*litorau*; –), por lo cual **as praias** (*az praiaz*; las playas) constituyen un elemento cotidiano de la vida de muchos brasileños. Es un ambiente ideal para tomar **água de coco** (*água dchi koku*; agua de coco) o **cerveja** (*sejveya*; cerveza) con los amigos, y también es propicio para conocer gente nueva. En las playas urbanas verás a muchas personas **fazendo cooper** (*fazendu kupej*; trotando) en el paseo de la playa, y puede que veas también algunos **surfistas** (*sujfistaz*; –).

Casi todos los turistas que visitan Brasil pasan unos días en **Rio** (*jiu*) o en **Salvador** (*sauvadoj*), las dos ciudades con las playas más famosas del país. Casi todas las playas del Brasil son encantadoras, salvo las ubicadas en la zona más septentrional del país, en el estado de **Rio Grande do Sul** (*jiu grandchi du suu*).

Existen, asimismo, lugares interesantes para visitar, aparte de las playas, como la **Amazônia** (*amazónia*; Amazonia) o el **Pantanal** (*pantanau*; paisaje salvaje con raras especies animales, en la región del centro oeste). Sin embargo, las playas son el mejor lugar para practicar el portugués. Allí hay montones de gente y podrás atraer su atención cuando estén de **bom humor** (*bom umoj*; buen humor).

CONSEJO

En Río, las dos playas principales se llaman **Copacabana** (*kopakabana*) e **Ipanema** (*ipanema*). A Copacabana va todo tipo de gente, mientras que Ipanema es más atractiva para los **jovens** (*yovenz*; jóvenes) y la

gente de moda (*yenchi dchi moda*; gente a la moda). En las playas de Ipanema hay carteles de madera, cada uno con un número diferente, para ayudar a los turistas a ubicarse. El **Posto 9** (*postu novi*; puesto 9) se considera el más chic. Sin embargo, en cualquier parte de Ipanema donde te encuentres podrás ver un maravilloso **pôr do sol** (*pój du sou*; puesta de sol).

Para mantenerte alejado de los turistas y los **ladrões** (*ladrõez*; ladrones), ve a la **Barra de Tijuca** (*baja dchi tiyuka*), que queda a unas cuantas playas de distancia de la playa de Ipanema. Hoy en día es una de las más populares y sus aguas son las más limpias. La playa está frente a los edificios más modernos de la **Zona Sul** (*zona suu*) de Río, llena de apartamentos y hoteles.

La ropa de playa: un tema muy serio para los brasileños

Es un mito que todas las **mulheres** (*mulieriz*; mujeres) brasileñas se ponen biquinis diminutos. Los biquinis de este tipo en el Brasil se llaman **fio dental** (*fiu dentau*; hilo dental), lo que me parece una excelente muestra de buen humor. Es cierto que se ven muchos bañadores de esta clase en muchas de las playas del estado de Río de Janeiro, pero muy pocos en otras playas del país. Por otro lado, también es verdad que el **biquini** (*bikini*; –) promedio en el Brasil es **menor** (*menoj*; más pequeño) que en Estados Unidos o Europa.

La mayoría de los hombres brasileños se ponen **sungas** (*sungaz*; bañador ceñido), y los **surfistas** (*sujfistaz*; –) jóvenes usan **bermudas** (*bejmudaz*; –).

Lo importante es sentirse **confortável** (*konfojtáveu*; cómodo) en las playas del Brasil. Aunque los brasileños tienen fama de ser **vaidosos** (*vaidosuz*; vanidosos) y de ponerse bañadores minúsculos (tanto hombres como mujeres), también tienen una encantadora actitud **de mente aberta** (*dchi menchi abejta*; de mente abierta). Verás montones de personas de todas las formas y tamaños divirtiéndose en las playas del Brasil.

No es necesario que te compres un bañador brasileño para ir a la playa, si no quieres hacerlo. Los brasileños están perfectamente acostumbrados a la presencia de **turistas** (*turistaz*; –), con diferentes **estilos** (*eschiluz*; –) y orígenes culturales. De hecho, los brasileños son **curiosos** (*kuriosuz*; –) y les interesará mucho hablar de estas diferencias contigo.

Éstos son algunos de los objetos que usa la gente en la playa:

- **chinelos** (*chineluz*; chancletas)
- **toalha** (*toalia*; toalla)
- **canga** (*kanga*; pareo)
- **óculos de sol** (*ókuloz dchi sou*; gafas de sol)
- **protetor solar** (*protetoj solaj*; protector solar)
- **prancha de surf** (*prancha dchi sujfi*; tabla de surf)

CONSEJO

Los brasileños usan más las **cangas** que las **toalhas** en la playa. Los **camelôs** (*kamelóz*; vendedores ambulantes) suelen vender las **cangas** directamente en la playa. También puedes buscarlas en alguna **loja** (*loya*; tienda) cercana.

CONSEJO

La marca brasileña más conocida de chancletas, **Havaianas** (*avaianaz*), se ha vuelto mundialmente famosa. En las playas del Brasil pueden verse miles de pares de esta reputada marca de chanclas, lo mismo que en Nueva York o en París. Como dato curioso, el nombre **Havaianas** (que significa *hawaianas*) se explica porque a los brasileños les parece que las playas de Hawái son las más exóticas del mundo. Para los estadounidenses, en cambio, el Brasil es muchísimo más exótico.

¿Qué más hay en las playas brasileñas?

En casi todas las grandes playas puedes alquilar una **cadeira de praia** (*kadeira dchi praia*; silla de playa) y una **sombrinha** (*sombriña*; sombrilla). Pregúntales a los vendedores de la playa.

También puedes comprar comida, que cuesta alrededor de **um real** (*um jeau*; un real). Los vendedores van pasando por ahí y gritando **"Um real! Um real!"**, y el nombre de la comida que venden. Entre las comidas típicas de la playa están el **queijo coalho** (*keiyu koaliu*; queso asado a dados), **um espeto de carne** (*um espetu dchi kajni*; pincho de carne), **amendoim** (*amendoim*; maní) y **picolé** (*pikolé*; paleta de frutas). En el capítulo 5 encontrarás más información sobre comidas.

También encontrarás todo esto en las playas:

- **barraca** (*bajaka*; puesto de playa donde se venden bebidas y comidas)
- **areia** (*areia*; arena)
- **frescobol** (*freskobou*; raquetas de playa)
- **crianças** (*kriansaz*; niños)
- **livros** (*livruz*; libros)
- **pescadores** (*peskadorez*; –)
- **futebol** (*fuchebou*; fútbol)
- **vôlei** (*vólei*; voleibol)

Hablando se entiende la gente

Paula (*paula*) y **Rogério** (*joyériu*) van hacia el posto 9 en la playa de Ipanema, en Río. ¿Habrán olvidado algo en casa para disfrutar de un día en la playa?

Paula: **Temos protetor solar?**
temuz protetoj solaj?
¿Tenemos protector solar?

Rogério: **Sim, mas só fator oito. Tá bom para ti?**
sim, maz só fatoj oitu. tá bom para ti?
Sí, pero sólo factor ocho. ¿Está bien para ti?

Paula: **Sim, tá bom. Eu estou com uma canga, mas acho suficiente para os dois.**
sim, tá bom. eu estou kom uma kanga, maz ashu sufisienchi para oz doiz.
Sí, está bien. Traigo un pareo, pero creo que es suficiente para los dos.

Rogério: **Ótimo. Agora só quero uma cerveja.**
óchimu. agora só keru uma sejveya.
Perfecto. Ahora sólo quiero una cerveza.

Paula: **Eu estou de regime. Vou tomar uma água de coco.**
eu estou dchi jeyimi. vou tomaj uma água dchi koku.
Estoy a régimen. Voy a tomar agua de coco.

Palabras para recordar		
temos...?	*temuz...?*	¿tenemos...?
fator...	*fatoj...*	factor...
para ti	*para ti*	–
tá bom	*tá bom*	está bien
acho	*ashu*	creo
ótimo	*óchimu*	perfecto
agora	*agora*	ahora
regime	*jeyimi*	régimen

Expresar felicidad y admiración

Decidir qué región del Brasil ofrece las mejores playas es cuestión de gustos. Si te gustan los paisajes de vegetación exuberante y las aguas de color **turquesa** (*tujkesa*; –), no dejes de ir al sureste (a los estados de Río o São Paulo). Si lo que te interesa es el **água quente** (*água kenchi*; agua caliente) y los **coqueiros** (*kokeiruz*; cocoteros), ve al noreste (estado de Bahía y zonas al norte de él) o al norte (estado de Rio Grande do Norte y zonas al oeste de él).

Los brasileños hablan muy bien de las playas del noreste, pues son hermosas; además, allí la cultura es particularmente **relaxada** (*jelashada*; relajada). Tal vez el estado de Bahía se lleva la palma entre los sitios que los brasileños prefieren para pasar las **férias** (*férias*; vacaciones).

Otros lugares famosos por sus playas son **Florianópolis** (*florianópoliz*), una isla frente a las costas del estado de Santa Catarina (*santa katarina*), en el sur; el estado de **Ceará** (*seará*), en el norte; y **Fernando de Noronha** (*fejnandu dchi noroña*), una isla a una hora en **avião** (*aviãu*; avión) desde el noreste.

Sobra decir que todas las playas tienen una belleza única. Las siguientes frases te servirán para expresar tu admiración por ellas:

- **Que bonita!** (*ké bunita!*; ¡qué bonita!).
- **É maravilhosa!** (*é maraviliosa!*; ¡es maravillosa!).
- **Incrível!** (*inkríveu!*; ¡increíble!).
- **Nossa senhora!** (*nosa señora!*; ¡madre mía! *Literalmente:* nuestra señora).
- **Que legal!** (*ké legau!*; ¡genial!).
- **Meu deus!** (*meu deuz!*; ¡Dios mío!).
- **Não acredito** (*nãu akredchitu*; ¡no me lo creo!).

CONSEJO

Nossa senhora! significa, literalmente, nuestra señora. En algunos países de América Latina o en España todavía se usa la exclamación ¡Virgen santísima!, o ¡Virgen santa!, pero cada vez menos. En el Brasil, mucha gente dice simplemente: **Nossa!**

Hablando se entiende la gente

ESCUCHA

Marta (*majta*) y **Fabiana** (*fabiana*) acaban de llegar a Ilha Grande, una hermosa isla frente a las costas del estado de Río de Janeiro.

Marta: **Nossa, que bonita!**
nosa, ké bunita!
¡Madre mía, qué bonita!

Fabiana: **Incrível!**
inkríveu!
¡Increíble!

Marta: **É a praia mais bonita que eu já vi.**
é a praia maiz bunita ke eu yá vi.
¡Es la playa más bonita que haya visto!

Fabiana: **Não sei disso, mas acho super legal.**
nãu sei disu, maz ashu supej legau.
Eso no lo sé, pero me parece increíble.

Marta: **A agua é cor de turquesa mesmo.**
a agua é koj dchi tujkeza mesmu.
El agua es realmente color turquesa.

Caminar por la playa

Dar **uma caminhada** (*uma kamiñada*; una caminata) por la **beira-mar** (*beira-maj*; orilla del mar) es uno de los pequeños placeres de la vida. En el Brasil, verás a mucha gente caminando por la playa, para **se divertir** (*si divejchij*; divertirse), para **observar as pessoas** (*obsejvaj az pesoaz*; ver gente) y para hacer **exercício** (*esejsísiu*; ejercicio).

En las **praias urbanas** (*praiaz ujbanaz*; playas urbanas), a la gente le gusta mucho caminar en la **calçadão** (*kausadãu*; el paseo a orillas del mar). En Río, estos paseos tienen un diseño característico en forma **de ondas** (*dchi ondaz*; –), en blanco y negro.

En las selvas del Brasil y en la **mata atlântica** (*mata atlánchika*; regiones selváticas costeras, en el sureste del Brasil), a la gente le gusta **fazer trilha** (*fazej trilia*; hacer senderismo).

Caminhar (*kamiñaj*; caminar) es un verbo terminado en *-ar*, muy fácil de recordar:

Conjugación	***Pronunciación***
eu caminho	*eu kamiñu*
você caminha	*vosé kamiña*
ele/ela caminha	*eli/ela kamiña*
nós caminhamos	*nóz kamiñamuz*
eles/elas caminhan	*eliz/elaz kamiñan*

Estas frases te servirán para usar el verbo **caminhar**:

- **Eu adoro caminhar pela praia** (*eu adoru kamiñaj pela praia*; me encanta caminar por la playa).
- **Nós caminhamos pela cidade sempre** (*nóz kamiñamuz pela sidadchi sempri*; nosotros siempre caminamos por la ciudad).
- **Ela caminha muito devagar** (*ela kamiña muitu yivagaj*; ella camina muy despacio).
- **Ela caminha muito rápido** (*ela kamiña muitu jápidu*; ella camina muy rápido).
- **Eles têm que caminhar até o estacionamento** (*eliz tem ke kamiñaj até u estasionamentu*; ellos tienen que caminar hasta el aparcamiento).

Observa las siguientes palabras relacionadas con las caminatas:

» **trilha** (*trilia*; sendero)

» **fazer trilha** (*fazej trilia*; hacer senderismo)

» **correr** (*kojej*; –)

» **rápido** (*jápidu*; –)

» **devagar** (*dchivagaj*; despacio)

» **caminho** (*kamiñu*; camino)

» **conversar** (*konvejsaj*; –)

» **pensar** (*pensaj*; –)

» **relaxar** (*jelashaj*; relajarse)

Hablando se entiende la gente

Beto (*betu*) se encuentra con una compañera de trabajo, **Márcia** (*májsia*), en la playa de Itacaré, en el estado de Bahía. Los dos deciden caminar un poco.

Beto: **Vamos fazer uma caminhada na praia?**
vamuz fazej uma kamiñada na praia?
¿Vamos a caminar por la playa?

Márcia: **Tudo bem. Mas vamos rápido. Eu preciso fazer exercício.**
tudu bem. maz vamuz jápidu. eu presisu fazej esejsísiu.
Está bien. Pero vamos rápido. Tengo que hacer ejercicio.

Beto: **Eu também. Ajuda para relaxar.**
eu também. ayuda para jelashaj.
Yo también. Eso ayuda a relajarse.

Márcia: **Conhece a trilha para a próxima praia?**
koñesi a trilia para a próksima praia?
¿Conoces el sendero para la próxima playa?

Beto: **Sim, deixa comigo.**
sim, deisha komigu.
Sí. Yo me encargo.

Palabras para recordar

tudo bem	tudu bem	está bien
eu também	eu também	yo también
próximo/a	prókseimu/a	–
deixa comigo	deisha komigu	yo me encargo

La seguridad en la playa

Las playas son un buen lugar para descansar. Sin embargo, antes de tender tu toalla y dejar las chancletas en la arena, es conveniente hacer unas **perguntas** (*pejguntaz*; preguntas) básicas respecto a la **segurança** (*seguransa*; seguridad).

Los robos son quizás una de las mayores preocupaciones en el Brasil, aunque el asunto no es tan grave como para que tengas que **evitar** (*evitaj*; –) algunas playas. Mantén tus pertenencias cerca de ti, y jamás dejes tus cosas **sozinhas** (*soziñaz*; solas) cuando te metas en el agua.

La corriente del océano Atlántico es fuerte a lo largo de toda la costa brasileña. En la mayoría de playas turísticas hay **salva-vidas** (*sau-va-vidaz*; socorristas), vestidos con camisetas sin mangas de color amarillo, con una cruz roja.

Incluso las playas urbanas más famosas del Brasil, como la de Ipanema, en Río, tienen fuertes corrientes que producen **ondas gigantes** (*ondaz yiganchiz*; olas gigantes) que rompen justo en la playa.

Los **tubarões** (*tubarõez*; tiburones) no suelen ser un problema en el Brasil. El lugar donde mayor número de ataques por tiburones se han contado es la ciudad de Recife, en el noreste del país. En las aguas de la costa principal, donde se encuentra la famosa playa de **Boa Virgen**, la pesca excesiva acabó con los peces y ahora los tiburones hambrientos se ven tentados por los **nadadores** (*nadadoriz*; nadadores).

¡Ah! Y no olvides un aspecto muy importante de seguridad: **o sol** (*u sou*; el sol). En particular, las playas del norte del Brasil son muy calientes, ya que están más cerca del ecuador.

Presta atención a las siguientes frases sobre seguridad en la playa:

- **Tem ladrão aqui?** (*tem ladrãu aki?*; ¿hay ladrones por aquí?).
- **É perigosa a ressaca aqui?** (*é perigosa a jesaka aki?*; ¿es peligrosa la corriente aquí?).
- **Tem salva-vida aqui?** (*tem sauva-vida aki?*; ¿hay socorrista aquí?).
- **Tem tubarões aqui?** (*tem tubarõez aki?*; ¿hay tiburones aquí?).
- **A praia tem pedras?** (*a praia tem pedraz?*; ¿la playa tiene piedras?).

Éstas son algunas de las posibles respuestas:

- **Sim, é perigoso** (*sim, é perigosu*; sí, es peligroso).
- **Sim, cuidado** (*sim, kuidadu*; sí, cuidado).
- **Não se preocupe** (*nãu si preokupi*; no se preocupe).
- **Não, é tranquilo** (*nãu, é trankuilu*; no, es seguro. *Literalmente*: no, es tranquilo).

CONSEJO

Grita **Socorro!** (*sokoju!*; ¡socorro!) si estás en peligro inminente.

En las playas urbanas hay banderas clavadas en la arena donde se lee **perigoso** (*perigosu*; peligroso), para advertir a la gente que tenga cuidado al meterse en el agua.

Fútbol: el pasatiempo nacional del Brasil

El **futebol** (*fuchibou*; fútbol) es un deporte que verás jugar con más frecuencia en las playas del **nordeste** (*nojdeschi*; noreste) del Brasil que en las de Río o en el estado de São Paulo. El país es más rico en el sur y allí hay más dinero para construir campos de fútbol. ¡Y a los brasileños les encantan los campos de fútbol!

Por extraño que te parezca, la primera vez que oí hablar de **Pelé** (*pelé*), la estrella de fútbol de los años sesenta, y quizá el futbolista más famoso de todos los tiempos, fue cuando me mudé al Brasil.

Al igual que a muchos de mis compatriotas estadounidenses, el **futebol** me trae recuerdos de la primaria. En particular tengo un recuerdo vergonzoso de la infancia relacionado con este **esporte** (*espojchi*; deporte): en un partido iba yo muy emocionada con la pelota y metí un

gol (*gou*; –), ¡pero después me di cuenta de que lo había metido en mi propia portería!

Sin embargo, a los pocos meses de estar viviendo en el Brasil, ya conocía los nombres de varios **times** (*chimiz*; equipos) regionales de **futebol**, y ya asociaba a ciertos amigos con determinados equipos. A la gente no le gusta que la confundas con un **torcedor** (*tojsedoj*; hincha) de un equipo que no es el suyo.

Como te habrás imaginado, el fútbol es un tema muy importante en el Brasil, quizá más importante que la **religião** (*jelidchiãu*; religión). La manera más rápida de hacer un **amigo** (*amigu*; –) –ya se trate de un brasileño o una brasileña– es ser hincha del mismo equipo de fútbol.

Los equipos más famosos están en Río o en São Paulo. Veamos los principales:

- **Flamengo** (*flamengu*): *de la ciudad de Río.*
- **Botafogo** (*botafogu*): *de la ciudad de Río.*
- **São Paulo** (*sãu paulu*): *de la ciudad de São Paulo.*
- **Corinthians** (*korinchianz*): *de la ciudad de São Paulo.*
- **Santos** (*santuz*): *de la ciudad costera del estado de São Paulo*; fue el primer equipo profesional de Pelé.

¿Y qué hacen los millones de brasileños que no viven en São Paulo o en Río? Escogen el mejor equipo de una ciudad cercana o, simplemente, en muchos casos escogen entre el **Flamengo** o el **Corinthians**. Estos dos equipos son rivales.

También es **comun** (*komun*; común) que la gente sea hincha del equipo de la ciudad donde viven sus padres, que suele ser el lugar de origen del resto de la familia.

Además del fútbol, a los brasileños también les gustan otros deportes, como los siguientes:

- **basquete** (*baskechi*; baloncesto)
- **tênis** (*téniz*; tenis)
- **vôlei** (*vólei*; voleibol)
- **surfar** (*sujfaj*; hacer surf)
- **nadar** (*nadaj*; –)
- **fazer cooper** (*fazej kupej*; correr)

Toma nota de las siguientes palabras relacionadas con el ejercicio y las actividades lúdicas. Y recuerda que es muy importante mantener una **boa saúde** (*boa saúdchi*; buena salud).

- **Academia** (*akademia*; gimnasio).
- **Levantar pesos** (*levantaj pesoz*; levantar pesas).
- **Buggy** (*bugui*; buggy, vehículo de playa usado comúnmente en el noreste del Brasil).
- **Jangada** (*yangada*; balsa, común en el noreste del Brasil).
- **Ir de barco** (*ij dchi bajku*; navegar).
- **Fazer snorkeling** (*fazej esnojkeling*; hacer snorkel).
- **Fazer mergulho** (*fazej mejgulio*; bucear).
- **Escalada em rocha** (*eskalada em rosha*; escalada en roca).
- **Ir de bicicleta** (*ij dchi bisikleta*; montar en bicicleta).

CONSEJO

Hay muchos lugares en el Brasil donde se pueden practicar **esportes radicais** (*espojchiz jadchikaiz*; deportes de riesgo). Entre otras cosas, puedes **voar de asa delta** (*voaj dchi asa deuta*; volar en ala delta) en Río, sobre la playa de Ipanema.

Preguntar a la gente qué le gusta

Cuando estés en la playa haciendo amigos brasileños, querrás saber qué tienes en común con tu interlocutor. Una pregunta práctica, y muy pertinente en una playa, es qué deporte le gusta o qué afición tiene.

Es muy sencillo. Simplemente di **Você gosta de...?** (*vosé gosta dchi...?*; ¿te gusta...?) y luego agrega la actividad, así:

- **Você gosta de surfar?** (*vosé gosta dchi sujfaj?*; ¿te gusta hacer surf?).
- **Você gosta de ir á academia?** (*vosé gosta dchi ij á akademia?*; ¿te gusta ir al gimnasio?).
- **Você gosta de correr?** (*vosé gosta dchi kojej?*; ¿te gusta correr?).
- **Você gosta de jogar futebol?** (*vosé gosta dchi yogaj fuchibou?*; ¿te gusta jugar a fútbol?).

Si te hacen alguna de estas preguntas, puedes responder: **Sim, gosto** (*sim, gostu*; sí, me gusta), o **não, não gosto** (*nãu, nãu gostu*; no, no me gusta).

Puedes usar la misma fórmula para una gran cantidad de actividades divertidas:

- **Você gosta de viajar?** (*vosé gosta dchi viayaj?*; ¿te gusta viajar?).
- **Você gosta de ir ao cinema?** (*vosé gosta dchi ij au sinema?*; ¿te gusta ir al cine?).
- **Você gosta de praticar o seu inglês?** (*vosé gosta dchi prachikaj u seu ingléz?*; ¿te gusta practicar tu inglés?).
- **Você gosta de cozinhar?** (*vosé gosta dchi koziñaj?*; ¿te gusta cocinar?).

CONSEJO

Siempre es difícil expresar tus sentimientos más profundos en otra lengua. Sin embargo, aquí van dos truquitos: si quieres decir que algo te encanta usa la fórmula **eu adoro...** (*eu adoru...*; me encanta...); si es lo contrario, di **eu detesto...** (*eu detestu...*; detesto). Bueno, ambas pasiones suenan parecido en portugués y en castellano, ¿no crees?

Juegos y ejercicios divertidos

Acabas de llegar a la legendaria isla de Fernando de Noronha, que queda a una hora en avión desde la costa noreste del Brasil. Se la conoce localmente como **o Havaí brasileiro** (*u avaí brazileiru*; el Hawái brasileño).

Vas a la playa una hora antes del atardecer para darte un chapuzón. Mientras vas caminando hacia allá, ves muchos árboles y pájaros raros. En cambio, en la playa ves las mismas cosas que has visto en otras playas brasileñas.

Une mediante una línea la palabra en portugués con la traducción en español. Encontrarás las respuestas en el apéndice C.

1. **chinelos**	a. gafas de sol
2. **água de coco**	b. arena
3. **toalha**	c. sillas de playa
4. **óculos de sol**	d. surfistas
5. **cadeiras de praia**	e. biquini
6. **areia**	f. toalla
7. **biquini**	g. agua de coco
8. **surfistas**	h. protector solar
9. **protetor solar**	i. seguro/calmado
10. **tranquilo**	j. chanclas

EN ESTE CAPÍTULO

- Preguntar por un evento, e invitar y recibir invitaciones
- Quedar con los amigos: los días y las horas
- La escena musical: cantar, dançar y tocar
- Ir a museos, ver películas y acontecimientos especiales

Capítulo 8
De turismo por la ciudad

Sin lugar a dudas, el Brasil es muy famoso por sus **praias** (*praiaz*; playas) y su **carnaval** (*kajnavau*; –), un tema que veremos en el capítulo 17. Sin embargo, la cultura brasileña es mucho más que eso. El país tiene fabulosos **museus** (*museuz*; museos) y excelentes espectáculos teatrales; además, puedes ver montones de **filmes** (*fiu-miz*; películas) nacionales.

Los brasileños saben divertirse y hay muchas formas de practicar el idioma y hacer inmersiones culturales, como, por ejemplo, escuchar **música ao vivo** (*músika au vivu*; música en vivo) o charlar en una **boa-te** (*boachi*; discoteca). En este capítulo encontrarás la información que necesitas para explorar y apreciar el arte y la cultura del Brasil. ¡Y ahora, a disfrutar como lo haría cualquier brasileño!

Salir a divertirse

Tem vontade de sair? (*tem vontadchi dchi saij?*; ¿te apetecería salir?).

Si tienes muchas ganas de escuchar **música ao vivo** (*músika au vivu*; música en vivo) o de hacer cualquier otra cosa, puedes usar la siguiente frase para averiguar qué actividades hay en la ciudad: **O que**

recomenda para fazer hoje à noite? (*u ké jekomenda para fazej odchi á noichi?*; ¿qué recomiendas para hacer esta noche?).

Por lo general, tu interlocutor brasileño te preguntará: **O que você gosta?** (*u ké vosé gosta?*; ¿qué te gusta?), a lo que tú puedes responder: **Gosto de...** (*gostu dchi...*; me gusta.../me gustan...).

- **bares** (*barez*; -)
- **boates** (*boachiz*; clubes nocturnos / discotecas)
- **espetáculos** (*espetákuloz*; espectáculos)
- **eventos culturais** (*eventuz kuuturaiz*; eventos culturales)
- **o cinema** (*u sinema*; el cine)
- **o teatro** (*u teatru*; el teatro)
- **as festas** (*az festaz*; las fiestas)

CULTURA GENERAL

Cuando vayas a Río, ve al **Carioca da Gema** (*karioka da yema*). Es un lugar pequeño donde puedes comer, beber y oír **música ao vivo**. **Carioca** es una persona originaria de Río y **gema** significa *yema*. La traducción sería algo así como 'carioca de pura cepa', una persona de Río que está muy orgullosa de serlo. Aunque el local no es muy diferente de otros en el Brasil, goza de gran popularidad entre los brasileños y los turistas por igual.

CONSEJO

Si no conoces bien la ciudad y quieres saber dónde queda el **centro** (*sentru*; –), pregunta: **Onde fica o centro?** (*ondchi fika u sentru?*; ¿dónde está el centro?).

Invitar y aceptar invitaciones

Bien. Ya sabes qué preguntar cuando quieres ir de un lugar a otro. Pero ahora viene lo mejor: cuando un brasileño **te convida** (*chi konvida*; te invita) a algún acontecimiento. En este caso, te dirá:

- **Estou te convidando!** (*estou chi konvidandu!*; ¡te estoy invitando!).
- **Vem conosco!** (*vem konosku!*; ven con nosotros).
- **Vem comigo!** (*vem komigu!*; ven conmigo).

Si eres tú quien va a invitar a la otra persona, puedes decir alguna de las frases anteriores o de las siguientes:

» **Quer ir comigo?** (*kej ij komigu?*; ¿quieres ir conmigo?).

» **Quer vir conosco?** (*kej vij konosku?*; ¿quieres venir con nosotros?).

» **Quero te convidar** (*keru chi konvidaj*; quiero invitarte).

Los siguientes ejemplos presentan usos más concretos del verbo **convidar** (*konvidaj*; invitar):

» **Quero convidar a todos para a minha casa** (*keru konvidaj a tuduz para a miña kasa*; quiero invitaros a todos a mi casa).

» **Estão convidando a gente para a praia** (*estãu konvidandu a yenchi para a praia*; nos están invitando a ir la playa).

RECUERDA

Los brasileños suelen decir **a gente** (*a yenchi*. Literalmente: la gente) en lugar de **nós** (nosotros). Al principio puede parecerte extraño, pero luego te acostumbras y es divertido.

Preguntar cómo es el lugar o el evento

Cuando ya tengas una idea general sobre el **evento** (*eventu*; acontecimiento) o el **lugar** (*lugaj*; –) que una persona nativa te está recomendando, querrás conocer **mais detalhes** (*maiz detaliez*; más detalles).

Las siguientes frases te servirán para preguntar qué, cuándo, cómo, dónde y por qué:

» **Como é o lugar?** (*komu é o lugaj?*; ¿cómo es el lugar?).

» **Quando começa?** (*kuandu komesa?*; ¿cuándo comienza?).

» **Onde fica?** (*ondchi fika?*; ¿dónde está?).

» **Tem algum motivo?** (*tem augum mochivu?*; ¿hay algún motivo?).

» **O que é, exatamente?** (*u ké é, esatamenchi?*; ¿qué es, exactamente?).

Fíjate en estas frases, que te servirán para averiguar más datos sobre el acto:

» **Custa caro?** (*kusta karu?*; ¿es caro?).

» **Vai ter muitas pessoas?** (*vai tej muitaz pesoaz?*; ¿va a haber mucha gente?).

- **Que tipo de música vai ter?** (*ké tipu dchi músika vai tej?*; ¿qué tipo de música va a haber?).
- **Que tipo de gente?** (*ké tipu dchi yenchi?*; ¿qué tipo de gente?).
- **É informal ou formal?** (*é infojmau ou fojmau?*; ¿es informal o formal?).
- **Vale a pena ir?** (*vali a pena ij?*; ¿vale la pena ir?).

Las siguientes son posibles respuestas a todas estas preguntas:

- **Não custa caro** (*nãu kusta karu*; no es caro).
- **Vai ser muito bom** (*vai sej muitu bom*; va a estar muy bien).
- **Vale a pena** (*vali a pena*; vale la pena).
- **Deve ter bastante gente** (*devi tej bastanchi yenchi*; debe de haber mucha gente).
- **O lugar é pequeno** (*o lugaj é pekenu*; el lugar es pequeño).
- **É muito jovem** (*é muitu yovem*; es muy joven).
- **É para todas as idades** (*é para tudaz az idadchiz*; es para todas las edades).
- **É um bar gay** (*é um baj guei*; es un bar gay).

A los bares gay también se los llama **GLS** (*yé-eli-esi*), que significa **gays, lésbicas e simpatizantes** (*gueiz, lésbikaz i simpachizanchiz*; gays, lesbianas y simpatizantes). Los brasileños dicen por igual **gay** y **GLS**.

Otras dos preguntas importantes que se deben hacer en el Brasil respecto a los eventos y los bares es si cobran **entrada** (*entrada*; –) o si hay **consumição mínima** (*konsumisãu mínima*; consumición mínima), en cuyo caso debes estar preparado y llevar cierta cantidad de dinero. Pregunta: **Tem entrada?** (*tem entrada?*; ¿hay que pagar entrada?) o **Tem consumição mínima?** (*tem konsumisãu mínima?*; ¿hay consumición mínima?).

En la mayoría de los bares del Brasil al entrar te dan una tarjeta de papel llamada **comanda** (*komanda*). En lugar de pagar las bebidas o la comida en el momento de pedirlas, el camarero te las anota en la tarjeta (una por persona; no las hacen para grupos). Al salir, haces cola en la caja y pagas la totalidad de lo que hayas consumido.

Las referencias temporales: la hora y los días de la semana

Cuando haces planes para quedar con alguien, lo más importante es preguntar **quando** (*kuandu*; cuándo) tendrá lugar el encuentro. En esta sección aprenderás a decir la hora y el día de tus citas. (Ve al capítulo 2 si necesitas repasar los números; en el capítulo 15 encontrarás los meses del año.)

La hora

Es muy fácil decir la hora del **dia** (*dchia*; día) en portugués. Con un poco de práctica memorizarás este asunto rápidamente. Simplemente di: **São às...** (*sãu az...*; son las...) **e...** (*i...*; y) **horas** (*oraz*; –). Mira este ejemplo: **São às cinco e quinze horas** (*sãu az sinku i kinzi oraz*; son las cinco y quince, o las cinco y cuarto).

RECUERDA

Usa siempre la palabra **às** (*as*; las) antes del número de las **horas**, igual que en español.

Casi nadie dice la palabra **horas**: es opcional. **São às sete** (*sãu az sechi*; son las siete) y **são às sete horas** (*sãu az sechi oraz*; son las siete horas) significan lo mismo. Si hay una fracción de treinta minutos, di **e meia** (*i meia*; y media). Veamos algunos ejemplos:

- **São as duas horas** (*sãu az duaz oraz*; son las dos).
- **São as duas e meia** (*sãu az duaz i meia*; son las dos y media).
- **São quinze para as três** (*sãu kinzi para az tréz*; falta un cuarto para las tres, o las tres menos cuarto).
- **São as onze e quinze** (*sãu az onzi i kinzi*; son las once y quince, o las once y cuarto).
- **São as oito e dez** (*sãu az oitu i dez*; son las ocho y diez).

CONSEJO

Al igual que en español, en portugués se usan expresiones como *cuarto* o *para*. Si ha pasado una fracción de quince minutos después de la hora, tienes la opción de decir **e quinze** (*i kinzi*; y quince) o **e quarto** (*i kuajtu*; y cuarto). Si la fracción es de cuarenta y cinco minutos, puedes decir **quinze para** (*kinzi para*; faltan quince para) o decir la hora y añadir **e quarenta e cinco** (*i kuarenta i sinku*; y cuarenta y cinco).

La mitad del día es **meio-dia** (*meiu-dchia*; mediodía) y cuando se acaba el día llega la **meia-noite** (*meia-noichi*; medianoche). En estos casos, usas el verbo en singular, **é**, en lugar de **são**.

- **É meia-noite** (*é meia-noichi*; es medianoche).
- **É meio-dia** (*é meiu-dchia*; es mediodía).
- **É a uma** (*é a uma*; es la una).
- **É a uma e vinte** (*é a uma i vinchi*; es la una y veinte).

CULTURA GENERAL

Los brasileños usan mucho el formato 24 horas en situaciones formales, como en los horarios de los medios de transporte.

Observa estas otras palabras que sirven para expresar tiempo:

- **hoje à noite** (*oyi a noichi*; esta noche)
- **noite** (*noichi*; noche)
- **cedo** (*sedu*; temprano)
- **tarde** (*tajdchi*; –)

Si vas a concertar una cita con alguien, puedes preguntar: **A que horas?** (*a ké oraz?*; ¿a qué hora?). Si eres tú quien responde, puedes decir: **As nove e meia** (*az novi i meia*; a las nueve y media).

Días de la semana

Los **dias da semana** (*dchiaz da semana*; días de la semana) en portugués parecen un poco raros al principio. Según cuenta la leyenda, los portugueses estaban obsesionados con las **feiras** (*feiraz*; mercados al aire libre), donde vendían diferentes productos según el día de la **semana**. Las **feiras** eran tan importantes para los portugueses que hablaban sobre los días de la semana haciendo referencia a la **feira** del día. Éstos son los días de la semana en portugués:

- **domingo** (*domingu*; –)
- **segunda-feira** (*segunda-feira*; lunes)
- **terça-feira** (*tejsa-feira*; martes)
- **quarta-feira** (*kuajta-feira*; miércoles)
- **quinta-feira** (*kinta-feira*; jueves)
- **sexta-feira** (*sesta-feira*; viernes)
- **sábado** (*sábadu*; –)

Los brasileños se refieren a veces a los días sin usar la palabra **feira**. Así, **segunda** es **segunda-feira** (literalmente: segundo mercado, pues el lunes es el segundo día de mercado y de la semana). La gente dice

segunda, o **quarta** o **sexta**, en lugar de **segunda-feira**, **quarta-feira** o **sexta-feira**.

Para decir que algo ocurre en un día determinado se usan dos contracciones: **no** (*nu*), si el día es una palabra masculina, o **na** (*na*) si el día es una palabra femenina:

- **no domingo** (*nu domingu*; el domingo)
- **na segunda** (*na segunda*; el lunes)
- **na terça** (*na tejsa*; el martes)
- **na quarta** (*na kuajta*; el miércoles)
- **na quinta** (*na kinta*; el jueves)
- **na sexta** (*na sesta*; el viernes)
- **no sábado** (*nu sábadu*; el sábado)

Veamos algunos ejemplos:

- **Tem um show na quarta** (*tem um shou na kuajta*; hay un espectáculo el miércoles).
- **Na segunda, eu preciso trabalhar** (*na segunda, eu presisu trabaliaj*; el lunes tengo que trabajar).
- **Vamos sair na sexta?** (*vamuz saij na sesta?*; ¿vamos a salir el viernes?).

Las siguientes frases y palabras están relacionadas con los días:

- **hoje** (*oyi*; hoy)
- **amanhã** (*amañã*; mañana)
- **na semana que vem** (*na semana ke vem*; la semana que viene)
- **no fim de semana** (*nu fim dchi semana*; el fin de semana)
- **no mês que vem** (*nu mez ke vem*; el mes próximo)

CULTURA GENERAL

A los brasileños les encanta usar el verbo **combinar** (*kombinaj*), que significa *quedar*, en el sentido de planear una cita con alguien. Un poco extraño, ¿no? Bueno, ahora sabrás que cuando dicen: **Vamos combinar para sair logo** (*vamuz kombinaj para saij logu*), significa "quedemos para salir pronto". Y ésta: **Já combinou com ela?** (*yá kombinou kom ela?*; ¿ya quedaste con ella?). **Combinado!** (*kombinadu!*) es una expresión que se usa comúnmente para decir que todo está arreglado para una cita.

Hablando se entiende la gente

Valéria (*valéria*) se dedica al arte y le pregunta al recepcionista del hotel qué clase de eventos se están presentando en la ciudad que puedan interesarla.

Recepcionista: **Tem um espetáculo de dança moderna na semana que vem.**
tem um espetákulu dchi dansa modejna na semana ke vem.
Hay un espectáculo de danza moderna la semana próxima.

Valéria: **Ah é? Vale a pena ir?**
ah é? vali a pena ij?
¿Ah, sí? ¿Vale la pena ir?

Recepcionista: **Sim, é uma companhia muito boa.**
sim, é uma kompañia muitu boa.
Sí, es una compañía muy buena.

Valéria: **Que dia, e a que horas?**
ké dchia, i a ké oraz?
¿Qué día y a qué hora?

Recepcionista: **Na sexta, às oito da noite.**
na sesta, az oitu da noichi.
El viernes, a las ocho de la noche.

Valéria: **Quando acaba?**
kuandu akaba?
¿Cuándo se termina?

Recepcionista: **Às dez horas, mais ou menos.**
az dez oraz, maiz ou menuz.
A las diez, más o menos.

Valéria: **Tá. Posso comprar um ingresso antes do show?**
tá. posu kompraj um ingresu anchiz du shou?
De acuerdo. ¿Puedo comprar una entrada antes del espectáculo?

Recepcionista: **Pode. Mas tenta chegar meia-hora antes.**
podchi. maz tenta shegaj meia-ora anchiz.
Sí. Pero trata de llegar media hora antes.

Palabras para recordar

dança moderna	*dansa modejna*	danza moderna
companhia	*kompañia*	compañía
que dia?	*ké dchia?*	¿qué día?
quando acaba?	*kuandu akaba?*	¿cuándo se termina?
mais ou menos	*maiz ou menuz*	más o menos
tá	*tá*	de acuerdo
posso...?	*posu...?*	¿puedo...?
um ingresso	*um ingresu*	una entrada
antes	*anchiz*	–
show	*shou*	espectáculo

La cultura musical brasileña

Una de las cosas que no te puedes perder por ningún motivo en el Brasil **de noite** (*dchi noichi*; de noche) es oír **música ao vivo** (*músika au vivu*; música en vivo). Por lo general, esta actividad implica ir a un restaurante o a un bar donde hay un **cantante** (*kantanchi*; –). Lo más común es que el cantante toque **o violão** (*u violãu*; la guitarra acústica) mientras canta, acompañado por un **baterista** (*bacherista*; batería) y un **baixista** (*baishista*; bajista).

CULTURA GENERAL

Hay cerca de unos cuarenta temas musicales muy famosos, que los músicos repiten sin parar. A la **plateia** (*plateia*; el público) le fascinan y los cantan con ellos. En los comienzos de mi estancia en el Brasil, yo sólo reconocía unas cuantas **canções** (*kansõez*; canciones). Sin embargo, antes de irme del país, me di cuenta una noche, en un bar, ¡de que me las sabía todas! Ya podía despedirme tranquila del Brasil. Aunque las canciones las oyes por todas partes (hasta en los supermercados) para mí fue como una especie de pequeña victoria.

Un verbo muy musical: *tocar*

Você toca algum instrumento? (*vosé toka algúm instrumentu?*; ¿tocas algún instrumento?). En el Brasil, el instrumento que más toca la gente es el **violão** (*violãu*; guitarra acústica). Sin embargo, a los brasileños les gusta la música de todo tipo, y es una excelente idea comenzar cualquier conversación hablando de música.

Así se conjuga el verbo **tocar**:

Conjugación	***Pronunciación***
eu toco	*eu toku*
você toca	*vosé toka*
ele/ela toca	*eli/ela toka*
nós tocamos	*nóz tokamuz*
eles/elas tocam	*eliz/elaz tokam*

Toma nota de los nombres de algunos instrumentos en portugués:

- **o violão** (*u violãu*; la guitarra acústica)
- **a guitarra** (*a guitaja*; la guitarra eléctrica)
- **a bateria** (*a bacheria*; la batería)
- **o baixo** (*u baishu*; el bajo)
- **a flauta** (*a flauta*; la flauta)
- **o piano** (*u pianu*; el piano)
- **o violino** (*u violinu*; el violín)

Ahora observa algunas frases donde se usa el verbo:

- **Eu toco o piano** (*eu toku u pianu*; yo toco el piano).
- **Ela toca a bateria** (*ela toka a bacheria*; ella toca la batería).
- **Eles tocam o violão** (*eliz tokam u violãu*; ellos tocan la guitarra).

CULTURA GENERAL

Para los brasileños, la guitarra tiene la forma ideal de un cuerpo de mujer. Por eso, usan la expresión **corpo de violão** (*kojpu dchi violãu*; cuerpo de guitarra), para referirse a las curvas femeninas.

Hay en el Brasil cientos de instrumentos autóctonos. Al fin y al cabo, la música es la especialidad artística de este país. Veamos algunos de los instrumentos más famosos:

- **A cuica** (*a kuika*; es una especie de tamborcito con un palo clavado en el centro, produce un sonido similar al rebuzno o a un chillido, según como se toque).
- **O berimbau** (*u berimbau*; es un arco largo que se toca con un palo, se usa para acompañar la **capoeira**, una forma de arte marcial brasileño).
- **O caxixi** (*u kashishi*; es un sonajero en una canastita).
- **O cavaquinho** (*u kavakiñu*; instrumento similar al ukelele, se usa en conjuntos que tocan **forró**, una música originaria del noreste).
- **O pandeiro** (*u pandeiru*; es una pandereta).
- **A sanfona** (*a sanfona*; especie de acordeón; se usa para tocar **forró**).

RECUERDA

A propósito de música y diversión, quiero tratar un tema que me viene ahora a la cabeza. Hay muchos verbos que pueden sonarte conocidos en español, pero que significan otra cosa en portugués. Uno de ellos es **brincar** (*brinkaj*; jugar o bromear). No significa dar brincos o saltos, como en español. Observa la siguiente frase: **As crianças gostam de brincar** (*az kriansaz gostam dchi brinkaj*; a los niños les gusta jugar). **Brincar** también significa *divertirse* o *bromear*. Hay una frase muy popular: **Está brincando?** (*está brinkandu?*), que significa: *¿estás bromeando?*

Un verbo para el baile: *dançar*

Es muy probable, en particular si eres **solteiro** (*solteiru*; soltero), que quieras saber cómo preguntarle a alguien si quiere **dançar** (*dansaj*; bailar).

En el Brasil es muy corriente bailar en pareja. Quizá la forma más popular de hacerlo sea con el **forró**, una música de ritmo rápido, cuyo sonido es similar al del *country* estadounidense; el baile lleva el mismo nombre y se originó en el noreste del país. La **samba** (*samba*; –), quizá la música para bailar más conocida del Brasil, no es para los **casais** (*kasaiz*; parejas), o por lo menos no durante los festivales. Ahí se baila **sozinho** (*soziñu*; solo).

Fíjate en la conjugación del verbo **dançar**:

Conjugación	***Pronunciación***
eu danço	*eu dansu*
você dança	*vosé dansa*
ele/ela dança	*eli/ela dansa*
nós dançamos	*nóz dansamuz*
eles/elas dançam	*eliz/elaz dansam*

Éstas son algunas frases comunes donde se usa el verbo **dançar**:

- **Vamos dançar?** (*vamuz dansaj?*; ¿bailamos?).
- **Quer dançar comigo?** (*kej dansaj komigu?*; ¿quieres bailar conmigo?).
- **Não sei dançar** (*nãu sei dansaj*; no sé bailar).

Un verbo para el canto: *cantar*

Você gosta de cantar? (*vosé gosta dchi kantaj?*; ¿te gusta cantar?). El verbo **cantar** es muy práctico de usar y es un placer practicarlo en la vida real. Lo mejor de todo es que termina en *-ar*, y su conjugación es la más fácil (para más información sobre las conjugaciones, consulta el capítulo 2).

Conjugación	***Pronunciación***
eu canto	*eu kantu*
você canta	*vosé kanta*
ele/ela canta	*eli/ela kanta*
nós cantamos	*nóz kantamuz*
eles/elas cantam	*eliz/elaz kantam*

Mira el uso del verbo cantar, en las siguientes frases:

- **Ela canta super bem** (*ela kanta supej bem*; ella canta muy bien).
- **Eu não canto muito bem** (*eu nãu kantu muitu bem*; yo no canto muy bien).
- **Você canta? Não sabia** (*vosé kanta? nãu sabia*; ¿tú cantas? No lo sabía).
- **Nós cantamos no chuveiro** (*nós kantamuz nu shuveiru*; nosotros cantamos en la ducha).

Visitar galerías de arte y museos

En el Brasil hay una gran cantidad de **galerias de arte** (*galeriaz dchi ajchi*; galerías de arte) y **museus** (*museuz*; museos). Los más grandes y famosos se encuentran en las grandes ciudades como São Paulo, Brasilia y Río.

Casi todos están en São Paulo, y entre ellos los más conocidos son el **Museu de Arte de São Paulo**, conocido como **o MASP** (*u maspi*) y el **Oca** (*oka*), ubicado en el parque principal de la ciudad, **o Parque do Ibirapuera** (*u pajki du ibirapuera*). Los dos tienen excelentes **exibições temporárias** (*eksibisiões temporáriaz*; exposiciones temporales).

CULTURA GENERAL

Hay montones de pequeños museos interesantes repartidos por todo el Brasil. Por desgracia, he olvidado el nombre de uno fabuloso que conocí en la ciudad de **Maceió** (*maseió*), estado de **Alagoas** (*alagoaz*), en la parte posterior de una **feira** (*feira*; mercado) semiabierta. En él había fotos del equivalente de un Robin Hood brasileño, **o Lampião** (*u lampiãu*). Era una especie de vaquero que controlaba ciertas zonas de la región del noreste en los años treinta. Su compañera era conocida como **Maria Bonita**. La poderosa pareja finalmente fue asesinada por sus enemigos y el museo muestra una fotografía de sus cabezas exhibidas de manera horripilante, según el uso de la época.

El Brasil también cuenta con grandes **centros culturais** (*sentruz kuuturaiz*; centros culturales), que montan sus propias exposiciones de arte. Muchas veces son financiados por grandes empresas brasileñas, como los bancos. El **Banco do Brasil** (*banku du braziu*) y el **Banco Itaú** (*banku itaú*) son dos importantes mecenas de las artes locales.

En las galerías y museos puedes encontrar **quadros** (*kuadruz*; cuadros), **esculturas** (*eskuuturaz*; –), **fotografias** (*fotografiaz*; fotografías) y **objetos históricos** (*obyetuz istórikuz*; –), como en cualquier lugar del mundo.

Presta atención a las siguientes frases relacionadas con **a arte** (*a ajchi*; el arte):

- **Você gosta de arte?** (*vosé gosta dchi ajchi?*; ¿te gusta el arte?).
- **Tem uma exibição muito boa no Itaú Cultural** (*tem uma eksibisãu muitu boa nu itaú kuuturau*; hay una exposición muy buena en el centro cultural Itaú).

- **Tem uns cuadros famosos do Picasso naquele museu** (*tem unz kuadruz famosuz du pikasu nakeli museu*; hay unos cuadros famosos de Picasso en ese museo).
- **Eu adoro as vernissages** (*eu adoru az vejnisayez*; a mí me encantan las inauguraciones).

Un plan de película

¿Qué tipo de **filmes** (*fiumiz*; películas) te gustan? ¿Alguna vez has visto **um filme brasileiro** (*um fiumi brazileiru*; una película brasileña)? Pues bien, la **indústria de filmes** (*indústria dchi fiumiz*; industria cinematográfica) brasileña es fuerte y de gran calidad (en el capítulo 18 encontrarás una lista de películas brasileñas muy conocidas).

En buena parte de las **salas de cinema** (*salaz dchi sinema*; salas de cine) del Brasil, cerca de la mitad de las películas son brasileñas y todos los meses salen muchos **filmes novos** (*fiumiz novuz*; películas nuevas). Además de las películas nacionales, puedes ver **filmes americanos** (*fiumiz amerikanuz*; películas estadounidenses) y **filmes europeus** (*fiumiz europeuz*; películas europeas).

A lo mejor te interesa averiguar qué película está **legendado** (*leyendadu*; subtitulado) o **dublado** (*dubladu*; doblada). Las películas que están subtituladas también se conocen como **versão original** (*versãu oridchinau*; versión original).

Éstas son algunas frases que te permitirán hablar sobre los **filmes**:

- **Vamos no cinema?** (*vamuz nu sinema?*; ¿vamos al cine?).
- **Quer assistir um filme?** (*kej asischij um fiumi?*; ¿quieres ver una película?).
- **Que tipo de filmes gosta?** (*ké tipu dchi fiumiz gosta?*; ¿qué tipo de películas te gusta?).
- **Qual filme gostaria de ver?** (*kuau fiumi gostaria dchi vej?*; ¿qué película te gustaría ver?).

Hablando se entiende la gente

ESCUCHA

Diogo (*chiogu*) y **Catarina** (*katarina*) están pensando ir al cine juntos.

Diogo: **Vamos ao cinema?**
vamuz au sinema?
¿Vamos al cine?

Catarina: **Vamos. Qual filme gostaria de assistir?**
vamuz. kuau fiumi gostaria dchi asischij?
Vamos. ¿Qué película te gustaría ver?

Diogo: **Estou com vontade de assistir uma comedia.**
estou kom vontadchi dchi asischij uma komedchia.
Me gustaría ir a una comedia.

Catarina: **Para mim, qualquer filme que não tem fila tá bom.**
para mim, kuaukej fiumi ke nãu tem fila tá bom.
Para mí, cualquier película para la que no haya cola está bien.

Diogo: **É verdade. Hoje é sábado.**
é vejdadchi. oyi é sábadu.
Es verdad. Hoy es sábado.

Catarina: **Bom, vamos para a Sala UOL, para ver?**
bom, vamuz para a sala uoeli, para vej?
Bueno, ¿vamos a la sala UOL, a ver?

Diogo: **Tá bom. Você espera na fila, e eu compro a pipoca.**
tá bom. vosé espera na fila, i eu kompru a pipoka.
Vale. Tú esperas en la cola y yo compro las palomitas.

Catarina: **Acha justo isso?**
asha yustu isu?
¿Te parece justo?

Diogo: **Acho.**
ashu.
Sí (Literalmente: me parece).

Palabras para recordar

estou com vontade...	*estou kom vontadchi...*	me gustaría...
assistir	*asistij*	ver (una película, un show, la televisión)
uma comédia	*uma komédchia*	una comedia
para mim	*para mim*	para mí
qualquer	*kuaukej*	cualquier
fila	*fila*	–
verdade	*vejdadchi*	verdad
bom	*bom*	bueno
vamos	*vamuz*	–
ver	*vej*	–
espera	*espera*	–
pipoca	*pipoka*	palomitas
acha...?	*asha...?*	¿te parece...?
justo	*yustu*	–
isso	*ísu*	eso

Muchos **filmes** (*fiumiz*; películas) hechos en países diferentes del Brasil, que vienen originalmente en otros idiomas, tienen títulos traducidos que me hacen mucha gracia. Mi favorito es el de una película de los hermanos Coen, *O Brother, Where Art Thou* (2000), que fue traducido al portugués como **E aí, irmão, cadê você?** (*i aí, ijmãu, kadé vosé?*; ¡Eh, hermano! ¿Dónde estás?)

Juegos y ejercicios divertidos

Dispones de cinco noches en São Paulo. Ordena las siguientes actividades según tus preferencias.

1. **bar**
2. **cinema**
3. **música ao vivo**
4. **exibição de arte moderna**
5. **show de música rock**

Adivina el título de estas películas clásicas. Las siguientes palabras te darán una pista: **poderoso** (poderoso); **chefe** (jefe); **vento** (viento); **chuva** (lluvia); **estrela** (estrella); **tubarão** (tiburón). Consulta las respuestas en el apéndice C.

6. ***O poderoso chefão***
7. ***.. E o vento levou***
8. ***O mágico de Oz***
9. ***Cantando na chuva***
10. ***Guerra nas Estrelas***
11. ***Tubarão***

EN ESTE CAPÍTULO

- Hablar por teléfono
- Reservar y dejar mensajes
- Comprender el pretérito simple
- Juntar las ideas mediante conectores

Capítulo 9

Hablar por teléfono

Los brasileños son personas muy sociables, y para ellos es muy natural hablar por teléfono. El **telefone** (*telefoni*; teléfono) ocupa un lugar muy importante en la historia del Brasil. La primera samba que se grabó en un medio fonográfico se llamaba "**Pelo telefone**" ("*pelu telefoni*"; por teléfono) (Río, 1917). En este capítulo aprenderás a conocer el sistema telefónico brasileño y verás cómo funciona la etiqueta al usar el teléfono en el Brasil.

Los teléfonos, las tarjetas telefónicas y los números

Si vas de visita al Brasil, es probable que quieras usar un **telefone público** (*telefoni públiku*; teléfono público) en un momento dado. Para eso, lo único que debes hacer es **comprar** (*kompraj*; –) un **cartão telefônico** (*kajtãu telefóniku*; tarjeta telefónica) en alguna **banca de jornal** (*banka dchi yojnau*; quiosco de periódicos) en la **rua** (*jua*; calle). Sin embargo, es muy posible que la tarjeta sólo funcione en la ciudad del Brasil donde la compres, pues cada **companhia** (*kompañia*; compañía) de teléfono fijo vende su propia tarjeta.

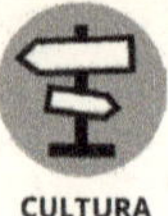

CULTURA GENERAL

En las **ruas** (*juaz*; calles) brasileñas, hay montones de **telefones públicos**. Los nativos, con su habitual sentido del humor, llaman a los teléfonos públicos **orelhões** (*oreliõez*. Literalmente: orejas grandes, u orejones), pues los teléfonos están metidos en unas cabinas semiabiertas de un metro de largo, que parecen **orelhas** (*oreliaz*; orejas). En las ciudades turísticas, los **orelhões** están diseñados de tal manera que se asemejen a algún objeto típico de la región. En la ciudad de Salvador, por ejemplo, muchos **orelhões** parecen un **berimbau** (*berimbau*), un instrumento popular de esta zona, o un **coco** (*koku*; –) verde.

En el Brasil, los números telefónicos tienen un prefijo de dos dígitos para la **cidade** (*sidadchi*; ciudad), o un **código regional** (*kódchigu jeyionau*; –), que muchas veces comienza con un cero. El número telefónico de un famoso hotel de Río, llamado Copacabana Palace, por ejemplo, es éste: (021) 2548-7070. Los números telefónicos básicos tienen siete u ocho dígitos.

CONSEJO

Debido al rápido aumento de la **população** (*populasãu*; población), todos los teléfonos del país están pasando a tener ocho dígitos. Si encuentras en una guía turística un número que no parece funcionar, ésta puede ser la **razão** (*jazãu*; razón). En la mayoría de los casos se ha añadido un 3 delante del número.

El **código internacional** (*kódchigu intejnasionau*; –) para el Brasil es 55. Así, el teléfono que mencionamos dos párrafos más arriba sería: (55-21) 2548-7070, si la llamada se hace desde fuera del país.

CULTURA GENERAL

Los brasileños utilizan principalmente **telefones celulares** (*telefoniz selularez*; teléfonos móviles o celulares). En el año 2003, el número de **linhas** (*liñaz*; líneas) de celulares en el país sobrepasó por primera vez el de teléfonos fijos. Los brasileños no tienen mucho **dinheiro** (*dchiñeiru*; dinero), así es que se compran el móvil sólo para **receber chamadas** (*jesebej shamadaz*; recibir llamadas), ya que la persona que llama paga la totalidad de la llamada.

Las siguientes son frases útiles que escucharás en relación con el uso del teléfono:

- » **Número de telefone** (*númeru dchi telefoni*; número de teléfono).
- » **Está errado** (*está ejadu*; está equivocado).
- » **Está correto** (*está kojetu*; es correcto).
- » **Fazer uma telefonema** (*fazej uma telefonema*; hacer una llamada telefónica).

- **Ligar para alguém** (*ligaj para auguém*; llamar a alguien).
- **Atender o telefone** (*atendej u telefoni*; contestar al teléfono).
- **Deixar um recado** (*deishaj um jekadu*; dejar un recado).
- **Uma cabina telefônica** (*uma kabina telefónika*; una cabina telefónica).

Saludar y despedirse

Supongamos que suena el teléfono. **Não se preocupe** (*nãu si preokupi*; no te preocupes). Comenzaré con las fórmulas de saludo y despedida. Son muy fáciles. Lo que debes decir en medio es más difícil, **é claro** (*é klaru*; por supuesto), así que aprovecha mientras puedas presumir con las palabras que ya conoces. Los brasileños quedan **impressionados** (*impresionaduz*; impresionados) cuando ven que los extranjeros hacen hasta el más pequeño **esforço** (*esfojsu*; esfuerzo) por comprender su querida **lingua** (*lingua*; lengua).

Puede ser que estés en el hotel y el recepcionista te llame para decirte que **alguém** (*auguém*; alguien) quiere verte en el vestíbulo. O puede ser tu **agente de viagens** (*ayenchi dchi viayenz*; agente de viajes) para contarte que ya ha reservado tu **vôo** (*vóo*; vuelo) para el Amazonas. En cualquier caso, contestar al teléfono es fácil.

Basta con decir:

- **Alô?** (*aló?*; ¿hola? -formal-).
- **Sim?** (*sim?*; ¿sí?).
- **Oi** (*oi*; hola -informal-).

Antes de colgar el teléfono, puedes decir:

- **Tchau** (*chau*; chao).
- **Até logo** (*até logu*; hasta luego).
- **Até mais** (*até maiz*; hasta ahora. Literalmente: hasta más).
- **Até amanhã** (*até amañã*; hasta mañana).

Hacer una llamada

Hablar por teléfono en un idioma extranjero puede ser una experiencia intimidante, pero **você está com sorte!** (*vosé está kom sojchi!*; ¡estás de suerte!). El portugués es un idioma benévolo con los principiantes, por muchas razones.

En primer lugar, los brasileños no tienen problema en hablar **devagar** (*devagaj*; despacio) y pronunciar claramente las sílabas. Además, están acostumbrados a hablar con **estrangeiros** (*estranyeiruz*; extranjeros). Casi todos los nativos bajan la velocidad de la conversación cuando su interlocutor no habla muy bien el portugués. Pero lo mejor de todo es que a los brasileños les encanta su idioma y están muy **contentes** (*kontenchiz*; contentos) de hablar contigo.

Haz como ellos: relájate. **Fique tranquilo** (*fike trankuilu*; no te preocupes).

Hablando se entiende la gente

Escucha a **Patricia** (*patrisia*) hablar por teléfono. Está llamando a un hotel, cerca de la playa de Ipanema, en Río. Quiere encontrarse con su amiga **Roberta** (*jobejta*).

Operadora: **Bom dia. Hotel do Sol Ipanema.**
bom dchia. oteu du sou ipanema.
Buenos días. Hotel del Sol Ipanema.

Patricia: **Bom dia. Poderia me comunicar com a Roberta Fernandes, quarto número sete oito três, por gentileza?**
bom dchia. poderia mi komunikaj kom a jobejta fejnandchiz, kuajtu númeru sechi oitu tréz, poj yenchileza?
Buenos días. ¿Podría ponerme con Roberta Fernandes, habitación número siete ocho tres, por favor?

Operadora: **Quem fala?**
kem fala?
¿Quién habla? (¿de parte de quién?).

Patricia: **Sou Patricia Assunção.**

sou patrisia asunsãu.
Soy Patricia Assunção.

Operadora: **Só um momento, por favor.**
só um momentu, poj favoj.
Un momento, por favor.

Palabras para recordar

poderia me comunicar com...	*poderia mi komunikaj com...*	¿podría ponerme con...?
por gentileza	*poj yenchileza*	por favor (formal)
quem fala?	*kem fala?*	¿de parte de quién?
sou...	*sou...*	soy...
só um momento	*só um momentu*	un momento

Un verbo para llamar: *ligar*

En esta sección, te familiarizarás con el verbo **ligar** (*ligaj*; llamar). Es un verbo fabuloso terminado en *-ar*, muy fácil de conjugar (para repasar este tema, consulta el capítulo 2).

Ligar casi siempre viene acompañado de la preposición **para** –como en el caso de **ligar para** (*ligaj para*; llamar) a alguien o algún sitio–. Luego, añades el nombre de la persona o del lugar.

Ésta es la conjugación en presente de **ligar**:

Conjugación	*Pronunciación*
eu ligo	*eu ligu*
você liga	*vosé liga*
ele/ela liga	*eli/ela liga*
nós ligamos	*nóz ligamuz*
eles/elas ligam	*eliz/elaz ligam*

Observa los siguientes ejemplos de uso del verbo **ligar**:

- **Ligo para os Estados Unidos todos os dias** (*ligu para oz estaduz uniduz tuduz oz dchiaz*; llamo a Estados Unidos todos los días).
- **Ela liga para o namorado dela cinco vezes por dia** (*ela liga para u namoradu dela sinku veziz poj dchia*; ella llama a su novio cinco veces al día).
- **Você liga para a sua mãe muito?** (*vosé liga para a sua mãi muitu?*; ¿llamas mucho a tu madre?).

CONSEJO

La expresión **ligar para** (*ligaj para*; llamar) también tiene otro significado en un contexto informal. Puede significar *estar enamorado de* o *estar interesado en*. Así, tenemos: **Ele liga muito para ela** (*eli liga muitu para ela*; él está enamorado de ella). O también: **Eu não ligo para o futebol** (*eu nãu ligu para u fuchibou*; no me interesa el fútbol).

El verbo **ligar** también significa conectar o encender algo: **Liga o computador, por favor** (*liga u komputadoj, poj favoj*; conecta el computador, por favor).

Hay, incluso, un proveedor de servicio de Internet en el Brasil llamado Ligo (`www.ligo.com.br`).

Desligar significa *desconectar* o *apagar* algo: **Desliga a tevê!** (*desliga a tevé!*; ¡apaga el televisor!).

Se liga (*si liga*) es otra expresión informal que usa el verbo **ligar**. Significa *ponerse al día* o *ponerse a la moda*. Por ejemplo, una persona obsesionada con salir de noche dirá: *¿No conoces el [pon aquí el nombre de un bar famoso]?* **Se liga!** (*si liga!*; ¡ponte al día!).

Adquirir confianza en el idioma

La primera **conversa** (*konvejsa*; conversación) telefónica en cualquier idioma nuevo es difícil. No puedes ver la cara de la persona con quien estás hablando ni ver su lenguaje corporal. Te sientes **nervoso** (*nejvosu*; nervioso) pensando que le estás haciendo perder tiempo. La conexión puede ser mala. Sus **palavras** (*palavraz*; palabras) se oyen como en medio de una tormenta.

Incluso para una persona que habla español, el **sotaque** (*sotaki*; acento) brasileño es bastante difícil de entender al comienzo. Aunque los brasileños tienden a hablar despacio, la abundancia de vocales nasales despista incluso a las personas con buenos conocimientos gramaticales y léxicos del portugués. Esta forma de hablar por la **nariz** (*na-*

riz; –) hace que mucha gente confunda el brasileño con **o russo** (*u jusu*; el ruso).

Además de todas las vocales nasalizadas, también encontrarás la dificultad que experimenta cualquier persona que se enfrenta por primera vez a un idioma nuevo: ¿dónde **começam** (*komesam*; comienzan) y dónde **acabam** (*akabam*; terminan) las palabras? En un principio, todo te parece una sola cadena de sonidos imposibles de distinguir. Y por teléfono, la dificultad es mayor.

Si tienes la suerte de ir al Brasil, ten paciencia los primeros días. Enciende la **televisão** (*televisãu*; televisión) cuando estés preparándote para salir y presta mucha atención a lo que dice la gente a tu alrededor. Empápate de los sonidos del idioma. Fíjate en el lenguaje corporal, que muchas veces nos da pistas sobre lo que está diciendo la persona.

Lentamente, comenzarás a reconocer **sons** (*sonz*; sonidos) y palabras repetidas. Si haces un pequeño esfuerzo para escuchar, te sorprenderá ver que, al cabo de **uma semana** (*uma semana*; una semana), podrás reconocer un montón de palabras. En ese momento, ya no te resultará tan difícil hablar por teléfono.

Se não entende (*si nãu entendchi*; si no entiendes) lo que te dice la otra persona al otro lado de la línea, puedes probar a preguntarle si habla español. **Fala espanhol?** (*fala españou?*; ¿habla español?).

Recuerdo cuando oí la palabra **teatro** (*teatru*; –) por primera vez. La había visto escrita **muitas vezes** (*muitaz veziz*; muchas veces) y parecía una palabra muy fácil de **aprender** (*aprendej*; –), pues no se diferencia en nada de su equivalente español. Sin embargo, mi amiga repitió la palabra unas cuatro veces, ¡y yo seguía sin entender! Ella me la tuvo que escribir y yo me sentí **avergonhada** (*avejgoñada*; avergonzada). Eso sí, valió la pena: la siguiente vez que la oí, puede reconocerla de inmediato.

Hablando se entiende la gente

Flavia (*flavia*) trata de llamar a su colega, **Carlos** (*kajluz*), para hablar sobre un proyecto de trabajo. La comunicación es defectuosa y la conversación se enreda.

Flavia: **Olá, está o Carlos?**
olá, está u kajluz?
Hola, ¿está Carlos?

Voz al otro lado: **Krña estrn galades.**
(Ininteligible).

Flavia: **Poderia falar um pouco mais devagar, por favor?**
poderia falaj um pouku maiz dchivagaj, poj favoj?
¿Podrías hablar un poco más despacio, por favor?

Voz al otro lado: **Sod snod majekof.**
(Ininteligible).

Flavia: **Não estou escutando. Está ruim a linha.**
nãu estou eskutandu. está juim a liña.
No oigo. La línea está mal.

Voz al otro lado: **No momento, não se encontra.**
nu momentu, nãu si enkontra.
En este momento no se encuentra en casa.

Flavia: **Ligo mais tarde, obrigada.**
ligu maiz tajdchi, obrigada.
Llamo más tarde, gracias.

Palabras para recordar

não se encontra	*nãu si enkontra*	no se encuentra (formal)
não está	*nãu está*	no está (informal)
a linha	*a liña*	la línea
devagar	*dchivagaj*	despacio
mais tarde	*maiz tajdchi*	más tarde
no momento	*un momentu*	en este momento (formal)

Si quieres decir *ahora mismo* pero no estás hablando por teléfono, puedes decir: **Agora mesmo** (*agora mesmu*). La expresión **no momento** suele usarse al hablar por teléfono con extraños, pues suena más elegante.

Deletrear el nombre

Al hacer una **reserva** (*jesejva*; –) en un hotel, en un vuelo o en un restaurante, quizá necesites deletrear tu nombre por teléfono. También puede que necesites **pedir** (*pedij*; –) que alguien te deletree su nombre.

Deletrear los nombres en portugués brasileño es muy **fácil** (*fásiu*; –), y la gran mayoría de brasileños tienen **nomes** (*nomiz*; nombres) portugueses comunes. Sin embargo, es posible que algunos de los nombres que escuches te sorprendan. Encontrarás **bastantes** (*bastanchiz*; –) hombres brasileños con nombres como *Givanildo* o *Washington*, junto con los más clásicos como *João* o *Roberto*.

Por otro lado, en el Brasil hay muchos inmigrantes, como los japoneses de São Paulo, cuyos nombres no son portugueses. No permitas que **a pronúncia** (*a pronúnsia*; la pronunciación) te despiste. Pídele a la persona que deletree su nombre.

Hablar en tiempo pasado

Como tú ya sabes, no todo pasa en el **aqui** (*aki*; aquí) y el **agora** (*agora*; ahora). A veces querrás decir que ya has llamado al hotel o preguntarle a tu amigo si ayer llamó tu madre. Son cosas que han ocurrido en el **passado** (*pasadu*; antes), y por eso deberás aprender una nueva conjugación.

La conjugación en pasado simple de los verbos terminados en *-ar* es así: retira la terminación *ar* de la raíz del verbo y añade las siguientes desinencias:

Pronombre	***Terminación en pretérito simple***
eu	-ei
você	-ou
ele/ela	-ou
nós	-amos (igual que en presente)
eles/elas	-aram

Observa la conjugación del verbo **ligar** en pretérito simple:

Conjugación	***Pronunciación***
eu liguei	*eu liguei*
você ligou	*vosé ligou*
ele/ela ligou	*eli/ela ligou*
nós ligamos	*nóz ligamuz*
eles/elas ligaram	*eliz/elaz ligaram*

No te preocupes si la primera persona (**eu**) tiene una raíz diferente: **ligu-** en vez de **lig-**, como las demás. Esto significa que el verbo **ligar** es irregular para la primera persona. Sin embargo, al pronunciar en voz alta, no se oye el sonido *u*, así es que puedes respirar tranquilo.

Éstos son algunos ejemplos de frases con el verbo **ligar** en pasado:

- **Ligaram para você ontem** (*ligaram para vosé ontem*; te llamaron ayer).
- **Já liguei para ele** (*yá liguei para eli*; ya lo llamé).
- **Você não me ligou** (*vosé nãu mi ligou*; no me llamaste).

Ahora veamos algunos ejemplos de verbos terminados en *-ar* que has aprendido en este libro, pero conjugados en pasado:

- **escutar** (*eskutaj*; escuchar)

  Ela escutou um som estranho (*ela eskutou um som estrañu*; ella escuchó un sonido extraño).

- **falar** (*falaj*; hablar/decir)

  Ele me falou que hoje vai ter festa (*eli me falou ke oyi vai tej festa*; él me dijo que hoy va a haber fiesta).

- **deixar** (*deishaj*; dejar)

  Deixou recado? (*deishou jekadu?*; ¿dejó algún recado?).

- **fechar** (*feshaj*; cerrar)

  Fecharam a porta (*fesharam a pojta*; cerraron la puerta).

- **encontrar** (*encontraj*; encontrar/conocer)

  Finalmente encontrei a rua certa (*finaumenchi enkontrei a jua sejta*; finalmente encontré la calle correcta).

» **achar** (*ashaj*; pensar/creer)

Achamos que ele estava doente (*ashamuz ke eli estava doenchi*; pensamos que él estaba enfermo).

Échale un vistazo a la tabla 9-1 para aprender algunas referencias temporales en pasado:

TABLA 9-1 **Referencias temporales en pasado**

Término	Pronunciación	Traducción
ontem	*ontem*	ayer
na semana passada	*na semana pasada*	la semana pasada
hoje de manhã	*oyi dchi mañã*	esta mañana
ontem à noite	*ontem a noichi*	anoche
faz alguns dias	*faz augunz dchiaz*	hace algunos días
faz vinte minutos	*faz vinchi minutuz*	hace veinte minutos
faz muito tempo	*faz muitu tempu*	hace mucho tiempo
no ano pasado	*nu anu pasadu*	el año pasado

Ahora, mira cómo se conjuga un verbo muy importante en pasado: **ir** (*ij*: –). Ya verás que es muy sencillo hablar de los lugares donde has estado:

Conjugación	***Pronunciación***
eu fui	*eu fui*
você foi	*vosé foi*
ele/ela foi	*eli/ela foi*
nós fomos	*nóz fomuz*
eles/elas foram	*eliz/elaz foram*

Los siguientes son ejemplos de uso del verbo **ir** en pasado:

» **Eu fui para o Brasil em abril** (*eu fui para u braziu em abriu*; yo fui al Brasil en abril).

» **Nós fomos para praia no domingo** (*nóz fomuz para praia nu domingu*; nosotros fuimos a la playa el domingo).

» **Para onde ela foi?** (*para ondchi ela foi?*; ¿a dónde fue ella?).

» **Eles foram para jantar num restaurante** (*eliz foram para yantaj num jestauranchi*; ellos fueron a comer a un restaurante).

Hablando se entiende la gente

Eliana (*eliana*) y **Leila** (*leila*) son compañeras de trabajo. **Leila** acaba de llegar de unas vacaciones en el estado de **Bahia**. Observa el uso en pasado de los verbos **ir** y **gostar**.

Eliana: **Gostou da Bahia?**
gostou da baia?
¿Te gustó Bahía?

Leila: **Sim, gostei muito.**
sim, gostei muitu.
Sí, me gustó mucho.

Eliana: **A onde foi?**
a ondchi foi?
¿A dónde fuiste?

Leila: **Nós fomos para Itacaré e Trancoso, além de Salvador.**
nós fomuz para itakaré i trankosu, além dchi sauvadoj.
Fuimos a Itacaré y Trancoso, además de Salvador.

Eliana: **Eu nunca fui para o sul da Bahia.**
eu nunka fui para u suu da baia.
Nunca he ido al sur de Bahía.

Leila: **Nunca foi? Vale a pena.**
nunka foi? vali a pena.
¿Nunca has ido? Vale la pena.

Eliana: **No ano passado fui para os Lençóis Maranhenses. Que delicia!**
nu anu pasadu fui para oz lensóiz marañensiz. ké delisia!
El año pasado fui a Lençóis Marañenses (una zona de dunas de arena con lagunas, en el estado de Maranhão). ¡Qué gusto!

Palabras para recordar

gostou...?	*gostou*	¿te gustó...?
gostei	*gostei*	me gustó
a onde	*a ondchi*	a dónde
além de	*além dchi*	además de
nunca	*nunka*	–
sul	*suu*	sur
vale a pena	*vali a pena*	vale la pena
que delicia!	*ké delisia!*	¡qué gusto!

Los conectores

Ahora que estás haciendo frases más complejas –con verbos en tiempo pasado– ya podemos hablar de los conectores, esas pequeñas palabras que permiten unir entre sí diversas partes de las frases. En menos tiempo del que te imaginas, estarás hablando como un brasileño.

Aunque son palabras cortas, los conectores son muy importantes. Algunos de ellos te resultarán muy conocidos.

TABLA 9-2 **Conectores (conjunciones y preposiciones)**

Término	Pronunciación	Significado
e	*i*	y
além de	*além dchi*	además de
mas	*maz*	pero
para	*para*	–
se	*si*	si
mesmo se	*mesmu si*	aun si
embora	*embora*	aunque
que	*ke*	–
só que	*só ke*	salvo que/sólo que
desde	*desdchi*	–

Término	Pronunciación	Significado
porque	*pojke*	–
até	*até*	hasta
com	*kom*	con
por	*poj*	–
de	*dchi*	–
sobre	*sobri*	–

En las siguientes frases se usan algunos conectores:

- **Romeo e Julieta** (*jomeu i yulieta*; Romeo y Julieta).
- **Café com leite** (*kafé kom leichi*; café con leche).
- **Desde a primeira vez que eu te vi** (*desdchi a primeira vez ke eu chi vi*; desde la primera vez que te vi).
- **É para você** (*é para vosé*; es para ti).

CULTURA GENERAL

¿Sabes qué significa **Rio de Janeiro** (*jiu dchi yaneiru*)? La traducción literal sería *río de enero*. Los portugueses descubrieron esta zona el primero de enero de 1552 y creyeron que la bahía Guanabara de Río era la desembocadura de un río.

Juegos y ejercicios divertidos

Supón que acabas de regresar de un viaje maravilloso a **Ilha do Mel** (*ilia du meu;* isla de miel), frente a las costas del estado de **Paraná** (*paraná*).

Cuéntale a un brasileño tus aventuras rellenando los espacios en blanco con el verbo conjugado en pasado. Encontrarás las respuestas en el apéndice C.

1. **Nadar** (nadar)

   Eu _______ num rio (nadé en un río).

2. **Tomar sol** (tomar el sol)

   Eu _______ muito sol (tomé mucho el sol).

3. **Cantar** (cantar)

   Eu _______ muitas canções (canté muchas canciones).

4. **Falar** (hablar)

   Eu _______ com os meus amigos (hablé con mis amigos).

5. **Cozinhar** (cocinar)

   Eu _______ pratos gostosos (cociné platos deliciosos).

EN ESTE CAPÍTULO

- Contarle a la gente a qué te dedicas y hablar de trabajo
- Alquilar un apartamento y reconocer las partes de un edificio
- Usar el correo electrónico

Capítulo 10

En el trabajo y en el hogar

A medida que te vayas instalando en el Brasil, tus amigos querrán saber más cosas sobre el lugar donde vives y el tipo de **trabalho** (*trabaliu*; trabajo) que haces. También para ti será interesante hacer preguntas similares. En este capítulo aprenderás cómo hablar de negocios en el Brasil y te pondrás al día sobre los códigos de etiqueta en lo que respecta al tema del trabajo. Por otra parte, si vas a pasar un tiempo largo en el Brasil y necesitas alojamiento, este capítulo te dará indicaciones sobre la manera de encontrarlo.

Hablar sobre el trabajo

En general, los brasileños no suelen preguntarte a qué te dedicas en los primeros minutos de una conversación, cuando acaban de conocerte. Algunos lo consideran de mala educación. Lo que sí te preguntarán es de dónde vienes o cuánto tiempo te vas a quedar en el Brasil. Normalmente esperan un poco para conocerte mejor y preguntarte a qué te dedicas. A los brasileños no les gusta hablar sobre el dinero (o la falta de él) y por eso no tocan mucho este tema.

Aparte de la consideración de no abordar el tema laboral durante los primeros minutos de una charla, la conversación sobre el trabajo y la profesión no es muy distinta de la que puede darse en otras culturas o países. El léxico, además, es muy similar incluso entre lenguas muy dispares.

Éstas son algunas de las preguntas que puedes hacerles a tus amigos cuando llegue el momento adecuado:

- **Estuda o trabalha?** (*estuda u trabalia?*; ¿estudias o trabajas?).
- **Qual a sua profissão?** (*kuau a sua profisãu?*; ¿cuál es tu profesión?).
- **Gosta do seu trabalho?** (*gosta du seu trabaliu?*; ¿te gusta tu trabajo?).
- **Quanto tempo trabalha nisso?** (*kuantu tempu trabalia nisu?*; ¿cuánto tiempo hace que trabajas en eso?).

Tú puedes responder de las siguientes maneras a esas preguntas:

- **Eu trabalho na área de...** (*eu trabaliu na área dchi...*; trabajo en el área de...).
- **Eu estudo...** (*eu estudu...*; estudio...).
- **Eu sou...** (*eu sou...*; soy...).

En la tabla 10-1 encontrarás algunas profesiones comunes:

TABLA 10-1 **Ocupaciones**

Ocupación	Pronunciación	Traducción
estudante	*estudanchi*	estudiante
professor/a	*profesoj/a*	profesor/a
médico	*médchiku*	–
advogado/a	*adchvogadu/a*	abogado/a
journalista	*yojnalista*	periodista
banqueiro	*bankeiru*	banquero
cozinheiro	*koziñeiru*	cocinero
executivo	*eksekuchivu*	ejecutivo
artista	*ajchista*	–
diretor de...	*dchiretoj dchi...*	director de...
gerente de...	*yerenchi dchi...*	gerente de...

Hablando se entiende la gente

Un hombre y una mujer se acaban de conocer en un bar en Fortaleza, la capital del estado de Ceará. Ya han conversado un rato y quieren hablar más sobre sus trabajos.

Hombre: **O que você faz?**
u ké vosé faz?
¿A qué te dedicas?

Mujer: **Sou professora de inglês. E você?**
sou profesora dchi ingléz. i vosé?
Soy profesora de inglés. ¿Y tú?

Hombre: **Legal. Eu sou advogado.**
legau. eu sou adchvogadu
Genial. Yo soy abogado.

Mujer: **Interessante. Você gosta do seu trabalho?**
interesanchi. vosé gosta du seu trabaliu?
Interesante. ¿Te gusta tu trabajo?

Hombre: **Sim, gosto. E você, durante quanto tempo é professora?**
sim, gosto. i vosé, duranchi kuantu tempu é profesora?
Sí, me gusta. Y tú, ¿cuánto tiempo hace que eres profesora?

Mujer: **Faz dez anos que eu sou professora de inglês.**
faz dez anuz ke eu sou profesora dchi ingléz.
Hace diez años que soy profesora de inglés.

Palabras para recordar

o que você faz?	*u ké vosé faz?*	¿a qué te dedicas? (Literalmente: ¿qué haces?)
durante quanto tempo é...?	*duranchi kuantu tempu é...?*	¿cuánto hace que eres... (profesión)?

CONSEJO

Faz más el número de años es la misma fórmula del español para referirse a una duración determinada de tiempo.

- **Faz dez anos que eu não falo inglês** (*faz dez anuz ke eu não falu ingléz*; hace diez años que no hablo inglés).
- **Faz um ano que estou sem trabalho** (*faz um anu ke estou sim trabaliu*; hace un año que estoy sin trabajo).

Las anteriores son frases con referencias concretas a una cantidad de tiempo. Pero también puedes decir: **Faz muito tempo que...** (*faz muitu tempu ke...*; hace mucho tiempo que...).

- **Faz muito tempo que eu fui para o Rio de Janeiro** (*faz muitu tempu ke eu fui para u jiu dchi yaneiru*; hace mucho tiempo que fui a Río de Janeiro).

Fazer: un verbo de mucha acción

Faz proviene del verbo **fazer** (*fazej*; hacer), un verbo muy práctico, por cierto. Los brasileños lo usan mucho y de muy diversas maneras. Para referirse a una profesión, muchas veces se dice **eu faço...** (*eu fasu...*; yo hago) y se añade la profesión.

Así, por ejemplo, puedes decir: **Eu faço...**

- **marketing** (*majketing*; –)
- **desenho** (*deseñu*; diseño)
- **advertising** (*achvejtaising*; publicidad)
- **relações públicas** (*jelasõez públikaz*; relaciones públicas)

Así se conjuga el verbo **fazer**:

Conjugación	***Pronunciación***
eu faço	*eu fasu*
você faz	*vosé faz*
ele/ela faz	*eli/ela faz*
nós fazemos	*nóz fazemuz*
eles/elas fazem	*eliz/elaz fazem*

En estas frases se usa el verbo **fazer**:

- **Eu faço ioga** (*eu fasu ioga*; yo hago yoga).

- **Ela faz análise de contas** (*ela faz análisi dchi kontaz*; ella se dedica al análisis de cuentas).
- **Você faz uma pasta muito boa** (*vosé faz uma pasta muitu boa*; tú haces una pasta muy buena).
- **Eles fazem produção de filmes** (*eliz fazem produsãu dchi fiumiz*; ellos son productores de cine).

Lee las siguientes expresiones de la vida cotidiana en las que se usa el verbo **fazer**:

- **fazer fila** (*fazej fila*; hacer cola)
- **faz sentido** (*faz sentidu*; tiene sentido)
- **tanto faz** (*tantu faz*; tanto me da)
- **fazenda** (*fazenda*; hacienda)
- **fazer uma festa** (*fazej uma festa*; hacer una fiesta)
- **...mas fazer o quê?** (*...maz fazej u ké?*; pero ¿qué se le va a hacer?)

Trabalhar: un verbo muy laborioso

Los brasileños saben disfrutar de la vida, pero también son muy trabajadores. Ya sean vendedores de cocos en la playa o ejecutivos de traje y corbata, los brasileños son muy buenos en el servicio al cliente.

RECUERDA

El tema del trabajo es delicado en el Brasil, pues mucha gente tiene dificultades en ese sentido. Las personas que logran tener un trabajo, generalmente reciben un sueldo muy bajo y muchas veces no tienen prestaciones.

En el Brasil, São Paulo es conocida como la "capital del trabajo". En ella se concentra la industria financiera más rentable del país. Además, es la ciudad que las empresas multinacionales eligen como sede de sus oficinas centrales. Los brasileños suelen decir que **São Paulo é só trabalho** (*sãu paulu é só trabaliu*; en São Paulo sólo se piensa en trabajar. *Literalmente:* São Paulo es sólo trabajo).

Así se conjuga el verbo **trabalhar**:

Conjugación	***Pronunciación***
eu trabalho	*eu trabaliu*
você trabalha	*vosé trabalia*

ele/ela trabalha	*eli/ela trabalia*
nós trabalhamos	*nóz trabaliamuz*
eles/elas trabalham	*eliz/elaz trabaliam*

Los brasileños se refieren a la ocupación de alguien diciendo **trabalha de** y añaden la ocupación. Así, cuando alguien te pregunte: **Ele/ela faz o quê** (*eli/ela faz u ké*; ¿a qué se dedica él/ella?), tú puedes responder:

- **Ela trabalha de faxineira** (*ela trabalia dchi fashineira*; ella trabaja como señora de la limpieza).
- **Ele trabalha de cozinheiro** (*eli trabalia dchi koziñeiru*; él trabaja como cocinero).
- **Ele trabalha de condutor de ônibus** (*eli trabalia dchi kondutoj dchi ónibuz*; él trabaja como chófer de autobús).

RECUERDA

Los brasileños pueden comprender un poco el español, pero agradecerán que tú hagas el esfuerzo de hablar portugués, aunque sólo sean frases simples.

Éstas son algunas palabras típicas del entorno laboral:

- **escritório** (*eskritóriu*; oficina)
- **caneta** (*kaneta*; bolígrafo)
- **computador** (*komputadoj*; –)
- **notebook** (*nochebuki*; ordenador portátil)
- **responder** (*jespondej*; –)
- **imprimir** (*imprimij*; –)

Hablando se entiende la gente

ESCUCHA

Ana (*ana*) y **Carlos** (*kajluz*) trabajan para una agencia de publicidad brasileña. Ana está enferma en casa, pero se ha tomado unos minutos para ayudar a su colega a planificar una reunión. Están hablando por chat a través de Internet.

Ana: **Bom dia, Carlos. Vamos planejar a reunião?**
bom dchia, kajluz. vamuz planeyaj
Buenos días, Carlos. ¿Planificamos la reunión?

Carlos:	**Sim. Vai ser a que hora?** *sim. vai sej a ké ora?* Sí. ¿A qué hora va a ser?
Ana:	**Às quatorze horas. Convide todo mundo.** *az katojzi oraz. konvide tudu mundu.* A las dos del mediodía. Invita a todo el mundo.
Carlos:	**OK. Vou enviar um e-mail agora para todos.** *okei. vou enviaj um i-meil agora para tuduz.* O.K. Ahora voy a enviarles un e-mail a todos.
Ana:	**Perfeito. Depois me manda um e-mail com tudus os nomes.** *pejfeitu. depoiz mi manda um i-meil kom tuduz oz nomiz.* Perfecto. Luego me mandas un e-mail con todos los nombres.
Carlos:	**Ta bom. Não se preocupe por isto, e eu espero que melhore.** *tta bom. nãu si preokupi poj istu, i eu esperu ke meliori.* Vale. No te preocupes por eso, y espero que te mejores.

Palabras para recordar

planejar	*planeyaj*	planificar
reunião	*jeuniãu*	reunión
enviar	*enviaj*	–
e-mail	*i-meil*	e-mail (*o correo electrónico*)
confêrencia	*konférencia*	conferencia

Encontrar un lugar para vivir

La mayoría de los brasileños que viven en la ciudad habitan en apartamentos, y los que permanecen en medios rurales viven en casas, tal como sucede en muchísimos países del mundo. Si vas a quedarte en el Brasil durante un tiempo relativamente largo, querrás alquilar un apartamento, y por eso te conviene saber algunos detalles. La mayoría está sin amueblar y sin electrodomésticos. La ventaja es que los muebles y los electrodomésticos no son muy caros en el Brasil. Todos los apartamentos tienen un patio con suelo de cerámica donde puedes poner la lavadora y tender la ropa. Los brasileños no usan secadora.

Casi todas las estufas en el Brasil son de gas. Es muy fácil llamar a un proveedor de gas propano para que te rellene la bombona cuando se esté acabando.

Se puede usar el agua del grifo para cocinar y lavar, aunque muchos brasileños tienen garrafas de plástico de cinco litros con agua para beber. Estas garrafas se ponen sobre una base de plástico provista con un dispensador. Puedes llamar a la empresa distribuidora del agua para que te lo cambie más o menos cada semana.

Otra característica de los apartamentos y las casas en el Brasil es que tienen una habitación pequeña cerca de la cocina. ¿Sabes por qué? Debido a la gran diferencia entre ricos y pobres en el Brasil, la mano de obra es muy barata y es muy común tener una criada en casa. En las casas y apartamentos de la gente acomodada brasileña hay una habitación para la **empregada doméstica** (*empregada doméschika*; empleada doméstica).

La mayoría de las familias con hijos le pagan a una mujer para que viva con ellos. Sus tareas consisten en limpiar la casa, cocinar y cuidar a los niños. Otras personas contratan mujeres llamadas **faxineiras** (*fashineiraz*; señoras de la limpieza), que van una vez a la semana a limpiar el piso o la casa.

CONSEJO

Si quieres alquilar un apartamento en el Brasil, necesitarás un **fiador** (*fiadoj*; –); una persona con una propiedad en la ciudad, que te sirva de aval financiero. Los propietarios suelen pedir a los nuevos inquilinos un **fiador**.

Éstas son algunas de las preguntas que querrás hacerle al propietario del lugar que te interesa:

- **Fica em qual andar?** (*fika em kuau andaj?*; ¿en qué piso queda?).
- **Que tipo de vista tem?** (*ké tipu dchi vista tem?*; ¿qué tipo de vista tiene?).
- **Quanto que é o aluguel?** (*kuantu ke é u alugueu?*; ¿cuánto cuesta el alquiler?).
- **Tem ar condicionado?** (*tem aj kondchisionadu?*; ¿tiene aire acondicionado?).
- **Quantos metros quadrados?** (*kuantuz metruz kuadraduz?*; ¿cuántos metros cuadrados?).
- **Vem incluída a luz?** (*vem inkluída a luz?*; ¿está incluida la luz?).
- **Tem estacionamento?** (*tem estasionamentu?*; ¿tiene aparcamiento?).

Dale un repaso a la tabla 10-2, para conocer palabras básicas que te serán útiles cuando estés hablando sobre un apartamento.

TABLA 10-2 **Palabras sobre la vivienda**

Término	Pronunciación	Traducción
casa	*kasa*	–
apartamento	*apajtamentu*	–
porta	*pojta*	puerta
quarto	*kuajtu*	habitación
banheiro	*bañeiru*	baño
terraça	*tejasa*	balcón
jardim	*yajdim*	jardín
piscina	*pisina*	–
cozinha	*koziña*	cocina
luz	*luz*	–
janela	*yanela*	ventana
geladeira	*yeladeira*	nevera
fogão	*fogãu*	estufa
mesa	*mesa*	–

Término	Pronunciación	Traducción
cadeira	*kadeira*	silla
sofá	*sofá*	–
cama	*kama*	–
travesseiro	*traveseiru*	almohada
lençois	*lensoiz*	sábanas
escrivaninha	*eskrivaniña*	escritorio
televisão	*televisãu*	televisión

CULTURA GENERAL

Hay un pueblo muy famoso en el estado de Bahía llamado Lençois, que significa '*sábanas*'. Está ubicado en las faldas de la montaña de uno de los parques nacionales más famosos del Brasil, el **Chapada Diamantina** (*shapada dchiamanchina*), un hermoso terreno con increíbles mesetas. ¿Y por qué le pusieron ese nombre al pueblo? Una de las teorías es que en cierto momento de la historia, las tiendas de los mineros hacían que la zona pareciese estar cubierta de sábanas.

RECUERDA

Los brasileños llaman al primer nivel de un edificio el **térreo** (*téjeu*; planta baja), y al segundo nivel lo llaman **primer andar** (*primej andaj*; primer piso). Al principio puede confundirte, pero luego te acostumbras.

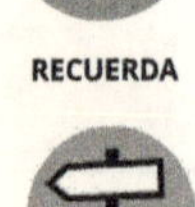

CULTURA GENERAL

Por desgracia, la pobreza es un gran problema en el Brasil, y la vida para algunos es realmente difícil. Hay quienes viven en **favelas** (*favelaz*). Las más pobres son las que se encuentran en las periferias de las ciudades más grandes, como São Paulo, Río, Recife, Salvador y Brasilia. Sin embargo, no todas las personas que viven en las **favelas** llevan una vida de penurias. En Río, algunas de las personas más pobres de la ciudad tienen una vista maravillosa desde la ventana de su casa. Son viviendas construidas en las laderas de las montañas, con una vista fabulosa sobre la ciudad de Río. La **favela** más grande de Brasil se llama **Rocinha** (*joziña*) y está en Río. Allí viven cerca de doscientas mil personas y casi todas disfrutan de una vista magnífica sobra la ciudad y el mar.

El correo electrónico

Si no puedes quedarte en el Brasil para practicar portugués, intenta hacer amigos brasileños a través de Internet, vivan en el Brasil o en tu propio país. Si vives cerca de la persona, puedes ponerte de acuerdo con ella para conocerla personalmente.

Muchos brasileños usan Internet. Como son tan sociables, pasan mucho tiempo chateando. Hay miles de chats en Internet y eso te da muchas oportunidades de hacer nuevas amistades.

Cuando estés redactando un correo electrónico, puedes escribir las siguientes palabras y abreviaturas:

» **Saludos**

oi	Hola (informal)
olá	Hola
prezado...	Querido...

» **Abreviaturas usadas en el cuerpo de un correo electrónico**

vc	tú (informal -abreviatura de você-)
vcs	vosotros / ustedes (informal -abreviatura de vocês-)

» **Despedidas**

abs,	Abrazos (informal -abreviatura de abraços-)
bjs,	Besos (informal -abreviatura de beijos-)
saludações,	Saludos (formal)
atensiosamente,	Atentamente (formal)

Juegos y ejercicios divertidos

¡Te acaba de tocar la lotería en el Brasil! Con todo ese dinero, decides comprar un apartamento en Río, con vista a la playa de Copacabana (y el resto de reales brasileños los inviertes bien, pues no quieres enloquecer con tanto dinero).

Desenreda las siguientes palabras para descubrir algunas de las partes de tu nueva casa. En el apéndice C encontrarás las respuestas.

1. orapt
2. acestionnemota
3. rajimd
4. zlu
5. rreaatç
6. csipani
7. dgleaaeri
8. aamc
9. sstarveoeir

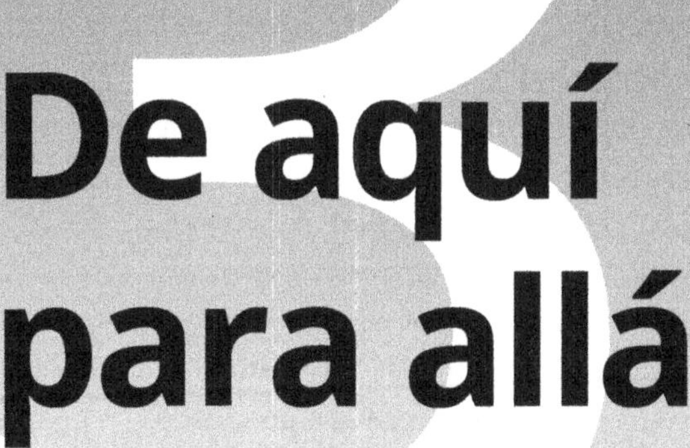

3 De aquí para allá

EN ESTA PARTE . . .

Aquí adquirirás las herramientas que te servirán para moverte por todo el Brasil, tanto si vas a comer a un restaurante o a visitar un museo como si se trata de hablar con un agente de viajes brasileño para planear unas vacaciones. Esta sección está dirigida al viajero que hay en ti, ese que se registra en los hoteles, toma taxis y revisa los horarios de los autobuses. El objetivo de esta información es, naturalmente, guiarte para que puedas ir a lugares donde puedas divertirte. Por ejemplo, para salir un sábado por la noche en Río o para gozar de la famosa temporada de carnaval en Brasil.

EN ESTE CAPÍTULO

Obtener y cambiar dinero

Comprar cosas y usar el verbo pagar

Capítulo 11
Dinero contante y sonante

O dinheiro (*u dchiñeiru*; el dinero) es el lenguaje universal. ¿O acaso es **o amor** (*u amoj*; el amor)?

En este capítulo, hablaré sobre el vil metal. En el Brasil, la mejor manera de conseguir **dinheiro** es llevar tu **cartão de banco** (*kajtãu dchi banku*; libreta bancaria) y tu **cartão de crédito** (*kajtãu dchi kréd-chitu*; tarjeta de crédito). A diferencia de lo que ocurre en Europa, los **cheques de viagem** (*shekiz dchi viayem*; cheques de viaje) son difíciles de **trocar** (*trokaj*; cambiar) a la moneda nacional del Brasil. La **taxa de câmbio** (*tasha dchi kámbiu*; tasa de cambio) suele ser buena en los cajeros automáticos.

Los bancos y los cajeros automáticos

En la mayoría de pequeños pueblos del Brasil hay un **banco** (*banku*; –) y una **caixa automática** (*kaisha automáchika*; cajero automático) que recibe **cartões internacionais** (*kajtõez intejnasionaiz*; tarjetas internacionales). Es muy probable que la tarjeta de débito de tu país funcione. Si tiene en la parte posterior un logo de Cirrus o de Star y te encuentras en una gran ciudad, no tendrás problemas. Es bueno usar Citibank o HSBC, porque son bancos internacionales. Los dos tienen muchas sucursales en Río y en São Paulo. Puedes preguntar en tu banco cuál es el coste de las transacciones internacionales. No resulta fácil usar las tarjetas de crédito para sacar dinero en efectivo en el Brasil, pero son excelentes para pagar en restaurantes y tiendas.

No te fíes si vas a un pueblo pequeño en la playa, especialmente en el norte y el noreste del país, pues en muchos de ellos no puedes acceder a un banco, lo que significa que debes **retirar** (*jechiraj*; sacar) todo el **dinheiro** que creas necesario antes de ir allí. También debes tener en cuenta que algunas sucursales pequeñas de los bancos brasileños no están conectadas al sistema internacional. Lo mejor es que saques dinero para los días que necesites, cuando estés en una de las grandes ciudades.

La **moeda** (*moeda*; moneda) del Brasil es **o real** (*u jeau*; el real), y el plural es **reais** (*jeaiz*). **Um real** (*um jeau*; un real) vale 0,43 dólares (o mejor, por un dólar te dan 2,31 **reais**). Por lo general, los precios son **duas vezes** (*duaz veziz*; dos veces) **mais baratos** (*maiz baratuz*; más baratos) que en muchos otros países. ¡Aprovecha!

Como es evidente, una transacción favorable depende de la **taxa de câmbio** (*tasha dchi kámbiu*; tasa de cambio), y te convendrá mucho fijarte en este aspecto antes de viajar al Brasil. Si puedes planear el viaje para cuando la tasa esté favorable, te ahorrarás mucho dinero.

CONSEJO

Si quieres **cambiar** (*kambiaj*; –) **dólares** (*dólariz*; –) o cualquier otra **moeda** por **reais**, lo más probable es que encuentres las tasas más favorables en una **agência de viagens** (*ayénsia dchi viayenz*; agencia de viajes).

CULTURA GENERAL

O real fue creado en 1994, después de varios años de inestabilidad financiera en el país. Durante los veinte años anteriores, se cambió de **moeda** varias veces. **A piada** (*a piada*; el chiste) era que tan pronto como te pagaran el sueldo debías ir al supermercado, pues la inflación era tan terrible que la comida era más barata por la mañana que por la tarde.

En lenguaje coloquial, **dinheiro** se dice **grana** (*grana*). **Estou sem grana** (*estou sim grana*) significa *no tengo pasta. Literalmente:* estoy sin dinero.

CONSEJO

Los vendedores brasileños siempre parecen estar sin **trocado** (*trokadu*; cambio). Es mejor cambiar los billetes grandes en el **banco**, después de haber sacado dinero en la **caixa automática**. Los vendedores suelen preguntar: **Tem trocado?** (*tem trokadu?*; ¿tiene cambio?). En realidad, lo que quieren saber es si tienes el dinero exacto para pagar lo que quieres comprar.

Éstas son las maneras de preguntar por un **banco** o una **caixa automática**:

» **Por favor, sabe onde tem uma caixa automática?** (*poj favoj, sabi ondchi tem uma kaisha automáchika?*; por favor, ¿sabe dónde hay un cajero automático?).

» **Por favor, tem um banco perto daqui?** (*poj favoj, tem um banku pejtu daki?*; por favor, ¿hay un banco por aquí?)

No es mala idea preguntar a continuación si el lugar donde se encuentra el banco o el cajero es **seguro** (*seguru*; –). Di: **O local é seguro?** (*u lokau é seguru?*; ¿la zona es segura?). Si evitas retirar dinero por la noche, te ahorrarás problemas.

Es fácil encontrar **agências de viagens** en las grandes ciudades y en las zonas turísticas. Allí puedes hacer estas preguntas cuando quieras cambiar dinero:

» **Trocam dólares por reais?** (*trokam dólariz poj jeaiz?*; ¿cambian dólares por reales?).

» **A quanto está o dólar?** (*a kuantu está u dólaj?*; ¿a cómo está el dólar?).

» **Cobram taxa de comissão?** (*kobram tasha dchi komisãu?*; ¿cobran tasa de comisión?).

Hablando se entiende la gente

ESCUCHA

Silvio (*siuviu*) acaba de llegar de Nueva York y necesita cambiar cien dólares. Para eso, va a una **agência de viagens**.

Silvio: **Por favor, trocam dólares por reais aqui?**
poj favoj, trokam dólariz poj jeaiz aki?
Por favor, ¿cambian dólares por reales aquí?

Empleado: **Trocamos.**
trokamuz.
Sí. (Literalmente: cambiamos).

Silvio: **Cobram taxa de comissão?**
kobram tasha dchi komisãu?
¿Cobran tasa de comisión?

Empleado: **Sim, é de dois por cento. Quanto quer trocar?**
sim, é dchi doiz poj sentu. kuantu kej trokaj?
Sí, es del dos por ciento. ¿Cuánto quiere cambiar?

Silvio:	**Cem dólares. ¿A quanto está o dólar?** *sem dólariz. ¿a kuantu está u dólaj?* Cien dólares. ¿A cuánto está el dólar?
Empleado:	**Está a dois reais e trinta e quatro.** *está a doiz jeaiz i trinta i kuatru.* Está a dos reales con treinta y cuatro.
Silvio:	**Tá bom. Me da em notas de dez?** *tá bom. mi da em notaz dchi dez?* Está bien. ¿Me lo da en billetes de diez?
Empleado:	**Tudo bem. Não tem problema.** *tudu bem. nãu tem problema.* Perfecto. No hay problema.

Palabras para recordar

me da...?	*mi da...?*	¿me da?
notas	*notaz*	billetes
não tem problema	*não tem problema*	no hay problema

Verificar los precios y hacer compras

Hablar de **o preço** (*u presu*; el precio) de **as coisas** (*az koisaz*; las cosas) en el Brasil es fácil. Si estás en una tienda, basta que mires la etiqueta. Sin embargo, si estás en un mercado informal en la calle, tendrás que preguntarle el **preço** al vendedor.

Los **reais** brasileños vienen en billetes de diferentes colores, según la denominación. Además, cada uno tiene un animal del país en el reverso. Así son los billetes: R$1 (verde/colibrí), R$2 (azul/tortuga), R$5 (morado y azul/garza), R$10 (rojo/loro), R$20 (amarillo/mico león dorado), R$50 (marrón/jaguar), R$100 (azul/mero).

Hay monedas de distintas cantidades de R$1, R$0,50, R$0,25, R$0,10, R$0,05 y R$0,01. La moneda de **um centavo** (*um sentavu*; un centavo) es muy pequeña y prácticamente no vale nada. En las tiendas te rebajan hasta R$0,05 del precio con tal de evitarse las monedas de un centavo; recuerda que valen 1/100 de real, es decir, más o menos la tercera parte de un céntimo de dólar.

Éstas son las formas más comunes de preguntar por el precio de algo:

» **Quanto vale?** *kuantu vali?*; ¿cuánto vale?).

» **Quanto custa?** (*kuantu kusta?*; ¿cuánto cuesta?).

» **Quanto que é?** (*kuantu ke é?*; ¿cuánto es?).

Éstas son algunas de las respuestas que puede darte el vendedor (para repasar los números, consulta el capítulo 2):

» **Vale... reais** (*vali... jeaiz*; vale... reales).

» **Custa... reais** (*kusta... jeaiz*; cuesta... reales).

» **São... reais** (*sãu... jeaiz*; son... reales).

Para decir un precio, usa la siguiente fórmula: número de **reais**, más la conjunción **e** (*i*; y) seguida del número de **centavos** (*sentavuz*; centavos):

» **R$12,30**

doze reais e trinta centavos (*ozi jeaiz i trinta sentavuz*; doce reales con treinta centavos)

» **R$4,60**

quatro reais e sessenta centavos (*kuatru jeaiz i sesenta sentavuz*; cuatro reales con sesenta centavos)

» **R$2,85**

dois reais e oitenta e cinco centavos (*doiz jeaiz i oitenta i sinku sentavuz*; dos reales con ochenta y cinco centavos)

Al igual que en el mundo de habla hispana, en el Brasil los decimales se separan de las unidades mediante comas, mientras que el punto se usa para separar los miles. Así, R$2.440 son '*dos mil cuatrocientos cuarenta reales*'.

El verbo del cliente: *pagar*

Por fortuna, cuando llega la hora de **pagar** (*pagaj*; –), los **números** (*númeruz*; –) están visibles. En las tiendas o en los supermercados verás los precios en la caja registradora. Eso facilita bastante la comunicación. Si tienes problemas para comunicarte en un comercio informal o en un mercado al aire libre (donde no abundan las calculadoras), puedes sacar lápiz y papel para aclarar las cosas.

El verbo **pagar** se conjuga de la siguiente manera:

Conjugación	*Pronunciación*
eu pago	*eu pagu*
você paga	*vosé paga*
ele/ela paga	*eli/ela paga*
nós pagamos	*nóz pagamuz*
eles/elas pagam	*eliz/elaz pagam*

Y si la acción está acabada (para repasar la conjugación en pasado, consulta el capítulo 9), **pagar** se conjuga de esta manera:

Conjugación	*Pronunciación*
eu paguei	*eu paguei*
você pagou	*vosé pagou*
ele/ela pagou	*eli/ela pagou*
nós pagamos	*nuz pagamuz*
eles/elas pagaram	*eliz/elaz pagaram*

Veamos algunos usos del verbo **pagar** en frases de uso cotidiano:

- **Quer pagar agora, ou depois?** (*kej pagaj agora, ou depoiz?*; ¿quiere pagar ahora, o después?).
- **Já pagou?** (*yá pagou?*; ¿ya pagó?).
- **Paguei vinte reais** (*paguei vinchi jeaiz*; pagué veinte reales).
- **Essa empresa paga bem** (*esa empresa paga bem*; esa empresa paga bien).
- **Vão pagar a conta** (*vãu pagaj a konta*; ellos van a pagar la cuenta).

Pagar productos y servicios

Puedes estar tranquilo cuando te llegue el momento de pagar en la caja registradora. Entender los precios suele ser la parte más complicada, y el proceso de pagar es muy similar en todas partes del mundo. Puedes pagar con dinero en efectivo o con una tarjeta de crédito. Lo que sí debes tener muy presente es llevar un documento de identidad, pues te lo pedirán si pagas con tarjeta de crédito. Es fácil obtener recibos en las tiendas formales, pero incluso en algunos tenderetes de la calle te pueden dar un recibo oficial rellenado a mano.

Si te interesa recibir consejos para pedir rebajas, consulta el capítulo 6.

Las siguientes frases pueden ser muy útiles cuando te encuentres en la **caixa** (*kaisha*; caja registradora):

- **Tem desconto para estudantes?** (*tem deskontu para estudanchiz?*; ¿hay descuento para estudiantes?).
- **Tem caneta?** (*tem kaneta?*; ¿tiene un bolígrafo?).
- **Me da um recibo, por favor?** (*mi da um jesibu, poj favoj*; ¿me da un recibo, por favor?).

El vendedor, a su vez, podrá hacerte alguna de estas preguntas:

- **Tem algum documento? Um passaporte?** (*tem augum dokumentu? um pasapojchi?*; ¿tiene algún documento? ¿Un pasaporte?).
- **Qual é a validade do cartão?** (*kuau é a validadchi du kajtãu?*; ¿qué validez tiene la tarjeta?).

Hablando se entiende la gente

ESCUCHA

Leila (*leila*) está de vacaciones en el estado de **Minas Gerais**, en el Brasil, y acaba de comprar algunos objetos en una tienda de esculturas en piedra.

Leila: **Aceita cartão Visa?**
aseita kajtãu visa?
¿Aceptan tarjetas Visa?

Cajero: **Aceitamos.**
aseitamuz.
Sí (Literalmente: aceptamos).

Leila:	(Pasándole la tarjeta) **Aqui tem.** *aki tem.* Aquí tiene.
Cajero:	**Tem algum documento? Um passaporte?** *tem augum dokumentu? um pasapojchi?* ¿Tiene algún documento? ¿Un pasaporte?
Leila:	(Mostrándole el pasaporte) **Sim, tenho.** *sim, teñu.* Sí (Literalmente: sí, tengo).
Cajero:	**OK, assine aqui, por favor.** *okei, asine aki, poj favoj.* Bien, firme aquí, por favor.
Leila:	**Me da um recibo, por favor?** *mi da um jesibu, poj favoj?* ¿Me da un recibo, por favor?
Cajero:	**É claro.** *é klaru.* Por supuesto.

Palabras para recordar

aceita cartão?	*aseita kajtãu?*	¿aceptan tarjeta?
cartão Visa	*kajtãu visa*	tarjeta Visa
cartão American Express	*kajtãu amerikan eksprez*	tarjeta American Express
cartão Mastercard	*kajtãu mastejkajdchi*	tarjeta Mastercard
algum documento	*augum dokumentu*	algún documento
um passaporte	*um pasapojchi*	un pasaporte
assine aqui, por favor	*asine aki, poj favoj*	firme aquí, por favor
um recibo	*um jesibu*	un recibo

RECUERDA

¿Has notado, a través de los diálogos, que los brasileños suelen repetir el verbo de la pregunta que se les hace? En el caso de **Tem...?** (*tem...?*; ¿tiene...?), la respuesta es **Tenho** (*teñu*; tengo) en lugar de **Sim** (*sim*; sí) a secas. **Você é chileno?** (*vosé é chilenu?*; ¿eres chileno?). En caso afirmativo, la respuesta es **sou** (*sou*; soy), en lugar de **sim** (*sim*; sí).

Juegos y ejercicios divertidos

Imagina que tu amiga Silvia se enteró de que te ibas de vacaciones a Río, te ha pedido que le compres una blusa a la moda en el Brasil, y te ha dicho que te la paga cuando regreses. ¿Qué pasos debes seguir?

Llena los espacios en blanco traduciendo al portugués las palabras que están entre paréntesis. Las respuestas se encuentran en el apéndice C.

En primer lugar, vas a un **1.** _________ (banco) local a **2.**__________ (retirar) **3.** _________ (dinero). ¡En tu **4.** ________ (cuenta) hay mucha **5.** _________ (pasta)! Pulsas los botones del **6.** ___________________________ (cajero automático) para que te dé R$200. La máquina te dispensa **7.** __________________ (dos billetes) de R$100. Luego, te vas al centro comercial, donde encuentras la blusa perfecta. Es muy colorida y dos de las vendedoras llevan puesta una igual. Cuesta R$50. ¡Una verdadera ganga! Luego la **8.** ___________ (pagas) y pides un **9.** ________ (recibo). Finalmente, te vas a la playa, feliz de haber cumplido con el encargo y de poder descansar el resto del día.

EN ESTE CAPÍTULO

- Preguntar onde están las cosas
- Interpretar las indicaciones
- Recorrer una ciudad
- Verbos de desplazamiento: subir y descer
- Ir de un lugar a otro
- Los números ordinales
- El sistema métrico

Capítulo 12
Pedir indicaciones

Comprender las indicaciones que te dan en un idioma extranjero es uno de los aspectos más importantes del proceso comunicativo. Estando en un **país estrangeiro** (*paíz estranyeiru*; país extranjero), debes familiarizarte con las **cidades** (*sidadchiz*; ciudades) y los **bairros** (*baijuz*; barrios); debes saber **para onde** (*para ondchi*; a dónde) debes **ir** (*ij*; –).

Lo mejor que puedes hacer en cuanto llegues a un lugar es conseguir **um mapa** (*um mapa*; un mapa). En él puedes ver cuáles son las **ruas principais** (*juaz prinsipaiz*; las calles principales) y los **monumentos da cidade** (*monumentuz da sidadchi*; monumentos de la ciudad), así como ubicarlos respecto a los puntos cardinales: **norte** (*nojchi*; Norte), **sul** (*suu*; Sur), **oeste** (*oeschi*; Oeste) y **leste** (*leschi*; Este).

Por otro lado, también puede ser divertido **se perder** (*si pejdej*; perderse) en **um novo lugar** (*um novu lugaj*; un lugar nuevo). Lo importante es que no te acabes metiendo en un sitio que se considere **perigoso** (*perigosu*; peligroso), y que limites tus paseos a las horas en que hay luz del día.

Onde? La pregunta para ir a los sitios

La palabra **onde** (*ondchi*; dónde) puede ser tu mejor aliada en tus paseos a lo largo y ancho de la geografía brasileña. Hay tres maneras de usar esta palabra: **Onde é** (*ondchi é*; dónde está. Literalmente: dónde es), **onde fica** (*ondchi fika*; dónde queda) y **onde está** (*ondchi está*; dónde está).

RECUERDA

Onde é se usa para hablar de gente y de ubicaciones generales, en tanto que **onde fica** y **onde está** se usan para preguntar la ubicación precisa de una cosa. Si se pregunta: **Onde é o Macau?** (*ondchi é u makau?*; ¿dónde está Macau?), en ese caso la respuesta que se espera es algo del estilo de "en Asia", no la latitud y la longitud precisas de Macau. Sin embargo, cuando preguntas: **Onde fica aquela loja?** (*ondchi fika akela loya?*; ¿dónde queda aquella tienda?), la respuesta que esperas obtener es el nombre de la calle, la intersección e, incluso, la dirección de la tienda, para que no tengas problema en encontrarla. De manera general, **onde fica** se usa más que **onde está**.

Observa las siguientes variaciones comunes en el uso de la palabra **onde**:

- **Para onde...?** (*para ondchi...?*; ¿a dónde...?).
- **Onde que é...?** (*ondchi ke é...?*; ¿dónde está...?).
- **Sabe onde fica...?** (*sabi ondchi fika...?*; ¿sabes dónde queda...?).
- **Sabe onde que tem...?** (*sabi ondchi ke tem...?*; ¿sabes dónde hay...?).
- **De onde ...?** (*dchi ondchi ...?*; ¿de dónde...?).

Ahora fíjate en estas frases completas con la palabra **onde**:

- **Para onde vai esse ônibus?** (*para ondchi vai esi ónibuz?*; ¿a dónde va ese autobús?).
- **Onde que é a rua Pedralbes?** (*ondchi ke é a jua pedraubiz?*; ¿dónde está la calle Pedralbes?).
- **Sabe onde fica o Citibank?** (*sabi ondchi fika u sitibank?*; ¿sabes dónde queda el Citibank?).
- **Sabe onde que tem um supermercado?** (*sabi ondchi ke tem um supejmejkadu?*; ¿sabes dónde hay un supermercado?).
- **De onde é o cantor?** (*dchi ondchi é u kantoj?*; ¿de dónde es el cantante?).

Otra frase útil es: **Estou procurando...** (*estou prokurandu...*; estoy buscando...). Ten cuidado, pues el verbo **procurar** (*prokuraj*; buscar) en portugués no significa lo mismo que en español (para más información sobre esta frase, consulta el capítulo 6).

Hablando se entiende la gente

Silvio (*siuviu*) está en Río y quiere visitar la vecina ciudad de **Petrópolis** (*petrópoliz*) durante el fin de semana. Allí vivía la realeza brasileña en la época en que el Brasil fue un imperio (para repasar los números, consulta el capítulo 2).

Silvio: **Por favor, sabe onde que passa o ônibus número sessenta e dois?**
poj favoj, sabi ondchi ke pasa u ónibuz númeru sesenta i doiz?
Por favor, ¿sabe por dónde pasa el autobús número sesenta y dos?

Transeúnte: **Para onde quer ir?**
para ondchi kej ij?
¿A dónde quiere ir?

Silvio: **Quero ir para Petrópolis.**
keru ij para petrópoliz.
Quiero ir a Petrópolis.

Transeúnte: **Não conheço sessenta e dois, mas o quarenta e três vai para o Petrópolis.**
nãu koñesu sesenta i doiz, maz u kuarenta i tréz vai para u petrópoliz.
No conozco el sesenta y dos, pero el cuarenta y tres va para Petrópolis.

Silvio: **Sabe onde que tem uma parada do quarenta e três?**
sabi ondchi ke tem uma parada du kuarenta i tréz?
¿Sabe dónde hay una parada del cuarenta y tres?

Transeúnte: **Tem uma do lado do Pão de Açúcar. Sabe onde que é?**
tem uma du ladu du pãu dchi asúkaj. sabi ondchi ke é?
Hay una al lado del Pão de Açúcar (el nombre de una cadena de supermercados). ¿Sabe dónde está?

Silvio: **Não, não sei.**
nãu, nãu sei.
No, no lo sé.

Transeúnte: (Señalando una esquina) **Fica naquela esquina. Tá vendo?**
fika nakela eskina. tá vendu?
Queda en la esquina. ¿Ve?

Palabras para recordar

passa	*pasa*	pasa
ônibus	*ónibuz*	autobús
número	*númeru*	–
conheço	*koñesu*	conozco
vai	*vai*	va
parada	*parada*	–
do lado	*du ladu*	al lado
naquela	*nakela*	en aquella
esquina	*eskina*	–
tá vendo?	*tá vendu?*	¿ve?

Ubicación espacial

Puedes usar las palabras de la tabla 12-1 cuando quieras dar o recibir referencias espaciales. Por ejemplo, si quieres obtener indicaciones en una ciudad, o cuando quieras **encontrar** (*enkontraj*; –) algo en **casa** (*kasa*; –) de un amigo, o incluso si estás asistiendo a una clase de **axé** (*ashé*; aeróbicos brasileños).

Si estás en la calle, tal vez te digan que la agencia de viajes donde quieres cambiar dinero está **na frente** (*na frenchi*; al frente) de un gran banco que todo el mundo conoce en la ciudad, o que el museo que buscas está **do lado** (*du ladu*; al lado) de una estación de metro. La playa que te interesa puede estar **para a direita** (*para a dchireita*; a la derecha) o **para a esquerda** (*para a eskejda*; a la izquierda) de la calle donde estás ahora.

TABLA 12-1 **Palabras de referencia espacial**

Término	Pronunciación	Traducción
na frente	*na frenchi*	al frente
atrás	*atráz*	detrás
para a direita	*para a dchireita*	a la derecha
para a esquerda	*para a eskejda*	a la izquierda
abaixo	*abaishu*	debajo
acima	*asima*	encima
do lado	*du ladu*	al lado
dentro	*dentru*	–
fora	*fora*	fuera

En las siguientes frases usamos las palabras de referencia espacial:

- **Fica na frente do Corréios** (*fika na frenchi du kojéioz*; queda al frente de la oficina de correos).
- **Está atrás da mesa** (*está atráz da mesa*; está detrás de la mesa).
- **Vá para a direita** (*vá para a dchireita*; ve a la derecha).
- **Fica para a esquerda da loja** (*fika para a eskejda da loya*; queda a la izquierda de la tienda).
- **Olhe embaixo** (*olie embaishu*; mira debajo).
- **Estão acima da geladeira** (*estãu asima da yeladeira*; están encima de la nevera).
- **Está do lado da janela** (*está du ladu da yanela*; está al lado de la ventana).

» **Está dentro da caixa** (*está dentru da kaisha*; está dentro de la caja).

» **O carro está fora da garagem** (*u kaju está fora da garayem*; el coche está fuera del garaje).

Hay dos maneras de decir que algo queda todo recto: **direto** (*dchiretu*; literalmente: directo) y **reto** (*jetu*; recto). Si vas conduciendo, tu copiloto puede decirte:

» **Pode ir reto** (*podchi ij jetu*; puedes ir todo recto).

» **Segue sempre direto** (*segui sempri dchiretu*; sigue todo recto).

Moverse en la ciudad

Algunas ciudades brasileñas son más difíciles que otras. São Paulo, por ejemplo, es una ciudad liosa, incluso para quienes han vivido en ella mucho tiempo. Es de un tamaño colosal y, sin embargo, tiene un sistema de metro muy pequeño, con lo cual se hace indispensable tomar un taxi o tener coche para conocer la ciudad. Por otra parte, no vi que hubiera un verdadero **centro da cidade** (*sentru da sidadchi*; centro de la ciudad), como ocurre en la mayor parte de las grandes ciudades.

Un buen lugar para comenzar tu recorrido de reconocimiento de São Paulo es la **avenida Paulista** (*avenida paulista*), la calle más famosa y concurrida de la ciudad. Es conocida principalmente por el número de bancos que hay en ella, aunque tiene muchos otros atractivos: por lo menos cuatro centros comerciales con complejos de salas de cine, dos centros de artes y música, uno de los museos de arte moderno más famosos de Sudamérica, el Museo de Arte de São Paulo (MASP), dos de los hospitales más grandes de la ciudad y al menos cinco hoteles de cinco estrellas. ¡Y todo esto en una avenida de no más de tres kilómetros de longitud!

Río y Brasilia, en cambio, son ciudades más manejables. Descubrirlas es **fácil** (*fásiu*; –) y **divertido** (*dchivejchidu*; –). Son más pequeñas y tienen menos zonas interesantes.

Hay principalmente dos **bairros** (*baijuz*; barrios) en Río que vale la pena visitar: **a zona sul** (*a zona suu*; la zona sur), donde se encuentran las famosas playas de **Copacabana** (*kopakabana*) y de **Ipanema** (*ipanema*), y el **centro histórico** (*sentru istóriku*; –), donde están los **museus** (*mu-*

seuz; museos) y las **galerias de arte** (*galeriaz dchi ajchi*; galerías de arte).

Brasilia (*brazilia*), la capital del Brasil, es una **cidade** muy nueva. Fue construida principalmente durante los años 1950 y 1960, según los planos del arquitecto brasileño más famoso, Oscar Niemeyer. La ciudad está organizada en grandes **quarteirões** (*kuajteirõez*; manzanas, cuadras).

Sea cual sea la ciudad que visites, las siguientes palabras te serán muy útiles:

- **praça** (*prasa*; plaza)
- **rua** (*jua*; calle)
- **rio** (*jiu*; río)
- **parque** (*pajki*; -)
- **centro comercial** (*sentru komejsiau*; -)
- **jardim** (*yajdim*; jardín)
- **mar** (*maj*; -)
- **beira-mar** (*beira-maj*; litoral)
- **morro** (*moju*; monte)
- **igreja** (*igreya*; iglesia)
- **ponte** (*ponchi*; puente)

Las siguientes palabras puedes usarlas para dar indicaciones:

- **vá** (*vá*; ve)
- **cruza** (*kruza*; -)
- **olha** (*olia*; mira)
- **pega** (*pega*; toma, coge)
- **segue** (*segui*; sigue)
- **sobe** (*sobi*; sube)
- **desce** (*desi*; baja)

Cuando los brasileños dan indicaciones, lo hacen con los verbos en *imperativo*. También lo hacemos en español. Aunque la palabra imperativo suena a dar órdenes, no es así. Es, simplemente, la forma de decirle a alguien cómo seguir determinados pasos.

RECUERDA

En portugués se usa mucho la forma imperativa del verbo con la persona **você**. Basta usar la terminación *-a* para los verbos en *-ar*, o agregar la terminación *-e* para los verbos en *-er/-ir*. Eso sí, no pierdas de vista que el verbo **ir** (*ij*; –) es irregular. El imperativo, entonces, es **vá** (*va*; ve). Al igual que en español, no se necesita especificar la persona a quien va dirigida la indicación. Por tal razón, puedes empezar la frase directamente con el verbo: **Cruza a ponte** (*kruza a ponchi*; cruza el puente).

Si entender y recordar las instrucciones para llegar a algún lado ya es bastante difícil en tu propia lengua, ¡ahora imagínate en portugués! Conocer las siguientes frases te facilitará un poco la tarea:

» **Está atrás da igreja** (*está atráz da igreya*; está detrás de la iglesia).

» **Fica na beira-mar** (*fika na beira-maj*; está a la orilla del mar).

» **Olha para lá** (*olia para lá*; mira para allá).

» **Pega a segunda direita** (*pega a segunda dchireita*; toma la segunda a la derecha).

» **Segue essa rua direto** (*segui esa jua dchiretu*; sigue derecho por esa calle).

Los siguientes conectores te servirán para hacer que las frases fluyan de manera más armoniosa y coherente:

» **quando** (*kuandu*; cuando)

» **antes** (*antez*; -)

» **depois** (*depoiz*; después)

» **tão logo** (*tãu logu*; tan pronto)

» **até** (*até*; hasta)

Si quieres divertirte un poco más, lee las siguientes frases, algo más complejas, y verás el uso de los conectores:

» **Vá até a praça, e depois pega a rua Almirantes** (*vá até a prasa, i depoiz pega a jua aumiranchiz*; ve hasta la plaza, y luego toma la calle Almirantes).

» **Sobe a Faria Lima, e depois pega a Bandeirantes quando chegar no posto de gasolina** (*sobi a faria lima, i depoiz pega a bandeiranchiz kuandu shegaj nu postu dchi gasolina*; sube por Faria Lima, y luego toma Bandeirantes al llegar a la gasolinera)

Hablando se entiende la gente

ESCUCHA

Gilberto (*yiubejtu*) está tratando de encontrar un centro comercial cerca de su hotel, y le pregunta al camarero en el desayuno.

Gilberto: **Oi, onde que tem um shopping por aqui?**
oi, ondchi ke tem um shoping poj aki?
Oye, ¿dónde hay un centro comercial por aquí?

Camarero: **Quando sai da entrada, vai ver à sua direita a avenida Espanha.**
kuandu sai da entrada, vai vej a sua dchireita a avenida españa.
Cuando salga por la entrada, va a ver a su derecha la avenida España.

Gilberto: **Okay...**
okei...
Ajá...

Camarero: **Vai pegar a Espanha e seguir até uma ruazinha chamada Santa Maria.**
vai pegaj a españa i seguij até uma juaziña shamada santa maria.
Tome España y siga hasta una callecita llamada Santa María.

Gilberto: **Tá bom...**
tá bom...
Bueno...

Camarero: **Vá para a esquerda nessa ruazinha, e depois de mais dois quarteirões, vai ver um Bompreço.**
vá para a eskejda nesa juaziña, i depoiz dchi maiz doiz kuajteirõez, vai vej um bompresu.
Vaya a la izquierda por esa callecita, y después de dos manzanas va a ver un Bompreço (el nombre de una cadena de supermercado).

Gilberto: **Muito obrigado.**
muitu obrigadu.
Muchas gracias.

Camarero:	**De nada. Não se preocupe, é fácil. Não vai se perder.** *dchi nada. nãu si preokupi, é fásiu. nãu vai si pejdej.* De nada. No se preocupe, es fácil. No se va a perder.

Palabras para recordar

por aquí	*poj aki*	–
sai	*sai*	salga
entrada	*entrada*	–
vai	*vai*	va
ver	*vej*	–
chamada	*shamada*	llamada
nessa	*nesa*	en esa
ruazinha	*juaziña*	callecita
mais	*maiz*	más

La expresión **oi** (*oi*) normalmente significa *hola*. Pero también se usa para decir *oye*, cuando quieres abordar a alguien en una situación informal. **Por favor** (*poj favoj*; –) es una expresión equivalente, que se usa en situaciones formales.

Los verbos que te llevan de arriba abajo

Si alguien debe indicarte que subas por una calle, te dirá: **sobe** (*sobi*; sube) o, si debes bajar, **desce** (*desi*; baja). Se parece a la palabra *descender* en español.

Se trata de la conjugación en imperativo de los verbos **subir** (*subij*; –) y **descer** (*desej*; bajar). También se usan en otras situaciones, como por ejemplo al subir y bajar en un **elevador** (*elevadoj*; ascensor), al subir a ver a alguien en su piso o bajar a la calle si estás en un piso alto. Cuando vayas a entrar en un ascensor, puedes preguntar **sobe?** (si quieres subir) o **desce?** (si quieres bajar) para saber en qué sentido va.

Supón que estás hablando por el portero automático de un **prédio de apartamentos** (*prédchiu dchi apajtamentuz*; edificio de apartamentos). Puedes decir alguna de estas frases:

- **Vou subir** (*vou subij*; voy a subir).
- **Vou descer** (*vou desej*; voy a bajar).
- **Ela vai subir agora** (*ela vai subij agora*; ella va a subir ahora).
- **Vou descer daqui a cinco minutos. Me espera?** (*vou desej daki a sinku minutuz. mi espera?*; voy a bajar en cinco minutos. ¿Me esperas?).

CONSEJO

En muchas zonas de habla española se usa una expresión similar a la portuguesa **daqui** (*daki*; de aquí), para dar a entender un tiempo que va desde el momento en que se dice la frase hasta un momento determinado posterior. Usa la frase para expresar el tiempo dentro del cual ocurrirá algo. ¿Cuándo estarás lista? **Daqui a dois minutos** (*daki a doiz minutuz*; de aquí a dos minutos). ¿Cuándo comienza el programa de televisión? **Daqui a pouco** (*daki a pouku*; dentro de poco).

Estar aquí o allá

Las palabras para indicar la posición de un objeto o de una persona son muy importantes. Las necesitarás cuando estés pidiendo indicaciones para llegar a un lugar, cuando estés en una tienda o cuando quieras señalar a una persona en la calle. Estas tres palabras expresan la distancia entre el objeto y el punto donde tú estás:

- **aqui** (*aki*; aquí)
- **ali** (*ali*; allí)
- **lá** (*lá*; allá)

En general, **lá** se usa para indicar lugares que están a cierta distancia andando. Si estás hablando de un objeto que está en el segundo piso de tu casa, usa **ali**. Si vas a hablar de tu coche, estacionado en el otro extremo de la ciudad, usa **lá**. Lo mismo si estás refiriéndote a algo que ocurre a una gran distancia, como, por ejemplo, otros países. Veamos algunos ejemplos:

- **Estamos aqui** (*estamuz aki*; estamos aquí).
- **Está ali, na mesa** (*está ali, na mesa*; está allí, en la mesa).
- **Lá nos Estados Unidos se come muita comida rápida** (*lá noz estaduz uniduz si komi muita komida jápida*; allá, en Estados Unidos, se come mucha comida rápida).
- **Vá lá** (*vá lá*; ve allá).

Supongamos que vas en taxi. Ya le has dado al taxista la dirección a donde vas, pero de repente te das cuenta de que ya estás en la calle donde querías bajarte. En ese casi, di: **Aqui-o!** (*aki-o!*; ¡justo aquí!). Parecerás un auténtico brasileño.

El único caso en que no debes usar **aqui** es en la expresión *ven aquí*, que en portugués se dice: **Vem cá**. Como ves, **aqui** se reemplaza por **cá**.

La cuenta atrás: los números ordinales

Cuando damos indicaciones en la calle, por lo general utilizamos los números ordinales. Por ejemplo, alguien te dirá que dobles por la **primeira** (*primeira*; primera) a la izquierda y luego por la **terceira** (*tejseira*; tercera) a la derecha. Asimismo, si vas en un ascensor, la persona que está a tu lado te sugerirá bajarte en el **sétimo** (*séchimu*; séptimo) piso. Aquí tienes una práctica lista con los ordinales (para más información sobre los números, consulta el capítulo 2):

- **primeiro** (*primeiru*; primero)
- **segundo** (*segundu*; –)
- **terceiro** (*tejseiru*; tercero)
- **quarto** (*kuajtu*; cuarto)
- **quinto** (*kintu*; –)
- **sexto** (*sestu*; –)
- **sétimo** (*séchimu*; séptimo)
- **oitavo** (*oitavu*; octavo)
- **nono** (*nonu*; noveno)

Al igual que en español, los numerales en portugués terminan en *-o* o en *-a* según si son masculinos o femeninos.

Éstos son algunos ejemplos de uso de los ordinales:

- **Pega a primeira direita** (*pega a primeira dchireita*; toma la primera a la derecha).
- **Moro no quarto andar** (*moru nu kuajtu andaj*; vivo en el cuarto piso).
- **É a segunda porta** (*é a segunda pojta*; es la segunda puerta).

RECUERDA

En cualquier edificio del Brasil, el **primeiro andar** (*primeiru andaj*; primer piso) corresponde al piso que está justo por encima del nivel de la calle. Existe un término especial para la planta baja: **o térreo** (*u téjeu*). El sótano, donde suele ubicarse el aparcamiento, se llama **subsolo** (*subsolu*).

¿Queda muy lejos?

Una pregunta que querrás hacer antes de oír indicaciones complicadas para llegar a algún lugar será: **Fica longe?** (*fika lonyi?*; ¿queda lejos?). Presta atención a las siguientes palabras, que te servirán para hacerte una idea de las distancias:

- **longe** (*lonyi*; lejos)
- **perto** (*pejtu*; cerca)
- **muito longe** (*muitu lonyi*; muy lejos)
- **muitu perto** (*muitu pejtu*; muy cerca)
- **pertinho** (*pejchiñu*; muy, muy cerca)

Hablando se entiende la gente

Taís (*taíz*) está intentando decidir qué hacer por la tarde en **Vitória** (*vitória*), la capital del estado de **Espirito Santo**. ¿Será mejor ir al centro comercial o a la playa? ¿O ambos? Taís le pregunta al recepcionista del hotel si quedan lejos estos dos lugares.

Taís: **Por favor, qual fica mais perto, o shopping ou a praia?**

	poj favoj, kuau fika maiz pejtu, u shoping ou a praia? Por favor, ¿qué queda más cerca, el centro comercial o la playa?
Recepcionista:	**A praia é bem mais perto. Fica aqui do lado.** *a praia é bem maiz pejtu. fika aki du ladu.* La playa está mucho más cerca. Queda aquí al lado.
Taís:	**E o shopping? Como se chega?** *i u shoping? komu si shega?* ¿Y al centro comercial? ¿Cómo se llega?
Recepcionista:	**Olha, tem que pegar dois ônibus, ou pode ir em taxi.** *olia, tem ke pegaj doiz ónibuz, ou podchi ij em táksi.* Bueno, tiene que tomar dos autobuses o puede ir en taxi.
Taís:	**Tudo bem. O shopping parece longe demais para ir hoje.** *tudu bem. u shoping paresi lonyi dchimaiz para ij oyi.* Vale. El centro comercial parece demasiado lejos para ir hoy.
Recepcionista:	**Melhor ficar tranqüila na praia.** *melioj fikaj trankuila na praia.* Mejor descansar tranquila en la playa.

Palabras para recordar

a que horas...?	*a ké oraz...?*	¿a qué hora...?
tem que acordar	*tem ke akojdaj*	tienes que despertarte
que mal!	*ké maul*	¡qué mal!
... hein?	*... ein?*	... ¿eh?
você deveria	*vosé deveria*	deberías
ir dormir	*ij dojmij*	ir a dormir
cedo	*sedu*	temprano
não funciono	*nãu funsionu*	no funciono
menos de	*menuz dchi*	–

Medir distancias y otras cosas

Las unidades de medida son un aspecto importante de cualquier cultura. En el Brasil, así como en el mundo de habla hispana, se usa el sistema métrico. Las palabras son muy similares, así es que no tendrás ningún problema para comprenderlas.

En la tabla 12-2 aparecen los nombres de las medidas en el sistema métrico.

TABLA 12-2 **Unidades de medida**

Tipo de medida	Término	Pronunciación	Traducción
distancia	quilômetro	*kilómetru*	kilómetro
longitud	centímetro	*senchímetru*	–
volumen	litro	*litru*	–
peso	quilo	*kilu*	kilo
temperatura	centígrados	*senchígraduz*	–

Juegos y ejercicios divertidos

Cláudio e Renata Alves (*cláuyiu i jenata auviz*) están invitados a tu casa a cenar. Te acaban de llamar por teléfono para preguntarte cómo llegar a tu fantástico apartamento de Río, con vistas a la playa. Dales, en portugués, las siguientes instrucciones:

1. Ve a la plaza.
2. Luego gira a la izquierda por la avenida Bela Cintra.
3. Ve todo recto hasta el final.
4. A tu derecha verás una iglesia.
5. Queda detrás de la iglesia, al lado del mar.

EN ESTE CAPÍTULO

- Mirar el hotel antes de registrarse
- Reservar una habitación
- Registrarse
- Dormir y despertarse

Capítulo 13
Hospedarse en un hotel o en una posada

En el Brasil, hay principalmente dos tipos de **hospedagem** (*ospedayem*; hospedaje): los **hotéis** (*otéiz*; hoteles), que son grandes e impersonales, y las **pousadas** (*pousadaz*; posadas), que son pequeñas y acogedoras. ¿Se notan mis preferencias? La verdad es que te recomiendo quedarte en una **pousada**, pues los **donos** (*donuz*; dueños), por lo general conversadores y cercanos, son excelentes para practicar portugués. Los **donos** suelen trabajar en la **pousada**, y con ello se ganan la vida. Hospedarse en una **pousada** es como vivir con una familia. Es el equivalente de los *Bed and Breakfast* de la cultura anglosajona. La única diferencia es que las **pousadas** pueden ser más grandes. En ellas, suele haber no más de diez **quartos** (*kuajtuz*; habitaciones), aunque las **pousadas** más grandes pueden tener hasta veinte.

Las **pousadas** son, en general, **econômicas** (*econômicaz*; económicas). Una posada **simples** (*simpliz*; simple) puede costar solamente treinta reais (unos trece dólares, según la tasa de cambio), para dos personas **por noite** (*poj noichi*; por noche). En los lugares más elegantes, como en **Olinda**, un pueblo del noreste que es una joya histórica, las **pousa**

CONSEJO

das pueden ser más caras: a unos trescientos reais (ciento treinta dólares) **por noite para duas pessoas** (*poj noichi para duaz pesoaz*; por noche para dos personas).

Los servicios e instalaciones que no encuentras en una **pousada** pero que sí que encontrarás en un **hotel** (*oteu*; –) son las **academias** (*akademia*; gimnasios) y el servicio completo de **restaurante** (*jestauranchi*; –).

Una cosa muy buena del **hospedagem** en el Brasil es **o café da manhã** (*u kafé da mañá*; el desayuno), que casi siempre viene incluido en el precio de la habitación. El término **o café da manhã** suele abreviarse por **o café**, así que puedes preguntar al recepcionista: **Vem incluído o café?** (*vem inkluídu u kafé?*; ¿está incluido el desayuno?). Los desayunos brasileños son sencillos y deliciosos (para hacerte una idea de lo que hay en el menú, consulta el capítulo 5).

Si tienes la intención de ir al Brasil para el **Réveillón** (*jeveillon*; Nochevieja) o para el **carnaval** (*kajnavau*; –), **faz uma reserva com antecedência** (*faz uma jesejva kom antesedénsia*; haz una reserva con antelación). En el caso del **carnaval**, lo mejor es reservar el hospedaje y los billetes de avión con seis meses de antelación. Los **hotéis** y las **pousadas** ofrecen un **pacote** (*pakochi*; paquete) de cinco días, que va desde el sábado hasta el miércoles de Ceniza (para más información sobre el **carnaval**, consulta el capítulo 17).

Conocer el hotel o la posada

Antes de decidir dónde te vas a quedar, querrás **revisar** (*jevisaj*; –) los **quartos** (*kuajtuz*; habitaciones) y el lugar en general, por **dentro** (*dentru*; –) y por **fora** (*fora*; fuera). Asimismo, querrás hacer algunas **perguntas** (*perguntaz*; preguntas).

Probablemente ya habrás visto en este libro la expresión **tem** (*tem*; hay/tiene). Los hoteles son lugares ideales para usarla. Las siguientes son algunas **perguntas** que puedes hacer para obtener información sobre **o quarto**:

- **Tem água quente?** (*tem agua kenchi?*; ¿tiene agua caliente?).
- **Tem banheira?** (*tem bañeira?*; ¿tiene bañera?).
- **Tem ar condicionado?** (*tem aj kondisionadu?*; ¿tiene aire acondicionado?).
- **Tem ventilador?** (*tem venchiladoj?*; ¿tiene ventilador?).

- **Tem cofre?** (*tem kofri?*; ¿tiene caja fuerte?).
- **Tem vista?** (*tem vista?*; ¿tiene vistas?).
- **Tem acceso ao Internet?** (*tem aksesu au intejnechi?*; ¿tiene acceso a Internet?).
- **Tem TV à cabo?** (*tem tevé a kabu?*; ¿tiene televisión por cable?).
- **Tem jacuzzi?** (*tem yakuzi?*; ¿tiene jacuzzi?).

En cuanto al **hotel** o la **pousada** en general, puedes hacer las siguientes preguntas:

- **Tem piscina?** (*tem pisina?*; ¿tiene piscina?).
- **Tem quarto para não fumantes?** (*tem kuajtu para nãu fumanchiz?*; ¿tiene habitaciones para no fumadores?).
- **Tem academia?** (*tem akademia?*; ¿tiene gimnasio?).

En la siguiente frase no se usa la palabra **tem**, pero puedes usarla para cualquiera de los servicios del hotel: **Ofereçam transporte do aeroporto?** (*oferesam transpojchi du aeropojtu?*; ¿ofrecen servicio de transporte al aeropuerto?).

Hacer una reserva

Las anteriores preguntas sobre el **hospedagem** puedes hacerlas por teléfono, en el momento de hacer una **reserva** (*jesejva*; –), o en persona, en la **recepção do hotel** (*jesepsãu du oteu*; recepción del hotel) (para más información sobre el uso del teléfono, consulta el capítulo 9).

Si puedes hacerlo, siempre conviene **fazer uma reserva** (*fazej uma jesejva*; hacer una reserva) antes de **chegar** (*shegaj*; llegar). A menos que quieras alojarte en época de fiestas o durante algún evento especial, no tendrás ningún problema si te presentas en persona y echas una mirada.

Como es obvio, la pregunta más importante es si hay **vaga** (*vaga*; sitio). Estas frases pueden ser muy prácticas:

- **Tem vaga para hoje à noite?** (*tem vaga para oyi a noichi?*; ¿hay sitio (habitación libre) para esta noche?).
- **Tem vaga para o fim de semana?** (*tem vaga para u fim dchi semana?*; ¿hay sitio para el fin de semana?).

- **Tem vaga para o mês que vem?** (*tem vaga para u mez ke vem?*; ¿hay sitio para el próximo mes?).
- **Eu queria fazer uma reserva** (*eu keria fazej uma jesejva*; quisiera hacer una reserva).
- **É para duas pessoas** (*é para duaz pesoaz*; es para dos personas).
- **Só para uma pessoa** (*só para uma pesoa*; sólo para una persona).

Es posible que el recepcionista te responda con alguna de estas frases:

- **Quantas pessoas?** (*kuantaz pesoaz?*; ¿cuántas personas?).
- **Por quantas noites?** (*poj kuantaz noichiz?*; ¿para cuántas noches?).
- **Cama de casal, ou duas camas solteiras?** (*kama dchi kasau, ou duaz kamaz souteiraz?*; ¿cama de matrimonio o dos camas individuales?).

En la recepción: la llegada y la salida

Es tal el predominio del inglés que los brasileños utilizan el término **o check-in** (*u shek-in*). La expresión completa es **fazer o check-in** (*fazej u shek-in*; registrarse).

Para registrarse en un **hotel** (*oteu*; –) o en una **pousada** (*pousada*; posada), se sigue el mismo proceso que en cualquier parte del mundo. En primer lugar, le das al empleado de la recepción tu **nome** (*nomi*; nombre). Si tienes una **reserva** (*jesejva*; –), el empleado verificará los **detalhes** (*detaliez*; detalles) en el archivo a tu nombre y te dará las **chaves** (*shaviz*; llaves) de la habitación. Cuando te dirijas al **quarto** (*kuajtu*; habitación), otro empleado del hotel te enseñará partes importantes del **prédio** (*prédchiu*; edificio), como, por ejemplo, el lugar donde se toma el **café da manhã** (*kafé da mañá*; desayuno), la **academia** (*akademia*; gimnasio) y la **piscina** (*pisina*; –), si es un hotel grande.

Según las leyes federales del Brasil, todos los **hotéis** y **pousadas** deben dar a cada **hóspede** (*óspedchi*; huésped) una **ficha** (*fisha*; formulario) para que la rellene con algunos datos personales, así como con información sobre los lugares que ha visitado y aquellos que piensa visitar próximamente en el país. Esta **ficha** ayuda a **Embratur** (*embratuj*; consejo federal de turismo) a estudiar la actividad de los turistas. En la **ficha**, encontrarás los siguientes términos:

- **nome** (*nomi*; nombre de pila)
- **sobrenome** (*sobrenomi*; apellido)
- **país de origem** (*paíz dchi oriyem*; país de origen)
- **data** (*data*; fecha)
- **próximo destino** (*próksimu deschinu*; -)
- **número de passaporte** (*númeru dchi pasapojchi*; número de pasaporte)

Es muy probable que el recepcionista del hotel diga las siguientes frases:

- **Aqui tem duas chaves** (*aki tem duaz shaviz*; aquí tiene dos llaves).
- **Preenche essa ficha, por favor** (*prenshi esa fisha, poj favoj*; rellene este formulario, por favor).

Pasar la noche

Después de todo un día de actividad turística, querrás ir a tu hotel a descansar. No es mala idea que le pidas ayuda al **concierge** (*konsiejyi*; conserje) o a alguien del **equipe de funcionários** (*ekipi dchi funsionáriuz*; personal) para **planejar** (*planeyaj*; planear) tu salida al día siguiente.

CULTURA GENERAL

Cuando estés en tu habitación, puedes ver un poco de **tevê** (*tevé*; televisión) brasileña, antes de acostarte. A las ocho de la tarde puedes sintonizar el canal **Globo** (*globu*) para ver la **novela** (*novela*; telenovela) del momento. La **novela** más popular del año no siempre está en el mismo **canal** (*kanau*; –), pero nueve de cada diez veces la mejor está en **Globo**. Ver la **novela** te puede enseñar mucho sobre la cultura brasileña, y también te sirve para acostumbrarte al **som** (*som*; sonido) del portugués. Además, es interesante saber que estás compartiendo esta actividad al menos con el 25 % de la población de Brasil.

El verbo *dormir*

Si quieres **dormir bem** (*dojmij bem*; dormir bien), quizá te convenga preguntar al recepcionista o a la persona encargada en el **hotel** o la **pousada** si hay mucho **barulho** (*barulio*; ruido).

La tolerancia de los brasileños frente al ruido tal vez sea superior que la de personas provenientes de otras culturas. Por eso, otra pregunta pertinente es si la posada o el hotel está cerca de **bares** (*barez*; –) o lugares de **música ao vivo** (*músika au vivu*; música en vivo), especialmente si vas a estar allí **no fim de semana** (*nu fim dchi semana*; el fin de semana).

Por fortuna, conjugar el verbo **dormir** es tan fácil que no te quitará el sueño:

Conjugación	***Pronunciación***
eu durmo	*eu dujmu*
você dorme	*vosé dojmi*
ele/ela dorme	*eli/ela dojmi*
nós dormimos	*nóz dojmimuz*
eles/elas dormem	*eliz/elaz dojmem*

La conjugación en tiempo pasado del verbo **dormir** es igualmente fácil (para más información sobre el tiempo pasado, consulta el capítulo 9).

Conjugación	***Pronunciación***
eu dormi	*eu dojmi*
você dormiu	*vosé dojmiu*
ele/ela dormiu	*eli/ela dojmiu*
nós dormimos	*nóz dojmimuz*
eles/elas dormiram	*eliz/elaz dojmiram*

Vamos a practicar un poco estas dos conjugaciones:

- **Dormiu bem?** (*dojmiu bem?*; ¿dormiste bien?).
- **Dormi muito máu** (*dojmi muitu máu*; he dormido muy mal).
- **Dormi como uma pedra** (*dojmi komu uma pedra*; he dormido como un tronco).
- **Dormimos só quatro horas** (*dojmimuz só kuatru oraz*; dormimos sólo cuatro horas).

» **Eu preciso dormir oito horas** (*eu presisu dojmij oitu oraz;* necesito dormir ocho horas).

» **Os gatos dormem no meu quarto** (*oz gatuz dojmem nu meu kuajtu*; los gatos duermen en mi habitación).

» **Adoro dormir na praia** (*adoru dojmij na praia*; me encanta dormir en la playa).

» **Vou dormir. Boa noite** (*vou dojmij. boa noichi*; me voy a dormir. Buenas noches).

Y ya que estamos hablando de este verbo soñoliento, mira las siguientes frases con la expresión **estar com sono** (*estaj kom sonu*; tener sueño. *Literalmente:* estar con sueño):

» **Está com sono?** (*está kom sonu?*; ¿tienes sueño?).

» **Estou com sono** (*estou kom sonu*; tengo sueño).

Ojalá nunca tengas **pesadelos** (*pesadeloz*; pesadillas), solamente **sonhos doces** (*soñuz dosiz*; dulces sueños).

Un verbo para despertarse: *acordar*

Acordar (*akojdaj*; despertar) es otra de esas palabras que en español son una cosa y en portugués, otra. Los brasileños te dirán: **Acorda!** (*akojda!*; ¡despierta!) si no pusiste el **despertador** (*despejtadoj*; –) a la hora correcta. En los **hotéis e pousadas** (*otéiz i pousadaz*; hoteles y posadas) puedes pedir que te despierten. Di: **Poderia me acordar as...?** (*poderia mi akojdaj az...?*; ¿me podría despertar a las...?) y añade una hora específica (para más información sobre la manera de dar la hora, consulta el capítulo 8).

El verbo **acordar** se conjuga así:

Conjugación	***Pronunciación***
eu acordo	*eu akojdu*
você acorda	*vosé akojda*
ele/ela acorda	*eli/ela akojda*
nós acordamos	*nóz akojdamuz*
eles/elas acordam	*eliz/elaz akojdam*

Y la conjugación en pasado del verbo despertar es así:

Conjugación	***Pronunciación***
eu acordei	*eu akojdei*
você acordou	*vosé akojdou*
ele/ela acordou	*eli/ela akojdou*
nós acordamos	*nóz akojdamuz*
eles/elas acordaram	*eliz/elaz akojdaram*

Ahora, practiquemos un poco el verbo **acordar**:

- » **Acordei cedo** (*akojdei sedu*; me he despertado temprano).
- » **Acordei tarde** (*akojdei tajdchi*; me he despertado tarde).
- » **Poderia me acordar as oito horas?** (*poderia mi akojdaj az oitu oraz?*; ¿podría despertarme a las ocho?).

Hablando se entiende la gente

Marcos (*majkuz*) y **Rodrigo** (*jodrigu*) son amigos y están hablando sobre el sueño.

Marcos: **A que horas tem que acordar amanhã?**
a ké oraz tem ke akojdaj amañá?
¿A qué hora te tienes que despertar mañana?

Rodrigo: **Às seis horas. Que mal, hein?**
az seiz oraz. ké mau, ein?
A las seis. Qué mal, ¿eh?

Marcos: **Você deveria ir dormir cedo hoje.**
vosé deveria ij dojmij sedu oyi.
Deberías irte a dormir temprano hoy.

Rodrigo: **Vou. Não funciono se durmo menos de cinco horas.**
vou. nãu funsionu si dujmu menuz dchi sinku oraz.
Voy a hacerlo. No funciono si duermo menos de cinco horas.

Palabras para recordar

a que horas...?	*a ké oraz...?*	¿a qué hora...?
tem que acordar	*tem ke akojdaj*	tienes que despertarte
que mal!	*ké mau!*	¡qué mal!
... hein?	*... ein?*	... ¿eh?
você deveria	*vosé deveria*	deberías
ir dormir	*ij dojmij*	ir a dormir
cedo	*sedu*	temprano
não funciono	*nãu funsionu*	no funciono
menos de	*menuz dchi*	–

Las ventajas de ser posesivo

Si estás viajando con otra persona, puede que quieras contarle al personal del hotel tus necesidades individuales. Asimismo, es probable que tengas que señalar problemas con **a sua cama** (*a sua kama*; tu cama) o decir que tu amiga María quiere poner **as coisas dela** (*az koisaz dela*; sus cosas. Literalmente: las cosas de ella) en una caja fuerte, aunque tú no necesites hacerlo. En algunos casos, se tratará de una situación compartida. Tal vez faltan toallas en la habitación y debas preguntar por **as nossas toalhas** (*az nosaz toaliaz*; nuestras toallas).

En todos estos casos, verás las ventajas de ser posesivo (o, mejor dicho, de utilizar los posesivos). En el capítulo 4 están los posesivos en relación con los miembros de la familia, pero aquí puedes ver su uso en relación con objetos y no con personas.

Si quieres decir que algo "*es mío*", di: **É meu** (*é meu*), al tiempo que señalas el objeto con el dedo. Si quieres decir "*es tuyo*", di: **É seu** (*é seu*). Si el caso es que "*es nuestro*", di: **É nosso** (*é nosu*). Por otra parte, si quieres incluir el objeto en la frase para no tener que señalarlo, pon el artículo, luego el posesivo (teniendo cuidado de respetar la concordancia masculina o femenina, singular o plural) y finalmente el objeto. En la tabla 13-1 verás ejemplos de lo que acabo de decir.

TABLA 13-1 **Los posesivos mi, tu y nuestro**

Significado	Objeto singular masculino	Objeto singular femenino	Objeto plural masculino	Objeto plural femenino
mi	o meu (*o meu*)	a minha (*a miña*)	os meus (*oz meuz*)	as minhas (*az miñas*)
tu	o seu (*o seu*)	a sua (*a sua*)	os seus (*oz seuz*)	as suas (*as suaz*)
nuestro	o nosso (*o nosu*)	a nossa (*a nosa*)	os nossos (*oz nosuz*)	as nossas (*as nosaz*)

Toma nota de las siguientes frases, que te pueden resultar útiles en un **hotel** (*oteu*; –) o en una **pousada** (*pousada*; posada):

» **o meu passaporte** (*u meu pasapojchi;* mi pasaporte)

» **o seu cartão de crédito** (*u seu kajtãu dchi krédchitu;* tu tarjeta de crédito)

» **os nossos bagagens** (*oz nosuz bagayenz;* nuestras maletas)

» **os nossos planos** (*oz nosuz planuz*; nuestros planes)

RECUERDA

Cuando quieras usar un posesivo para la tercera persona (él, ella, ellos, ellas), debes cambiar el orden de la frase. En lugar de poner el posesivo antes del objeto poseído **o meu quarto** (*u meu kuajtu;* mi habitación), debes poner primero el objeto poseído y luego la preposición **de**, seguida por la persona que posee el objeto, bien sea **ele**, **ela**, **eles** o **elas**. Hay que tener en cuenta que la *e* de la preposición se elimina y los posesivos quedan así:

» **dele** (*deli*; su. Literalmente: de él)

» **dela** (*dela;* su. Literalmente: de ella)

» **deles** (*deliz;* su. Literalmente: de ellos)

» **delas** (*delaz*; su. Literalmente: de ellas)

Así las cosas, cuando dices **o quarto dele** estás diciendo *su habitación*, y la persona que posee la habitación es un hombre. Veamos otros ejemplos:

» **o dinheiro dela** (*u dchiñeiru dela*; su dinero. Literalmente: el dinero de ella)

- **a comida deles** (*a komida deliz;* su comida. Literalmente: la comida de ellos)
- **as roupas delas** (*az joupaz delaz;* su ropa. Literalmente: la ropa de ellas)

La situación más fácil se presenta cuando decimos el nombre de la persona que posee algo. Primero, di el nombre del objeto, añade la preposición **de** y luego el nombre de la persona. Recuerda que los nombres de las personas siempre van precedidos por el artículo **o**, en caso de tratarse de un hombre, o el artículo **a**, si es una mujer. Luego, se combina la preposición **de** con el artículo y así obtenemos **do** y **da**. Así, por ejemplo, **a casa da Lucia** (*a kasa da lusia*) significa *la casa de Lucía.* Veamos otros ejemplos:

- **o carro do Mario** (*u kaju du mariu;* el coche de Mario)
- **o cabelo da Ana Cristina** (*u kabelu da ana krischina;* el pelo de Ana Cristina)
- **as empresas do Petrobrás** (*az empresaz du petrobráz;* las empresas de Petrobrás –la mayor empresa petrolera del Brasil–)
- **as praias do Pará** (*az praiaz du pará;* las playas de Pará –un estado del Brasil–)

Hablando se entiende la gente

ESCUCHA

Una madre pregunta a sus hijos, un chico y una chica, de quién son los calcetines sucios que están en el suelo.

Madre: **De quem são essas meias sujas?**
dchi kem sãu esaz meiaz suyaz?
¿De quién son esos calcetines sucios?

Hijo: **São dela.**
sãu dela.
Son de ella.

Hija: **Não, são dele.**
nãu, sãu deli.
No, son de él.

Madre: **Quem está mentindo?**
kem está menchindu?
¿Quién está mintiendo?

Palabras para recordar

de quem	*dchi kem*	de quién
meias	*meiaz*	calcetines
sujo/a	*suyo/a*	sucio/a
quem	*kem*	quién
mentindo	*menchindu*	mintiendo

Juegos y ejercicios divertidos

Estás en un hotel en el Amazonas, cerca de Manaus, la ciudad brasileña más grande de la selva del Amazonas. Estás viajando con un hombre y una mujer. Para practicar el portugués, te fijas en los objetos que hay en tu habitación y en la de ellos, y dices qué le pertenece a cada uno.

Traduce al portugués las siguientes frases. Las respuestas se encuentran en el apéndice C.

1. Su secador de pelo (de ella).
   [*secador de pelo* es **o secador de cabelo**].

2. Su cepillo de dientes (de él).
   [*cepillo de dientes* es **a escova de dentes**].

3. Sus maletas (de ellos).
   [*maletas* es **as malas**].

4. Mi billetera.
   [*billetera* es **a carteira**].

5. Nuestra guía turística.
   [*guía turística* es **o guia**].

6. Su bolsa (de ella).
   [*bolsa* es **a bolsa**].

EN ESTE CAPÍTULO

- **Hablar con los agentes de viajes sobre las reservas de vuelos**
- **Tomar un autobús o un taxi**
- **Alquilar un auto**
- **Verbos para viajar: chegar y sair**
- **Llegar temprano, tarde y a tiempo**
- **Uso del verbo de la paciencia: esperar**

Capítulo 14

De paseo: aviones, autobuses, taxis y demás

El Brasil es un país enorme, que casi parece un continente. La mejor manera de conocer su geografía es viajar en **ônibus** (*ônibuz*; autobús) o en **avião** (*aviãu*; avión). Los **trens** (*trenz*; trenes) casi nunca se usan. También puedes **alugar um carro** (*alugaj um kaju*; alquilar un coche).

En las dos ciudades más grandes del país, Río y São Paulo, hay **metrô** (*metró*; metro). Los metros son limpios, puntuales y seguros. Los **táxis** (*táksiz*; taxis) también son seguros y no son caros. Los autobuses urbanos te pueden llevar a cualquier lugar que necesites. Sin embargo, mantén los ojos bien abiertos, especialmente en Río, pues a veces roban en los autobuses.

En las zonas de playa, puedes dar pequeños paseos en **buggys** (*buguiz*; –) o en **jangadas** (*yangadaz*; balsas). Además, puedes navegar en **barcos** (*bajkuz*; –) de todos los tamaños, ya sea en el **mar** (*maj*; –) o en un **rio** (*jiu*; río). Los botes son el principal medio de **transporte** (*transpojchi*; –) en el Amazonas. También puedes pasear por el campo en **bicicleta** (*bisikleta*; –) o **a pé** (*a pé*; a pie).

Si tienes dinero para derrochar, también puedes hacer un paseo en **helicóptero** (*elikópteru*; –). Esta modalidad tiene muchos adeptos en São Paulo, que se considera la segunda ciudad en el mundo con el mayor tráfico de helicópteros.

En este capítulo encontrarás la información necesaria para desplazarte, tanto si quieres tomar un **taxi** como si necesitas preguntar por los horarios de los autobuses. Las siguientes son algunas frases relacionadas con el tema del transporte:

» **Vamos embora!** (*vamuz embora!*; ¡vamos!).

» **Como se chega?** (*komu si shega?*; ¿cómo se llega?).

» **Quanto tempo demora para chegar?** (*kuantu tempu dchimora para shegaj?*; ¿cuánto tiempo se tarda en llegar?).

» **Eu vou para...** (*eu vou para...*; voy a...).

» **Vamos para...** (*vamuz para...*; vamos a...).

» **Eu fui para...** (*eu fui para...*; fui a...).

Hacer una reserva de avión

Si te vas a quedar en el Brasil un tiempo relativamente largo, quizá quieras hacer un **viagem** (*viayem*; viaje) por el país. En las grandes ciudades hay **agências de viagems** (*ayensiaz dchi viayems*; agencias de viajes) por todas partes, o sea que no tendrás ninguna dificultad para encontrarlas. Allí puedes **fazer uma reserva** (*fazej uma jesejva*; hacer una reserva) para el hospedaje (ve al capítulo 13) y el transporte.

Por lo general, tendrás que **fazer fila** (*fazej fila*; hacer cola) en la **agência de viagems**. Muy probablemente deberás coger una **ficha** (*fisha*; –) numerada. Luego, cuando un **agente** (*ayenchi*; –) quede libre, te dirá: **Olá, posso ajudar?** (*olá, posu ayudaj?*; hola, ¿le puedo ayudar?). Entre las preguntas que te hará, se pueden encontrar las siguientes:

- **Qual é o destino?** (*kuau é u deschinu?;* ¿cuál es el destino?).
- **Para quantos dias?** (*para kuantuz dchiaz?;* ¿para cuántos días?).
- **Quantos passageiros?** (*kuantuz pasayeiruz?;* ¿cuántos pasajeros?).
- **Importa o horário do dia?** (*impojta u orariu du dchia?;* ¿le importa el horario?).
- **Quer reservar o vôo?** (*kej jesejvaj u vóo?;* ¿quiere reservar el vuelo?).
- **Como vai pagar?** (*komu vai pagaj?;* ¿cómo va a pagar?).

Si te gusta ser moderado en los gastos, te interesará saber qué vuelo es **mais barato** (*maiz baratu*; más barato) o si la agencia te puede ofrecer un **pacote** (*pakochi*; paquete) que incluya el hotel.

CONSEJO

También puedes hacer tus reservas por Internet. Las principales aerolíneas del Brasil son Gol (`www.voegol.com.br`), Vasp (`www.vasp.com.br`), Varig (`www.varig.com.br`), Tam (`www.tam.com.br`) y BRA (`www.voebra.com.br`). BRA suele ser la más barata, pero tienes que comprar el billete en una agencia de BRA en el Brasil. Vale la pena mirar los sitios web, incluso para conocer un poco más de vocabulario. Además, ¡algunos vuelos salen más baratos por Internet!

Éstas son algunas de las palabras que encontrarás en los sitios web de las aerolíneas brasileñas:

- **ida e volta** (*ida i vouta;* ida y vuelta)
- **somente ida** (*somenchi ida;* sólo ida)
- **de** (*dchi;* –)
- **para** (*para*; hacia)
- **data da ida** (*data da ida;* fecha de salida)
- **data da volta** (*data da vouta;* fecha de regreso)
- **horário dos vôos** (*oráriu doz vóoz;* horario de los vuelos)
- **formas de pagamento** (*fojmaz dchi pagamentu;* formas de pago)
- **cadastra-se** (*kadastra-si*; registrarse)

Hablando se entiende la gente

Daniela (*daniela*) está en São Paulo y quiere visitar a su tía en Río durante el fin de semana. El autobús tarda cinco horas, lo que no está mal, pero como sólo dispone de dos días decide reservar en avión.

Agente de viajes: **Olá, posso ajudar?**
olá, posu ayudaj?
Hola, ¿le puedo ayudar?

Daniela: **Queria fazer uma reserva para ir para o Rio.**
keria fazej uma jesejva para ij para u jiu.
Quisiera hacer una reserva para ir a Río.

Agente de viajes: **Que dia?**
ké dchia?
¿Qué día?

Daniela: **Na sexta, retornando no domingo.**
na sesta, jetojnandu nu domingu.
Para el viernes, regresando el domingo.

Agente de viajes: **Olha, não sei se tem vaga. Mas vou checar.**
olia, nãu sei si tem vaga. maz vou shekaj.
No sé si quedan billetes; pero voy a echarle un vistazo.

Daniela: **Posso retornar também na segunda, de manhazinha.**
posu jetojnaj também na segunda, dchi mañaziña.
También puedo regresar el lunes, muy temprano.

Agente de viajes: **Ai vai ser mais fácil.**
ai vai sej maiz fásiu.
Así va a ser más fácil.

Daniela: **Fantástico.**
fantáschiku.
Fantástico.

Agente de viajes: (Después de mirar en el ordenador) **Tem duas opções: na Gol e na Vasp.**
tem duaz opsõez: na gou i na vaspi.

	Hay dos opciones: en Gol y en Vasp.
Daniela:	**Ótimo.** *óchimu.* Genial.

Palabras para recordar

retornando	*jetojnandu*	regresando
vaga	*vaga*	espacio, disponibilidad
checar	*shekaj*	echar un vistazo / chequear
retornar	*jetojnaj*	regresar
de manhãzinha	*dchi mañaziña*	muy temprano (por la mañana)
vai ser	*vai sej*	va a ser
opções	*opsõez*	opciones

Si logras hacer la reserva de tu **bilhete** (*biliechi*; billete o pasaje), te asignarán un **assento** (*asentu*; asiento). Puedes escoger si prefieres tu **assento** en la **janela** (*yanela*; ventana) o en el **corredor** (*kojedoj*; pasillo o corredor).

Quizá quieras viajar en **primeira classe** (*primeira klasi*; primera clase). Si no puedes hacerlo, deberás viajar en **classe econômica** (*klasi ekonómika*; clase económica).

En el Brasil, se cobra una **taxa de embarque** (*tasha dchi embajki*; tasa de embarque). Es más cara para los vuelos internacionales, unos ochenta dólares, pero muy barata para los nacionales, unos tres dólares. La **taxa** ya viene incluida en el precio del billete que te da el agente.

Éstas son unas frases útiles para hacer viajes internacionales:

» **comprar um bilhete de avião** (*kompraj um biliechi dchi aviãu*; comprar un pasaje de avión)

- **levar o seu passaporte** (*levaj u seu pasapojchi*; llevar tu *pasaporte*)
- **preecher as fichas** (*preshej az fishaz*; rellenar los formularios)
- **a bagagem** (*a bagayem*; el equipaje)
- **o visto** (*u vistu*; el visado)
- **o consulado** (*u konsuladu*; el consulado)
- **a embaixada** (*a embaishada*; la embajada)
- **o aeroporto** (*u aeropojtu*; el aeropuerto)
- **a alfândega** (*a aufándega*; la aduana)
- **a multa** (*a muuta*; la multa)
- **os impostos** (*oz impostuz*; los impuestos)
- **a loja franca** (*a loya franka*; el *duty-free*)
- **nada a declarar** (*nada a deklaraj*; nada que declarar)
- **a segurança** (*a seguransa*; la seguridad)

Visita el sitio web de la **embaixada** del Brasil de tu **país** (*paíz*; –), para saber si necesitas **visto** para entrar en el país.

ADVERTENCIA

Si llegas al Brasil procedente de otro país de América del Sur, muy probablemente te pedirán el certificado de vacunación contra **a febre amarela** (*a febri amarela*; fiebre amarilla). Los funcionarios del aeropuerto son muy estrictos y muchas veces las aerolíneas no informan sobre la vacuna. A mí me pasó. Tuve que quedarme en Bolivia unos días porque en el Brasil no me dejaban entrar sin mis papeles de vacunación. Ahí estaban, muy bien guardados en mi apartamento en São Paulo, pero yo no sabía que los necesitaba para volver a entrar al país.

Coger un autobús o un taxi

En general, recomiendo el **ônibus** (*ónibuz*; autobús) para realizar grandes distancias en el Brasil, y el taxi y el metro para desplazarse por la ciudad. Los taxis son baratos y los autobuses de la ciudad pueden **demorar** (*dchimoraj*; tardar).

La mejor manera de conseguir un **passagem de ônibus** (*pasayem dchi ónibuz*; billete de autobús) es ir a la **rodoviária** (*jodoviária*; estación central de autobuses). Son gigantescas y puedes escoger entre muchas **companhias** (*kompañiaz*; compañías).

Compra el pasaje con un día de antelación, para estar seguro de conseguir una **poltrona** (*poutrona*; silla). Lo mismo que en un aeropuerto, las diferentes compañías te atienden en taquillas que están una junto a la otra. Sobre la ventanilla hay un anuncio con el nombre de la compañía y las **cidades** (*sidadchiz*; ciudades) a donde viajan sus autobuses.

CONSEJO

Lleva tu **passaporte** (*pasapojchi*; pasaporte), ya que la compañía de autobuses debe escribir el número. Una vez que pagas el pasaje, te dan un número de asiento: no se asignan las plazas al primero que llegue. Mantén el pasaporte a mano al subirte al autobús. Los empleados de la compañía de autobuses te dan un pequeño formulario que debes rellenar con los datos del **origem** (*oriyem*; origen/ciudad donde inicias tu viaje), **destino** (*deschinu*; –), tu **nome** (*nomi*; nombre), el número de tu pasaporte y la **data** (*data*; fecha).

Ten presente, asimismo, que los brasileños usan el formato 24 horas para poner la hora en los pasajes de autobús. Así, las ocho de la noche serán **às vinte horas** (*az vinchi oraz*; 20:00 h) (para más información sobre la manera de decir la hora, consulta el capítulo 8).

CULTURA GENERAL

Coger autobuses en la ciudad te permitirá ver lo corteses que son los brasileños. Los autobuses suelen ir muy llenos, y la gente que va sentada se ofrece a llevar las bolsas de la gente que va de pie; es un acto opcional de cortesía. Los brasileños también están dispuestos a ceder su silla a los **idosos** (*idosuz*; personas mayores), los **deficientes** (*defisienchiz*; discapacitados) y las **mulheres grávidas** (*mulieriz grávidaz*; mujeres embarazadas).

Si tienes intención de tomar un **ônibus urbano** (*ónibuz ujbanu*; autobús urbano), las siguientes frases pueden sacarte de apuros, si le preguntas al **motorista** (*motorista*; conductor) o a otro **passageiro** (*pasayeiru*; pasajero):

- **Vai para...?** (*vai para...?*; ¿va para...?).
- **Para na rua...?** (*para na jua...?*; ¿a la calle...?).
- **Quanto que é?** (*kuantu ke é?*; ¿cuánto es?).

En el Brasil hay muchos **táxis** (*táksiz*; taxis) y resultan bastante baratos. Puedes tomarlos en la calle, como en cualquier otra gran ciudad del mundo. Si no encuentras ninguno (siempre pasa cuando más los necesitas, ya estés en Río, Barcelona o Sebastopol), puedes preguntarle a alguien si sabe de algún **ponto de táxi** (*pontu dchi táksi*; parada de taxis) por ahí cerca.

El **ponto de táxi** es un lugar donde se reúnen los taxistas, generalmente sentados en una banqueta, mientras ven una **novela** (*novela*; telenovela) o un **jogo de futebol** (*yogu dchi fuchibou*; partido de fútbol).

Al coger un taxi, puedes decir:

- **Para... por favor** (*para... poj favoj*; a... por favor).
- **Sabe como chegar em...?** (*sabi komu shegaj em...?*; ¿sabe cómo llegar a...?).
- **Quanto seria para ir a...?** (*kuantu seria para ij a...?*; ¿cuánto costaría ir a...?).
- **É perto?** (*é pejtu?*; ¿está cerca?).
- **É longe?** (*é lonyi?*; ¿está lejos?).

CONSEJO

Antes de subirte al taxi, pregúntale al **taxista** (*taksista*; –) si sabe dónde está el lugar a donde vas. En las ciudades grandes como São Paulo, los conductores de taxi sólo conocen bien determinados sectores. A veces deben sacar un **mapa** (*mapa*; –) para saber cómo llegar. Es una buena idea llevar lápiz y papel para escribir el nombre de la calle a donde vas: así te evitarás malentendidos.

Hablando se entiende la gente

Ricardo (*jikajdu*) y **Carolina** (*karolina*) están visitando Río por primera vez. Se han hospedado en un hotel cercano a la playa de Ipanema y se mueren de ganas de ir a conocer el estadio de fútbol más famoso del mundo, **Maracanã** (*marakanã;* Maracaná). Acaban de parar un taxi.

Ricardo: **Olá, é longe o Maracanã?**
olá, é lonyi u marakanã?
Hola, ¿queda lejos Maracaná?

Taxista: **Não, é pertinho.**
nãu, é pejchiñu.
No, está muy cerca.

Ricardo: **Quanto custaria?**
kuantu kustaria?
¿Cuánto costaría?

Taxista:	**Uns dez reais.** *unz dez jeaiz.* Unos diez reales.
Ricardo:	**Tá bom.** *tá bom.* Vale.
Taxista:	**É a sua primeira vez no Rio de Janeiro?** *é a sua primeira vez no jiu dchi yaneiru?* ¿Es su primera vez en Río de Janeiro?
Ricardo:	**É. E nós estamos muito emocionados ao ver o famoso Maracanã.** *é. i nóz estamuz muitu emosionaduz ao vej u famosu marakanã.* Sí. Y estamos muy emocionados de ver el famoso Maracaná.
Taxista:	**Ñao tem jogo hoje.** *nãu tem yogu oyi.* No hay partido hoy.
Carolina:	**Ta bom, é só para ver.** *ta bom, é só para vej.* Está bien. Es sólo para ver.

Palabras para recordar

pertinho	*pejtiñu*	muy cerca
uns	*unz*	unos
vez	*vez*	–
emocionados	*emosionaduz*	–
famoso	*famosu*	–

Alquilar un coche

Si eres una persona aventurera, tal vez te llame la atención **alugar um carro** (*alugaj um kaju*; alquilar un coche) en una **locadora de carros** (*lokadora dchi kajuz*; alquiler de coche) del Brasil. Muy probablemente, ya conocerás algunas compañías internacionales de alquiler de autos, como Hertz y Avis, que también operan en el Brasil.

CONSEJO

Puedes usar tu **carteira de habilitação** (*kajteira dchi abilitasãu*; carné de conducir), en cuyo caso vale la pena que esté traducida por un **tradutor juramentado** (*tradutoj yuramentadu*; traductor jurado). El consulado local de tu país o una agencia de viajes te darán información pertinente al respecto.

Los coches suelen ser pequeños en el Brasil. No olvides preguntar qué **modelos** (*modeluz*; –) hay disponibles. Por otro lado, algunas carreteras pueden encontrarse en mal estado, así que pregunta por el estado de las vías. Otro aspecto importante que hay que tener en cuenta es que en las carreteras no hay una cantidad excesiva de **postos de gasolina** (*postuz dchi gasolina*; gasolineras), y por eso conviene mantener bastante lleno el **tanque de gasolina** (*tanki dchi gasolina*; depósito de gasolina).

En esta época de diversificación de los carburantes, no debe sorprenderte encontrar en el **posto de gasolina** la opción de **álcool** (*áukou*; alcohol), un combustible hecho de **cana de açúcar** (*kana dchi asúkaj*; caña de azúcar), más barato que la gasolina. El precio de la gasolina es de 2,15 reales por litro, mientras que el del alcohol es de 1,30 reales por litro. Muchos coches fabricados en el Brasil usan tecnología que convierte el alcohol en combustible para automóvil. Pregúntale al empleado del alquiler de coches cuál de los dos debes usar.

CONSEJO

La mayor parte de las compañías de alquiler de automóviles tienen una tarifa plana y luego cobran por kilómetro recorrido. Procura conseguir una tarifa plana, con **quilometragem livre** (*kilometrayem livri*; kilometraje ilimitado).

La gente que usa los servicios de alquiler de automóviles usa el término **retirada** (*jechirada*; *retirada*) para referirse al momento en que partes del lugar con el auto y **devolução** (*devolusãu*; *devolución*) para el momento en que regresas. Igual que en español.

Éstas son algunas de las preguntas que querrás hacer en la **locadora**:

» **Tem um carro disponível para hoje?** (*tem um kaju dchisponíveu para oyi?*; ¿tiene un coche disponible para hoy?).

» **Qual é a tarifa diária para esse modelo?** (*kuau é a tarifa diária para esi modelu?*; ¿cuál es la tarifa diaria para ese modelo?).

» **Tem assistência vinte-quatro horas?** (*tem asistensia vinchi kuatru oraz?*; ¿tiene asistencia las veinticuatro horas?).

» **Tem alguma promoção?** (*tem auguma promosãu?*; ¿tiene alguna promoción?).

» **Oferece um plano de seguro?** (*oferesi um planu dchi seguru?*; ¿ofrece algún plan de seguros?).

No está de más que te familiarices con los nombres portugueses de las partes de un coche. Veamos los básicos: **volante** (*volanchi*; –), **freios** (*freioz*; frenos), **rodas** (*jodaz*; ruedas), **pára-brisa** (*párabrisa*; parabrisas), **motor** (*motoj*; –).

Las dos preguntas siguientes también son muy importantes si quieres conducir en el Brasil:

» **As estradas em... são boas ou ruins?** (*az estradaz em... sãu boaz ou juinz?*; ¿las carreteras en... son buenas o malas?).

» **Tem um mecânico por aqui?** (*tem um mekánico poj aki?*; ¿hay un mecánico por aquí?).

Los colores y las formas de las **placas** (*plakaz*; señales de carretera) del Brasil son similares a las de muchos países de Norteamérica o Europa.

Un verbo bienvenido: *chegar*

Lo que sucede cuando viajas en **avião** (*aviãu*; avión), **ônibus** (*ónibuz*; autobús) o **táxi** (*táksi*; taxi) es que logras **chegar** (*shegaj*; llegar) al lugar donde querías. Veamos las conjugaciones básicas:

Conjugación	***Pronunciación***
eu chego	*eu shegu*
você chega	*vosé shega*
eli/ela chega	*eli/ela shega*
nós chegamos	*nóz shegamuz*
eles/elas chegam	*eliz/elaz shegam*

La conjugación en pasado de **chegar** es así (para más información sobre el tiempo pasado, consulta el capítulo 9):

Conjugación	***Pronunciación***
eu cheguei	*eu sheguei*
você chegou	*vosé shegou*
ele/ela chegou	*eli/ela shegou*
nós chegamos	*nóz shegamuz*
eles/elas chegaram	*eliz/elaz shegaram*

Éstos son algunos ejemplos de frases donde se utilizan ambos tiempos verbales:

- » **Eles chegaram ontem** (*eliz shegaram ontem*; ellos llegaron ayer).
- » **Eu cheguei tarde** (*eu sheguei tajdchi*; yo llegué tarde).
- » **Você sempre chega na hora certa** (*vosé sempri shega na ora sejta*; tú siempre llegas a la hora correcta).
- » **Chegou uma carta pelo correio** (*shegou uma kajta pelu kojeiu*; llegó una carta por correo).

También puedes usar **chegar** en su forma infinitiva (es decir, sin conjugar). Lo puedes usar, asimismo, en función de sustantivo.

- » **Chegar uma hora tarde é rude** (*shegaj uma ora tajdchi é judchi*; llegar una hora tarde es de mala educación).
- » **Tenta chegar cedo** (*tenta shegaj sedu*; trata de llegar temprano).
- » **Quando ela vai chegar?** (*kuandu ela vai shegaj?*; ¿cuándo va a llegar ella?).
- » **Vou chegar logo** (*vou shegaj logu*; voy a llegar pronto).

Si quieres más información sobre la manera de usar los infinitivos para hablar del futuro, consulta el capítulo 15.

Chega! (*shega!*) es una expresión popular muy práctica, que significa *¡ya basta!* En cambio, **cheguei!** (*shequei!*) es la palabra que usas simplemente para decir que has llegado a algún lugar.

Después de la despedida: el verbo *sair*

Sair (*saij*; salir) es el verbo que usan los brasileños cuando abandonan un lugar. Sin embargo, tal como vimos en el capítulo 8, también se usa **sair** en el sentido de realizar una actividad social o cultural, como en *salir a bailar*. Éste es un verbo terminado en *-ir*, cuya conjugación es algo más difícil que la de los verbos en *-ar*. Como es tan corto, su raíz es simplemente *sa-*. Sin embargo, las reglas para su conjugación son básicamente las que explicamos en el capítulo 2.

Así se conjuga en presente el verbo **sair**:

Conjugación	*Pronunciación*
eu saio	*eu saiu*
você sai	*vosé sai*
ele/ela sai	*eli/ela sai*
nós saimos	*nóz saimuz*
eles/elas saem	*eliz/elaz saem*

A continuación, la conjugación de **sair** en pasado (para más información sobre el pasado, consulta el capítulo 9):

Conjugación	*Pronunciación*
eu sai	*eu sai*
você saiu	*vosé saiu*
ele/ela saiu	*eli/ela saiu*
nós saimos	*nóz saimuz*
eles/elas sairam	*eliz/elaz sairam*

Ahora veamos algunos ejemplos de uso del verbo **sair**:

- **Ela já saiu** (*ela yá saiu*; ella ya ha salido).
- **O ônibus sai às onze e quarenta** (*u ónibuz sai az onzi i kuarenta*; el autobús sale a las once y cuarenta).
- **A que horas sai o avião para Londres?** (*a ké oraz sai u aviãu para londriz*?; ¿a qué hora sale el avión para Londres?).

Asimismo, **sair** tiene usos como los siguientes:

» **O relatório sai em breve** (*u jelatóriu sai em breve*; el informe sale en breve).

» **O novo disco da Madonna sai amanhã** (*u novu disku da ma- dona sai amañá*; el nuevo disco de Madonna sale mañana).

» **O coelho está saindo de um buraco** (*u koeliu está saindu dchi um buraku*; el conejo está saliendo de un agujero).

La puntualidad: tarde, temprano y a tiempo

Habrás notado que algunos términos de este capítulo expresan nociones de puntualidad. Los que más se usan son **cedo** (*sedu*; temprano) y **atrasado** (*atrasadu*; retrasado). **O atraso** (*u atrasu*; el retraso) se refiere a *la demora* (para más información sobre la manera de decir la hora, consulta el capítulo 8).

Chegar na hora certa (*shegaj na ora sejta*) significa llegar a una hora precisa, sea cual sea, y **chegar a tempo** (*shegaj a tempu*) significa llegar a tiempo. Como podrás imaginar, **pontual** (*pontuau*) significa puntual. En las siguientes frases se usan todos estos términos:

» **O avião está atrasado** (*u aviãu está atrasadu*; el avión se ha retrasado).

» **Está atrasado o ônibus?** (*está atrasadu u ónibuz?*; ¿está retrasado el autobús?).

» **É sempre melhor chegar cedo** (*é sempri melioj shegaj sedu*; siempre es mejor llegar temprano).

» **Acha que vamos poder chegar a tempo?** (*asha ke vamuz podej shegaj a tempu?*; ¿crees que podremos llegar a tiempo?).

» **O metrô de São Paulo é muito pontual** (*u metró dchi sãu paulu é muitu pontuau*; el metro de São Paulo es muy puntual).

» **O atraso vai ser de uma hora** (*u atrasu vai sej dchi uma ora*; el retraso va a ser de una hora).

» **Quase não chegamos a tempo** (*kuasi nãu shegamuz a tempu*; casi no llegamos a tiempo).

Esperar, un verbo con mucha paciencia

Por desgracia, cuando hablamos de viajar también hablamos de esperar. Sin embargo, no vayas a creer que esperar en una **rodoviária** (*jodoviária*; estación de autobuses) o en un **aeroporto** (*aeropojtu*; aeropuerto) del Brasil es un plan aburrido. Lee una **revista** (*jevista*; –) local para empaparte de la cultura brasileña, o simplemente mira la gente a tu alrededor. ¡Te divertirás mucho en tu nuevo papel de antropólogo!

El verbo **esperar** (*esperaj*; –) se conjuga en presente de la siguiente manera:

Conjugación	***Pronunciación***
eu espero	*eu esperu*
você espera	*vosé espera*
ele/ela espera	*eli/ela espera*
nós esperamos	*nóz esperamuz*
eles/elas esperam	*eliz/elaz esperam*

Y el pasado del mismo verbo es así (para más información sobre el tiempo pasado, consulta el capítulo 9):

Conjugación	***Pronunciación***
eu esperei	*eu esperei*
você esperou	*vosé esperou*
ele/ela esperou	*eli/ela esperou*
nós esperamos	*nóz esperamuz*
eles/elas esperaram	*eliz/elaz esperaram*

Presta atención a las siguientes frases:

» **Eu esperei duas horas** (*eu esperei duaz oraz*; yo esperé dos horas).

» **Espera aqui, por favor** (*espera aki, poj favoj*; espera aquí, por favor).

» **Esperaram a decisão do juiz** (*esperaram a desisãu du yuiz*; esperaron la decisión del juez).

Hablando se entiende la gente

Ofélia (*ofélia*) y **Sofia** (*sofia*) son dos mujeres mayores que están esperando para ver al médico. Las dos hablan sobre la espera.

Ofélia: **Meu deus do céu! não agüento esperar mais.**
meu deuz du séu! nãu agüentu esperaj maiz.
¡Dios santo!, no aguanto esperar más.

Sofia: **Calma, tem que ser paciente. É bom para a saúde.**
kauma, tem ke sej pasienchi. é bom para a saúdchi.
Calma, tiene que ser paciente. Es bueno para la salud.

Ofélia: **O que você diz? Está louca.**
u ké vosé diz? está louka.
¿Qué dice? Está loca.

Sofia: **Esperei no hospital ontem quatro horas.**
esperei nu ospitau ontem kuatru oraz.
Ayer esperé en el hospital cuatro horas.

Ofélia: **Sério?**
sério?
¿En serio?

Sofia: **Sério. Mas fiz muitos amigos.**
sério. maz fiz muituz amiguz.
En serio. Pero hice muchos amigos.

Palabras para recordar

meu deus do céu	*meu deuz du séu*	*dios santo*
não agüento	*nãu agüentu*	*no aguanto*
calma	*kauma*	–
paciente	*pasienchi*	–
o que você diz?	*u ké vosé diz?*	*¿qué dice?*
louca	*louka*	*loca*

Juegos y ejercicios divertidos

Has decidido participar en un heptatlón (más o menos lo mismo que el triatlón, pero con siete pruebas) en el Brasil. Bueno, en realidad no deberás hacer mucho esfuerzo físico ya que viajarás a través de diversos medios de transporte.

Une mediante una línea cada dibujo con el medio de transporte que le corresponde.

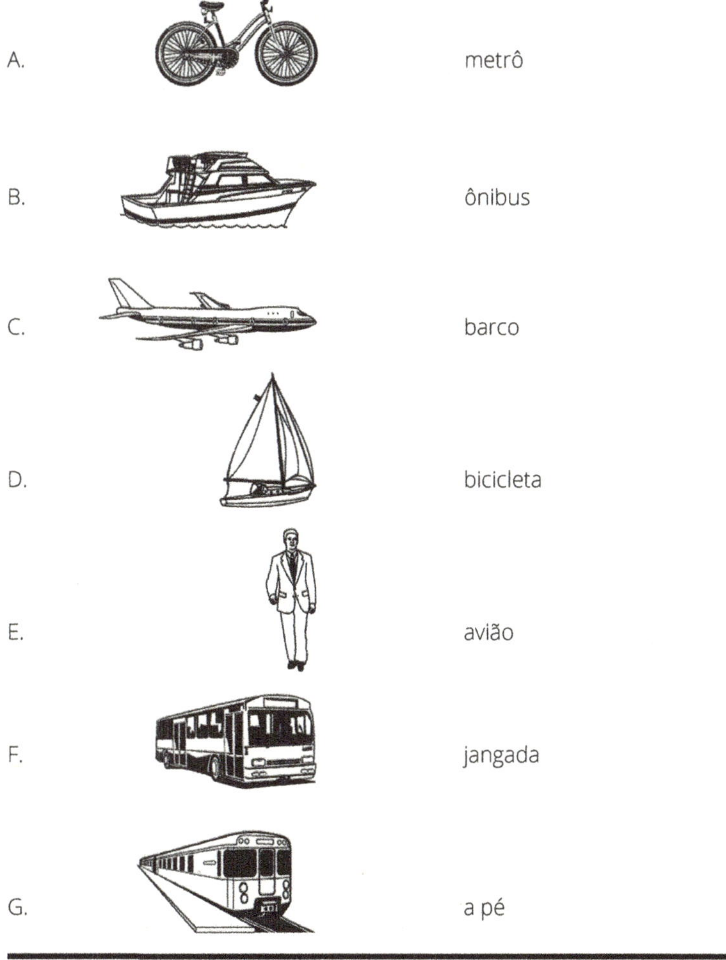

EN ESTE CAPÍTULO

Escoger la época para viajar

Especificar fechas y horas

Escoger un destino

El verbo ir

Con el ordenador portátil

Capítulo 15
Planear un viaje al Brasil

No sé si será **verdade** (*vejdadchi*; verdad), como dicen, que en el hemisferio sur el agua de la **privada** (*privada*; inodoro) fluye en la dirección contraria a como lo hace en el hemisferio norte. Yo intenté comprobarlo antes de irme definitivamente del Brasil, pero por alguna razón nunca lo logré. Tal vez tú puedas...

Lo que sí sé con seguridad es que la sensación de estar bronceándote al **sol** (*sou*; –) en pleno enero es muy extraña. Pues sí: cuando en el hemisferio norte es invierno, en el Brasil es verano. Si estás planeando un **viagem** (*viayem*; viaje) a ese país, es importante tener presente este desfase de las estaciones. En este capítulo te daré consejos para escoger las mejores épocas del año y te señalo algunos lugares que vale la pena visitar.

Escoger la mejor época del año para viajar

En el Brasil, los precios suelen duplicarse, e incluso triplicarse, durante el verano, que va de **dezembro até março** (*dezembru até majsu*;

diciembre hasta marzo). El aumento de los precios durante el verano se debe al flujo de turistas brasileños más que al de turistas extranjeros. Los viajeros provenientes de otras partes del mundo van al Brasil en todas las épocas del año, mientras que los brasileños van **de férias** (*dchi fériaz;* de vacaciones) solamente en el **verão** (*verãu*; verano).

CONSEJO

Si te gustan las multitudes y las **festas** (*festaz*; fiestas), y quieres conocer a muchos brasileños, ve al Brasil durante el **verão**. Si prefieres viajar de manera económica, ve durante los meses del **inverno** (*invejnu*; invierno) brasileño, que equivale a los meses de verano en el hemisferio norte.

En el norte y el noreste del país, el clima es **quente** (*kenchi;* caliente) todo el año. En el norte (en el Amazonas), llueve en algún momento del día, todo el año, así es que te conviene llevar un **guarda-chuva** (*guajda-shuva;* paraguas). En el nordeste, las probabilidades de **chuva** (*shuva*; lluvia) son altas de **abril até julho** (*abriu até yuliu;* abril hasta julio). Los brasileños llaman a esta época de tres meses lluviosos **a época de chuva** (*a época dchi shuva;* época de lluvias). Por otra parte, no es que llueva todo el día. Además, en cierto modo resulta incluso relajante esperar a que amainen las tormentas tropicales.

En el sur y el sureste, donde se encuentran Río y São Paulo, el patrón climático es diferente. De **dezembro até março** el clima es caliente y húmedo, con altas probabilidades de aguaceros, mientras que de **junho até setembro** (*yuniu até setembru*; junio hasta septiembre) suele ser seco y soleado.

Para tener más claro todo este asunto, saca un **mapa do Brasil** (*mapa du braziu;* mapa del Brasil). El norte de Río es básicamente **quente** (*kenchi*; caliente) todo el año, pero llueve considerablemente de **abril até julho**. Al sur de Río sí se siente el **inverno**, desde **abril até julho**. El **frio** (*friu*; frío) aumenta conforme aumenta la altitud sobre el nivel del mar. Sin embargo, las playas tienen una temperatura agradable en julio: unos 21 °C.

Ahora que estás pensando en la mejor época para visitar el Brasil, dale un repaso a los meses del año:

- **janeiro** (*yaneiru;* enero)
- **fevereiro** (*fevereiru;* febrero)
- **março** (*majsu;* marzo)
- **abril** (*abriu;* -)
- **maio** (*maiu;* mayo)

- **junho** (*yuñiu*; junio)
- **julho** (*yuliu*; julio)
- **agosto** (*agostu*; –)
- **setembro** (*setembru*; septiembre)
- **outubro** (*outubru*; octubre)
- **novembro** (*novembru*; noviembre)
- **dezembro** (*dezembru*; diciembre)

La preposición que se utiliza para referirse a lo que ocurre en determinado mes es **em** (*em*). Veamos algunas frases:

- **Vou para o Brasil em maio** (*vou para u braziu em maiu;* voy al Brasil en mayo).
- **Ela retornou do Canadá em novembro** (*ela jetojnou du kanadá em novembru;* ella regresó de Canadá en noviembre).

Hablando se entiende la gente

ESCUCHA

Caio (*kaiu*) sueña con visitar el Amazonas, pero sólo tiene vacaciones en junio, justo durante la época de lluvias. Su amigo **Fábio** (*fábiu*), que es biólogo y pasó allá bastante tiempo, le cuenta cómo es el clima.

Caio: **Oi, Fábio, já foi para o Amazonas no inverno?**
oi, fábiu, yá foi para u amazonaz nu invejnu?
Oye, Fabio, ¿has estado en el Amazonas en invierno?

Fábio: **Já. Por quê?**
yá. poj ké?
Sí. ¿Por qué?

Caio: **Qual mês foi?**
kuau més foi?
¿En qué mes fuiste?

Fábio: **Fui em junho.**
fui em yuñiu.
Fui en junio.

Caio:	**Chovéu muito?**
	shovéu muitu?
	¿Llovió mucho?
Fábio:	**Chovéu muito pela manhã, mas teve sol pela tarde.**
	shoveu muitu pela mañã, maz tevi sou pela tajdchi.
	Llovió mucho por la mañana, pero hizo sol por la tarde.
Caio:	**Ah é? Que bom.**
	ah é? ké bom.
	¿Ah, sí? Qué bien.

Palabras para recordar

já foi...?	*yá foi...?*	¿has ido...?
no inverno	*nu invejnu*	en invierno
choveu	*shoveu*	llovió
pela manhã	*pela mañã*	por la mañana
teve sol	*tevi sou*	hizo sol
pela tarde	*pela tajdchi*	por la tarde

Expresar horas y fechas

Está planejando uma viagem? (*está planeyandu uma viayem?*; ¿estás planeando un viaje?). En ese caso, vas a necesitar conocer el nombre de los días del mes y la hora del día para hablar de tus aventuras (para saber cómo se pronuncian los números, consulta el capítulo 2. En el apartado anterior encontrarás los meses del año y en el capítulo 8, los días de la semana y las horas del día).

Los brasileños suelen usar el formato 24 horas para hablar de la hora en situaciones formales, incluyendo en los negocios. Si estás en una

agência de viagens (*ayénsia dchi viayenz*; agencia de viajes), el agente te sugerirá diversos horarios para viajar.

RECUERDA

Para referirte a una fecha concreta, usa la contracción **no** (*nu*) y luego di la fecha. Puedes decir **no dia...** (fecha) **de...** (mes) para expresarla. Por ejemplo: **no dia quinze de setembro** (*nu dchia kinzi dchi setembru*), significa *el quince de septiembre*.

Fíjate en las siguientes frases donde se dan fechas y horas:

» **No dia três de outubro, às oito e vinte e cinco da manhã** (*nu dchia tréz dchi outubru, az oitu i vinchi i sinku da mañã*; el día tres de octubre, a las ocho y veinticinco de la mañana).

» **No dia vinte e dois de agosto, às vinte horas** (*nu dchia vinchi i doiz dchi agostu, az vinchi oraz*; el día veintidós de agosto, a las ocho de la tarde).

» **No dia dezessete de dezembro, às vinte e uma horas e cinquenta minutos** (*nu dchia dezisechi dchi dezembru, az vinchi i uma oraz i sinkuenta*; el día diecisiete de diciembre, a las nueve y cincuenta minutos de la noche).

» **No dia quatorze de maio, às dez e quinze da manhã** (*nu dchia katojzi dchi maiu, az dez i kinzi da mañã*; el día catorce de mayo, a las diez y quince de la mañana).

Aunque, por lo general, no es necesario expresar el **ano** (*anu*; año) cuando estás haciendo tus planes de viaje, en algún momento querrás referirte a un viaje que hiciste o hablarás de uno que quieres hacer. Casi todos los años a los que aludimos son de los siglos de 1900 o de 2000. En el primer caso, di **mil novescentos e...** (*miu novisentuz i...*; mil novecientos...); en el segundo, di **dois mil e...** (*doiz miu i...*; dos mil...).

¿Cuándo fue la última vez que hiciste un viaje largo? Éstas son algunas de las posibles respuestas:

» **mil novescentos e cinquenta e dois** (*miu novisentuz i sinkuenta i doiz*; 1952)

» **mil novescentos e oitenta e três** (*miu novisentuz i oitenta i trez*; 1983)

» **mil novescentos e setenta e quatro** (*miu novisentuz i setenta i kuatru*; 1974)

» **dois mil e um** (*doiz miu i um*; 2001)

» **dois mil e seis** (*doiz miu i seiz*; 2006)

Hablando se entiende la gente

Daniela (*daniela*) está planeando un viaje a Londres (*londriz*). Después de ver los sitios web de algunas aerolíneas, le pide a su madre su opinión sobre las opciones:

Daniela: **Oi, mãe, o que você acha? Escuta.**
oi, mãi, u ké vosé asha? eskuta.
Oye, mamá. ¿Qué te parece? Escucha.

Madre: **Fala.**
fala.
Dime (Literalmente: habla).

Daniela: **Tem duas opções que parecen boas.**
tem duaz opsõez ke paresin boaz.
Hay dos opciones que parecen buenas.

Madre: **Ótimo.**
óchimu.
Perfecto.

Daniela: **A Gol tem um vôo que sai no dia quinze, às sete da manhã, por mil e quinhentos reais.**
a gou tem um vóo ke sai nu dchia kinzi, az sechi da mañã, poj miu i kiñentuz jeaiz.
Gol (aerolínea brasileña) tiene un vuelo que sale el día quince, a las siete de la mañana, por mil quinientos reales.

Madre: **O preço não está mal.**
u presu nãu está mau.
El precio no está mal.

Daniela: **Só que sai muito cedo.**
só ke sai muitu sedu.
Sólo que sale muy temprano.

Madre: **É claro...**
é klaru...
Sí, claro...

Daniela: **Bom, e a British Airways tem um que sai no dia dezesseis, às dezessete horas, por mil e novecentos reais.**

	bom, i a british eirweiz tem um ke sai nu dchia dezi-seiz, az dezisechi oraz, poj miu i novesentuz jeaiz. Bueno, y British Airways tiene uno que sale el día dieciséis, a las cinco de la tarde, por mil novecientos reales.
Madre:	**Acho melhor a primeira opção.** *ashu melioj a primeira opsãu.* Pienso que es mejor la primera opción.
Daniela:	**E teria mais um dia também.** *i teria maiz um dchia também.* Y también tendría un día más.
Madre:	**Filha, compre logo! As promoções na Internet não duram muito.** *filia, kompri logu! az promosõez na intejnechi nãu duram muitu.* ¡Hija, cómpralo ya! Las promociones en Internet no duran mucho.

Palabras para recordar

o que você acha?	*u ké vosé asha?*	¿qué crees/piensas?
escuta	*eskuta*	escucha
vôo	*vóo*	vuelo
não está mal	*nãu está mau*	no está mal
só que...	*só ke...*	sólo que...
cedo	*sedu*	temprano
teria	*teria*	tendría
mais um dia	*maiz um dchia*	un día más
compre	*kompri*	compra
promoções	*promosõez*	promociones
na Internet	*na intejnechi*	en Internet

Decidir a dónde ir

En esta sección hablaré sobre lo más destacado de ciertos lugares del Brasil y lo que puedes esperar de ellos. Haré un recuento de los destinos turísticos más visitados de este país, tanto por los brasileños como por los extranjeros. En ellos encontrarás maravillas naturales, urbanas e históricas que te dejarán fascinado. Claro que también es interesante salirse de los caminos marcados y visitar otras cosas.

Las aerolíneas del Brasil tienen vuelos diarios a todos los lugares del país, lo cual te permite visitar más de una región. Las compañías más grandes son **Tam** (*tami*), **Vasp** (*vaspi*) y **Gol** (*gou*) (para más información sobre el viaje en avión, consulta el capítulo 14).

La zona norte

En términos generales, el norte no es una zona muy turística, lo que resulta una ventaja para aquellas personas que prefieren hacer cosas diferentes de los demás.

El estado de **Pará** (*pará*) tiene hermosas playas, y el lugar conocido como **Lençois Maranhenses** (*lensoiz marañensez*; lagunas de color turquesa en medio de dunas de arena blanca), en el estado de **Maranhão** (*marañãu*), es único en el mundo. **Belém** (*belém*), la capital del estado de **Pará**, y **São Luis** (*sãu luiz*), la capital del estado de **Maranhão**, son dos ciudades relajadas y culturalmente interesantes, que vale la pena conocer.

En el norte también se encuentra la mundialmente famosa selva del Amazonas. Casi todo el mundo llega en avión hasta **Manaus** (*manauz*), capital del estado de Amazonas y la ciudad más grande del Amazonas brasileño. Puedes alojarte en diversos hostales ubicados a un par de horas de la ciudad de **Manaus**. Muy probablemente te alojarás en un punto cercano al río Amazonas, pues allí es donde están la mayoría de los hostales y las áreas pobladas. Tendrás la oportunidad de ver culturas indígenas nativas, y fauna tropical: **piranhas** (*pirañaz*; pirañas), **macacos** (*makakuz*; –) y **bicho-preguiças** (*bishu-preguisaz*; perezosos). El pueblo de **Parintins** (*parinchinz*), a pocas horas de **Manaus**, es famoso por su carnaval de julio.

La zona noreste

Si quieres conocer lo que según muchas personas son las mejores playas del Brasil, ve a esta región. Muchos turistas hacen un recorrido del país pasando por los siguientes puntos:

Bahia (*baia*) es el destino más popular de la zona noroeste. Es el lugar ideal para descansar y oír música. Muchos de los músicos más famosos del país son originarios de **Bahia**. El centro de **Salvador** (*sauvadoj*), la capital, tiene una hermosa arquitectura colonial. **Bahia** también es un lugar privilegiado para ver **capoeira** (*kapoeira*), una reconocida forma de arte marcial. Algunas de las playas más visitadas de **Bahia** son **Morro de São Paulo** (*moju dchi sãu paulu*), **Itacaré** (*itakaré*) y **Trancoso** (*trankosu*), que son más rústicas. Sin embargo, también está **Porto Seguro** (*pojtu seguru*), que es más urbana y más cara. En el interior del estado se encuentra una majestuosa meseta llamada **Chapada Diamantina** (*shapada dchiamanchina*), donde los caminantes podrán deleitarse.

Además de Bahía, en la zona noreste encontrarás **Recife e Olinda** (*jesifi i olinda*), dos ciudades costeras vecinas. **Recife** es muy urbana, mientras que **Olinda** tiene el encanto de los pequeños pueblos, quizá uno de los más bellos del Brasil, con sus formidables paisajes, sus calles estrechas, su arquitectura colonial y su énfasis en el arte local.

Dos estados del noreste famosos por sus playas son **Rio Grande do Norte** (*jiu grandchi du nojchi*), con sus dunas de arena y sus delfines, y **Ceará** (*seará*), con sus aguas de color azul turquesa. Personalmente, mi playa favorita es **Pipa** (*pipa*), en **Rio Grande do Norte**. Es un lugar totalmente mágico, gracias a la presencia de delfines, la vista de las aguas azul turquesa desde un acantilado, las piedras de colores, el pueblo animado y divertido, y la perfecta mezcla de turistas y lugareños. ¡Además, como no hay muchos lugares donde ir, todo el mundo se conoce!

La zona centro-oeste

Ésta ha sido, históricamente, la región de la minería brasileña. En la actualidad se la conoce por sus formaciones rocosas, su misticismo, su excelente comida y los exóticos animales cuyo hábitat son sus llanuras y pantanos.

El **Pantanal** (*pantanau*) es el equivalente en el Brasil del Serengueti, pues son llanuras parecidas a las africanas. Aquí es más fácil avistar animales, debido a que el espacio es más abierto que en el Amazonas. **Campo Grande** (*kampu grandchi*) y **Bonito** (*bunitu*) son las dos principales ciudades del **Pantanal**; ambas están situadas en el estado de

Mato Grosso do Sul (*matu groso du suu*). El área es enorme y por eso resulta mejor ir con un viaje organizado que alquilar un auto. Además, los guías te pueden llevar a lugares donde puedes ver magníficas bandadas de **pássaros** (*pásaruz*; pájaros) raros, **pintados** (*pintaduz*; bagres) gigantes, **tamanduá bandeiras** (*tamanduá bandeiraz*; osos hormigueros) colosales y **serpentes** (*sejpenchiz*; serpientes) temibles.

El estado de **Minas Gerais** (*minaz yeraiz*. Literalmente: minas generales) no tiene playas, pero allí se disfruta de una de las gastronomías más sabrosas del Brasil y la gente es incomparablemente amable. En esta región, llena de pueblos históricos de arquitectura colonial portuguesa, puedes ver montones de minas antiguas. El pueblo más famoso se llama **Ouro Preto** (*ouro pretu*. Literalmente: oro negro), y debe su nombre a las minas de oro que allí se encuentran. En **Minas** hay, incluso, un pueblo famoso por los avistamientos de ovnis, llamado **São Tomé das Letras** (*sãu tomé daz letraz*).

La zona sureste

Esta región es considerada como la más sofisticada del país, con las dos ciudades brasileñas más ricas y famosas. Aquí puedes encontrar los mejores restaurantes del país, así como las más destacadas manifestaciones culturales y los horrores derivados de la pobreza típica de cualquier megalópolis del mundo.

Rio (*jiu*) es una ciudad hermosa, con sus montañas, sus fabulosas playas urbanas, **o Cristo** (*u kristu*; el Cristo –su estatua–), **Pão de Açúcar** (*pãu dchi asúkaj*; Pan de Azúcar –a donde se puede llegar en teleférico–) y su gente alegre. Algunas playas cercanas a **Rio** donde vale la pena ir son **Ilha Grande** (*ilia grandchi*), que es un lugar agreste, **Búzios** (*búzioz*), más sofisticada, y **Paraty** (*parachi*), de tradición histórica. También puedes ir a **Petrópolis** (*petrópoliz*), donde vivió la realeza portuguesa.

Muchos extranjeros se sorprenden al ver que la mayoría de brasileños se refieren a **Rio** por su nombre completo, **Rio de Janeiro** (*jiu di yaneiru*). Casi nunca la llaman **Rio** a secas.

São Paulo (*sãu paulu*) es fabulosa para los antropólogos. Esta ciudad está formada por enormes grupos de inmigrantes japoneses, libaneses e italianos, entre muchos otros. También es una de las ciudades más grandes del mundo, con más de dieciocho millones de habitantes. Los grandes amantes del arte y la gastronomía aprecian la vida nocturna y las instituciones culturales de **São Paulo**. Las playas del estado de **São Paulo** quedan a dos horas de la ciudad del mismo nombre, y son muy bellas.

La zona sur

Aquí, el color de la piel del brasileño se hace más claro, pues hay mayores concentraciones de descendientes de inmigrantes polacos y alemanes. También cambia el agua del mar: en esta zona es más fría.

El estado de **Rio Grande do Sul** (*jiu grandchi du suu*) comparte con Argentina no sólo la frontera, sino muchas tradiciones culturales. Éste es el estado donde se originan las famosas **churrasquerias** (*shujaskeriaz*; restaurantes especializados en carnes, con surtido de ensaladas) brasileñas. La capital, **Porto Alegre** (*pojtu alegri*), es una ciudad limpia, agradable y segura, donde la gente es amable pero un poco más introvertida que en el resto del Brasil. En este estado se lleva a cabo uno de los festivales de cine del Brasil, en **Gramado** (*gramadu*), un pueblo del interior. A los caminantes les gusta la **Serra Gaúcha** (*seja gaúsha*) –en el interior del estado–, con sus vastas llanuras y mesetas, que recuerdan el oeste estadounidense. A propósito, ¡éste es el único estado brasileño con costa en el Atlántico que no destaca por sus playas!

Florianópolis (*florianópoliz*) es la capital del estado de Santa Catarina, y es conocida por su gente guapa, que adora tumbarse en las playas. Se encuentra en una isla llamada **Santa Catarina** (*santa katarina*), con no menos de treinta y dos islas (una por cada día del mes, como pregona la oficina local de turismo). Esta ciudad es un lugar moderno, donde no se pone mucho énfasis en la cultura y la tradición brasileñas. Atrae a muchos turistas argentinos durante el verano.

Las cataratas de Iguazú se encuentran en el sur del Brasil, en la frontera entre el estado de **Paraná** (*paraná*) y Argentina. El nombre en portugués es **Foz de Iguaçú** (*foz dchi iguasú*). Esta atracción turística es un cañón compuesto por doscientas cincuenta **cataratas** (*katarataz*; –) sobrecogedoras.

Hablando de movimiento: el verbo *ir*

Este verbo me emociona muchísimo. **Ir** (*ij*; –) es muy útil en diversas situaciones. Cuando acabes de leer esta sección sentirás que has avanzado una barbaridad en tu portugués. El verbo **ir** es tan común en portugués como lo es en español.

Primero observa la conjugación de **ir** en presente:

Conjugación	***Pronunciación***
eu vou	*eu vou*
você vai	*vosé vai*
ele/ela vai	*eli/ela vai*
nós vamos	*nóz vamuz*
eles/elas vão	*eliz/elaz vau*

Ahora veamos algunos ejemplos de frases con el verbo **ir**:

- **Ela vai para a praia** (*ela vai para a praia*; ella va a la playa).
- **Você vai para o show?** (*vosé vai para u shou?*; ¿vas al espectáculo?).
- **Eu vou para minha casa** (*eu vou para miña kasa*; voy a mi casa).
- **Nós vamos ao cinema** (*nóz vamuz au sinema*; nosotros vamos al cine).
- **Eles vão para o concerto** (*eliz vau para u konsejtu*; ellos van al concierto).

Observa que, a diferencia del español, el verbo **ir** se usa mayoritariamente con la preposición **para** (*para).*

RECUERDA

Para construir una frase en futuro, usa una fórmula similar a la del español, con una ligera variación: conjuga el verbo **ir** y luego añade cualquier otro, en infinitivo, pero no uses ninguna preposición. Por ejemplo: **Nós vamos dançar** (*nóz vamuz dansaj*; nosotros vamos a bailar).

Como este capítulo trata sobre la placentera actividad de viajar, resulta muy apropiado conjugar el verbo **ir** con **viajar**. En todas las frases siguientes, alguien va a emprender un viaje:

Conjugación	***Pronunciación***
eu vou viajar	*eu vou viayaj*
você vai viajar	*vosé vai viayaj*
ele/ela vai viajar	*eli/ela vai viayaj*
nós vamos viajar	*nóz vamuz viayaj*
eles/elas vão viajar	*eliz/elaz vãu viayaj*

Veamos algunos ejemplos de usos del futuro con el verbo **ir**:

- **Eu vou viajar de trem** (*eu vou viayaj dchi trem*; voy a viajar en tren).
- **Você vai viajar de ônibus** (*vosé vai viayaj dchi ónibuz*; tú vas a viajar en autobús).
- **Ela vai viajar de avião** (*ela vai viayaj dchi aviãu*; ella va a viajar en avión).

RECUERDA

De manera similar al español, los hablantes brasileños del portugués suelen omitir el pronombre **nós** (*nóz*; nosotros) y **eu** (*eu*; yo) al comienzo de la frase. Simplemente, empieza usando el verbo **vamos** o **vou**.

Ahora puedes divertirte usando la fórmula **ir** más el verbo cuando quieras hablar sobre cualquier actividad que te interese hacer en el futuro. Veamos:

- **Vamos fazer o jantar** (*vamuz fazej u yantaj*; vamos a hacer algo de comer).
- **Você vai cantar para nós?** (*vosé vai kantaj para nóz?*; ¿vas a cantar para nosotros?).
- **Ele vai ligar para ela** (*eli vai ligaj para ela*; él va a llamarla).
- **Vou fazer o trabalho** (*vou fazej u trabaliu*; voy a hacer el trabajo).
- **Você vai assistir aquele programa de TV?** (*vosé vai asischij akeli programa dchi tevé?*; ¿vas a ver ese programa de televisión?).
- **Vamos sair?** (*vamuz saij?*; ¿vamos a salir?).
- **Vou comer** (*vou komej*; voy a comer).
- **Vou no supermercado** (*vou no supejmejkadu*; voy al supermercado).
- **Vou para a Europa no mês que vem** (*vou para a europa nu méz ke vem*; voy a Europa el mes próximo).

Hablando se entiende la gente

Hoy es el primer día de colegio de **Pedro** (*pedru)*. Su madre le pregunta qué va a hacer hoy. Observa el uso del verbo **ir**.

Madre: **O que vai fazer hoje, meu filho?**
u ké vai fazej oyi, meu filiu?
¿Qué vas a hacer hoy, hijo?

Pedro: **Vou ser um bom menino.**
vou sej um bom meninu.
Voy a ser un buen chico.

Madre: **E o que mais?**
i u ké maiz?
¿Y qué más?

Pedro: **Vou comer tudo no almoço.**
vou komej tudu nu aumosu.
Me voy a comer todo el almuerzo.

Madre: **Muito bem. E o que não vai fazer?**
muitu bem. i u ké nãu vai fazej?
Muy bien. ¿Y qué no vas a hacer?

Pedro: **Não vou falar quando a professora está falando.**
nãu vou falaj kuandu a profesora esté falandu.
No voy a hablar cuando la profesora está hablando.

Madre: **E o que mais?**
i u ké maiz?
¿Y qué más?

Pedro: **Vou te esperar na frente da escola no final do dia.**
vou chi esperaj na frenchi da eskola nu finau du dchia.
Te voy a esperar frente al colegio al final del día.

Madre: **Muito bom, Pedro. Eu te amo.**
muitu bom, pedru. eu chi amu.
Muy bien, Pedro. Te quiero.

Pedro: **Eu te amo também, mamãe.**
eu chi amu também, mamãi.
Yo también te quiero, mamá.

Palabras para recordar

o que vai fazer?	*u ké vai fazej?*	¿qué vas a hacer?
meu filho	*meu filiu*	hijo (mío)
menino	*meninu*	chico
está falando	*está falandu*	está hablando
professora	*profesora*	profesora
esperar	*esperaj*	–
no final do dia	*nu finau du dchia*	al final del día
eu te amo	*eu chi amu*	te quiero

Juegos y ejercicios divertidos

Escoger la época del viaje es el primer paso. Desenreda los nombres de los doce meses en portugués. Luego, escribe a qué estación en el Brasil pertenece cada mes (recuerda que las estaciones en el hemisferio sur son diferentes a las del hemisferio norte). Encontrarás las respuestas en el apéndice C.

1. zdeobmer
2. liabr
3. otsmbeer
4. ieajnor
5. oima
6. vfeeiorre
7. çomar
8. goatso
9. lhjuo
10. vnoembor
11. ojnhu
12. tbuouro

EN ESTE CAPÍTULO

- **Pedir ayuda cuando te roban o en otros incidentes**
- **Prevenir enfermedades y solicitar ayuda médica**
- **Usar verbos para buscar, mirar y ayudar: procurar, olhar y ajudar**
- **Hablar sobre problemas legales**

Capítulo 16
Qué hacer en caso de emergencia

Una emergencia se puede presentar en cualquier parte, y la mejor estrategia para manejarlas es estar preparado. En este capítulo hablaremos sobre las aventuras inesperadas de la vida.

Contrariamente a lo que hayas podido leer u oír, el Brasil es bastante **tranquilo** (*trankuilu*; seguro) en lo que respecta a los **roubos** (*jouboz*; robos). Si te dejas guiar por el **bom senso** (*bom sensu*; sentido común) no tendrás mayores problemas.

Si tienes un accidente en el Brasil, te alegrará saber que hay **hospitais** (*ospitaiz*; hospitales) muy modernos y excelentes **médicos** (*médikuz*; –) en la mayor parte del país, especialmente en las grandes zonas urbanas. Sin embargo, antes de viajar, es buena idea que contrates un **plano de seguro de saúde** (*planu dchi seguru dchi saúdchi*; plan de seguro médico) específicamente para viajeros.

Éstos son algunos de los términos que se utilizan en caso de emergencia:

» **Cuidado!** (*kuidadu!*; –)

» **Rápido!** (*jápidu!*; –)

» **Vamos!** (*vamuz!*; –)

» **Me ajuda!** (*mi ayuda!*; ¡auxilio!)

» **Fogo!** (*fogu!*; ¡fuego!)

Robos: qué hacer y decir

Los lugares donde corres mayores riesgos de sufrir un robo son las zonas más turísticas del país: las ciudades como Río y Salvador. Los pueblos pequeños y sus playas tienden a ser más **seguros** (*seguruz*; –).

Pon en práctica las mismas precauciones que tomarías en cualquier **lugar que não conhece** (*lugaj ke nãu koñesi*; lugar que no conoces). Evita salir tarde por las noches, no te pongas joyas o relojes caros y pregunta a los brasileños cuáles son las zonas que debes evitar.

ADVERTENCIA

Ten mucho cuidado durante fiestas como el **carnaval** (*kajnavau*; –). No es mala idea que te metas el **dinheiro** (*dchiñeiru*; dinero) en los **sapatos** (*sapatuz*; zapatos). También puedes comprarte una riñonera para guardar dinero, de esas que se atan a la cintura, debajo de la ropa. Lo bueno es que no necesitas mucho **dinheiro** para disfrutar de las fiestas.

Pegar táxi (*pegaj táksi*; tomar un taxi) no tiene problema: los taxistas brasileños no roban a los pasajeros, como sucede en otros países.

A decir verdad, el Brasil es menos **seguro** (*seguru*; –) para los propios brasileños, especialmente para **os ricos** (*oz jikuz*; los ricos) con **carros** (*kajuz*; coches) lujosos. Ellos viven bastante **preocupados** (*preokupaduz*; –) por los **seqüestros** (*sekuestruz*; secuestros). Se trata de una modalidad de crimen en que los **seqüestradores** (*sekuestradoriz*; secuestradores) le piden **dinheiro** a la **família** (*família*; familia) de la **vítima** (*víchima*; víctima).

Un **problema** (*problema*; –) más reciente es el de los **seqüestros relâmpagos** (*sekuestruz jelámpaguz*; secuestros exprés). En este caso, los delincuentes secuestran a la persona en su auto, la llevan a un cajero automático y la obligan a retirar grandes cantidades de dinero. Luego la dejan ir. Como mucho, la tienen secuestrada una noche.

NO PERDER LA PERSPECTIVA DESPUÉS DE UN ROBO

Durante los tres años que duró mi estancia en el Brasil, sólo me robaron **uma vez** (*uma vez*; una vez), y ocurrió frente a mi edificio en São Paulo. Era muy tarde, por la noche. Al principio yo estaba muy angustiada, pero luego me di cuenta de que perder un poco de **dinheiro** no era tan grave, y tampoco era muy complicado volver a pedir las tarjetas de crédito. Sin embargo, después de eso, ¡me volví mucho más precavida al andar por la calle tarde en **la noite** (*noichi*; noche)! No debes olvidar que los **ladrões** (*ladrõez*; ladrones) en el Brasil a veces son personas muy pobres que deben alimentar a un hijo enfermo. Mi amigo español, Mario, se resistió a un robo en un autobús en Río de Janeiro. Otro día, se encontró con el **ladrão** en la parada del autobús. Los dos se reconocieron mutuamente y el hombre terminó contándole a Mario su triste historia.

ADVERTENCIA

Tener coche en el Brasil te convierte en todo un blanco para los ladrones. Los semáforos son uno de los lugares predilectos de estos delincuentes. Por eso, a altas horas de la noche, los conductores no se detienen ante un semáforo en rojo.

¡Que no cunda el pánico!

¿Qué debes hacer si te van a robar? La frase que dicen siempre los brasileños es: **Não reage** (*nãu jeayi*; no reacciones). Eso significa que no debes gritar, ni tratar de huir, ni golpear al **ladrão** (*ladrãu*; ladrón).

Entrega la **carteira** (*kajteira*; billetera), el **relógio** (*jelóyio*; reloj), la **bolsa** (*bousa*; bolsa) o lo que el asaltante quiera. No vale la pena salir herido por culpa de unos bienes materiales.

Lo mejor es no decir nada durante el robo, pero las siguientes frases son clásicas y no está de más saberlas:

- **Não tenho dinheiro** (*nãu teñu dchiñeiru*; no tengo dinero).
- **Não tenho nada** (*nãu teñu nada*; no tengo nada).
- **Socorro!** (*sokoju!*; –).
- **É ladrão!** (*é ladrãu!*; ¡es un ladrón!).

Por supuesto que lo ideal es tratar de evitar meterse en problemas. Además de tomar las mismas precauciones de seguridad que tomarías en tu país, siempre es buena idea preguntar a las personas que viven allí cuáles son los lugares seguros:

- **Essa região é segura?** (*esa jeyiãu é segura?*; ¿esa región es segura?).
- **Quais os bairros que são perigosos?** (*kuaiz oz baijuz ke sãu perigosuz?*; ¿qué barrios son peligrosos?).

Pedir y recibir ayuda

Supongamos que te han robado. Sólo tenías un poco de dinero y el ladrón no se llevó nada más. Ahora tienes que regresar a casa o al hotel.

Para esta situación, o cualquier otra que no requiera ayuda de emergencia, puedes usar alguna de las siguientes frases:

- **Por favor, poderia me ajudar?** (*poj favoj, poderia mi ayudaj?*; por favor, ¿podría ayudarme?).
- **Eu preciso de ajuda, por favor** (*eu presisu dchi ayuda, poj favoj*; necesito ayuda, por favor).

Por otra parte, las siguientes frases te servirán cuando los brasileños te presten su **ajuda** (*ayuda*; ayuda):

- **Obrigado/a, sim, eu preciso de ajuda** (*obrigadu/a, sim, eu presisu dchi ayuda*; gracias, sí, necesito ayuda).
- **Estou bem, obrigado/a** (*estou bem, obrigadu/a*; estoy bien, gracias).
- **Não preciso de ajuda** (*nãu presisu dchi ayuda*; no necesito ayuda).
- **Eu prefiro ficar sozinho/a** (*eu prefiru fikaj soziñu/a*; prefiero estar solo/a).

Hablando se entiende la gente

José (*yosé*), un turista de **Moçambique** (*mosambiki*), donde el portugués es el idioma oficial, acaba de ser atracado. Se dirige al hotel más cercano y pide que le dejen llamar por teléfono:

José: **Por favor, poderia usar o seu telefone?**
poj favoj, poderia usaj u seu telefoni?
Por favor, ¿podría usar su teléfono?

Empleado del hotel: **Para o que presisa?**
para u ké presisa?
¿Para qué lo necesita?

José: **Preciço ligar para o consulado moçam-bicano.**
presisu ligaj para u konsuladu mosam- bikanu.
Necesito llamar al consulado de Mo- zambique.

Empleado del hotel: **É claro.**
é klaru.
Por supuesto.

José: **E tem o número da polícia local?**
i tem u númeru da polísia lokau?
¿Y tiene el número de la policía local?

Empleado del hotel: **Eu vou ver.**
eu vou vej.
Voy a ver.

Palabras para recordar

ligar para	*ligaj para*	llamar a
consulado	*konsuladu*	–
número	*númeru*	–
polícia local	*polísia lokau*	policía local
delegacia	*delegasía*	comisaría

Informar de un problema a la policía

La mayoría de los brasileños te aconsejará desconfiar de **a polícia** (*a polísia*; la policía) antes que confiar en ella. Sin embargo, los oficiales de policía suelen ser correctos con los turistas, y son buenos con los formularios de seguros en caso de robo, especialmente en Río, una ciudad que depende en buena parte de la industria turística.

Éstas son algunas de las frases que puedes decir a la **polícia** para denunciar un robo:

» **Fui robado/a** (*fui jobadu/a*; me han robado).

» **Eu preciso fazer um boletim de ocorrência** (*eu presisu fazej um boletim dchi okojensia*; necesito denunciar un robo).

» **É para a minha companhia de seguros** (*é para a miña kompañia dchi seguruz*; es para mi compañía de seguros).

Es probable que la **polícia** te haga alguna de las siguientes preguntas:

» **Quando aconteceu?** (*kuandu akonteseu?*; ¿cuándo ocurrió?).

» **Aonde aconteceu?** (*aondchi akonteseu?*; ¿dónde ocurrió?).

» **O que que foi roubado?** (*u ké ke foi joubadu?*; ¿qué le robaron?).

» **Viu o assaltante?** (*viu u asautanchi?*; ¿vio al asaltante?).

» **Usou uma arma?** (*usou uma ajma?*; ¿usó un arma?).

Como es natural, la **polícia** te hará las preguntas habituales, que ya mencionamos en capítulos anteriores, tales como: **Qual é seu nome?** (*kuau é seu nomi?*; ¿cuál es su nombre?); y: **Você é de que país?** (*vosé é dchi ké paíz?*; ¿de qué país es?) (te recomiendo ver, especialmente, los capítulos 3 y 4).

Un verbo de búsqueda: *procurar*

Perder algún objeto o perderte tú en un lugar desconocido puede, a veces, ser una **emergência** (*emejyénsia*; emergencia). Por otra parte, es posible que necesites decirle a un oficial de policía que estás buscando a un amigo, o indicarle al empleado de una tienda que estás buscando un producto determinado. Poco importa lo que estés buscando; lo cierto es que el verbo que usarás es **procurar** (*prokuraj*; buscar). Nada que ver con el verbo español, ¿verdad?

Ésta es la conjugación en presente del verbo **procurar**:

Conjugación	*Pronunciación*
eu procuro	*eu prokuru*
você procura	*vosé prokura*
ele/ela procura	*eli/ela prokura*
nós procuramos	*nóz prokuramuz*
eles/elas procuram	*eliz/elaz prokuram*

Y ésta es la conjugación de **procurar**, pero en pasado:

Conjugación	*Pronunciación*
eu procurei	*eu prokurei*
você procurou	*vosé prokurou*
ele/ela procurou	*eli/ela prokurou*
nós procuramos	*nóz prokuramuz*
eles/elas procuraram	*eliz/elaz prokuraram*

Veamos algunos ejemplos de uso del verbo **procurar**, en los dos tiempos:

- **Eles procuram os peixes maiores** (*eliz prokuram oz peishez maiorez*; ellos buscan los peces más grandes).
- **Ela procurou umas rosas vermelhas** (*ela prokurou umaz jozaz vejmeliaz*; ella buscó unas rosas rojas).
- **Eu procuro as palavras novas** (*eu prokuru az palavraz novaz*; yo busco las palabras nuevas).

Otra forma común de usar este verbo es en la forma **estar procurando** (*estaj prokurandu*; estar buscando):

- **Estou procurando a minha mãe** (*estou prokurandu a miña mãi*; estoy buscando a mi madre).
- **Nós estamos procurando a avenida Paulista** (*nóz estamuz prokurandu a avenida paulista*; estamos buscando la avenida Paulista).
- **Ela está procurando as chaves** (*ela está prokurandu az shavez*; ella está buscando las llaves).

Un verbo con los ojos bien abiertos: *olhar*

Puedes usar el verbo **olhar** (*oliaj*; mirar) en una situación de emergencia, como cuando estás en la farmacia y le pides al dependiente que mire la composición de un medicamento para evitar una reacción alérgica. También es posible que un **policial** (*polisiau*; policía) te pida mirar en cierta dirección para verificar que la persona frente a ti es la misma que te acaba de robar la cartera.

RECUERDA

Olhar se usa normalmente con la preposición para, **olhar para** (*oliaj para*; mirar a).

Las conjugaciones de **olhar** tienen las mismas desinencias que **procurar**, pues pertenecen al mismo grupo de verbos terminados en *-ar* (explicados en el capítulo 2):

Conjugación	***Pronunciación***
eu olho	*eu oliu*
você olha	*vosé olia*
ele/ela olha	*eli/ela olia*
nós olhamos	*nóz oliamuz*
eles/elas olham	*eliz/elaz oliam*

» **Ele olha para ela** (*eli olia para ela*; él la mira a ella).

» **Eles olham para o mar** (*eliz oliam para u maj*; ellos miran al mar).

» **Eu olhei para a janela** (*eu oliei para a yanela*; yo miré hacia la ventana).

» **Nós olhamos para a professora** (*nóz oliamuz para a profesora;* nosotros miramos a la profesora).

» **O gato olhou para a comida** (*u gatu oliou para a komida*; el gato miró la comida).

Este verbo es muy práctico para decirle a otra persona que mire algo:

» **Olha isso!** (*olia isu!*; ¡mira eso!).

» **Olha para a frente** (*olia para a frenchi*; mira al frente).

- **Olha aquele carro estranho** (*olia akeli kaju estrañu*; mira ese coche extraño).
- **Olha para aquele homem** (*olia para akeli omem*; mira a ese hombre).
- **Olha para as nuvens** (*olia para az nuvenz*; mira las nubes).

Al igual que en español, los brasileños dicen: **Olha...** cuando están listos para hablar y quieren que su interlocutor les preste atención, o cuando van a explicar algo de manera sincera.

Un verbo altruista: *ajudar*

A los brasileños les gusta **ajudar** (*ayudaj*; ayudar). Puede que en un principio, cuando te encuentres en una situación de emergencia, su buena voluntad parezca una invasión de tu privacidad, pero debes comprender que se trata de personas amables que tratan de ser cálidas contigo. Así se conjuga el verbo **ajudar**:

Conjugación	***Pronunciación***
eu ajudo	*eu ayudu*
você ajuda	*vosé ayuda*
ele/ela ajuda	*eli/ela ayuda*
nós ajudamos	*nóz ayudamuz*
eles/elas ajudam	*eliz/elaz ayudam*

Veamos algunos ejemplos:

- **Quero te ajudar** (*keru chi ayudaj*; quiero ayudarte).
- **Ele me ajuda muito** (*eli mi ayuda muitu*; él me ayuda mucho).
- **Você ajuda a sua mãe?** (*vosé ayuda a sua mãi?*; ¿tú ayudas a tu madre?).
- **Nós ajudamos as crianças da rua** (*nóz ayudamuz az kriansaz da jua*; nosotros ayudamos a los niños de la calle).
- **Ajuda** (*ayuda*; eso ayuda).

RECUERDA

Aunque **socorro!** (*sokoju!*; –) es la expresión que se utiliza para pedir ayuda, el verbo **socorrer** no se utiliza mucho. También puedes gritar **ajuda!** si estás en problemas, pero **socorro!** es la forma clásica de pedir ayuda.

Hablando se entiende la gente

Eliana (*eliana*) y su amiga **Cíntia** (*sínchia*) fueron a la playa. Una gran ola se llevó por delante a Eliana, que se raspó una rodilla contra una roca. Ahora está sangrando.

Cíntia: **Eliana, você está bem?**
eliana, vosé está bem?
Eliana, ¿estás bien?

Eliana: **Mais ou menos.**
maiz ou menuz.
Más o menos.

Cíntia: **Está sangrando muito!**
está sangrandu muitu!
¡Estás sangrando mucho!

Eliana: **Sim...**
sim...
Sí...

Cíntia: **Vou procurar o salva-vida.**
vou prokuraj u sauva-vida.
Voy a buscar al socorrista.

Eliana: **Acha que pode ajudar?**
asha ke podchi ayudaj?
¿Crees que puede ayudar?

Cíntia: **Pode ter uma bandagem.**
podchi tej uma bandayem.
Puede tener una venda.

Eliana: (Señalando con el dedo) **Olia, lá... tem um.**
olia, lá... tem um.
Mira, allá... hay uno.

Cíntia: **Aguarde aqui e fique quieta, tá?**
aguajdchi aki i fike kieta, tá?
Espera aquí y quédate quieta, ¿vale?

Eliana: **Tá. Obrigada!**
tá. obrigada!
Vale. ¡Gracias!

Palabras para recordar

você está bem?	*vosé está bem?*	¿estás bien?
está sangrando	*está sangrandu*	estás sangrando
uma bandagem	*uma bandayem*	una venda
olha lá	*olia lá*	mira allá
aguarde	*aguajdchi*	espera
fique quieta	*fike kieta*	quédate quieta

¿Qué hacer (y qué no hacer) ante una emergencia?

En esta sección, te daré consejos relacionados con lo que debes hacer en caso de sufrir un accidente o de enfermarte durante tu estancia en el Brasil. Por lo general, encontrarse en una situación donde se requiera tratamiento médico en un país extranjero no resulta muy divertido. Te puede ocurrir que estés en la playa y sufras un feo raspón; o puedes torcerte un tobillo en una caminata o empezar a sentir extraños síntomas que no logras interpretar. Conocer alguna que otra frase para poder hablar sobre el tema te ayudará a calmarte un poco.

Prevenir las enfermedades

Antes de ir al Brasil, piensa en tu **saúde** (*saúdchi*; salud). Se necesitan ciertas vacunas para poder entrar en el país, y otras, aunque no son obligatorias, son muy recomendables. Yo recuerdo que me pusieron una vacuna para la hepatitis B, con diez años de vigencia, y una para **a febre amarela** (*a febri amarela*; fiebre amarilla). Si te preocupa la idea de ponerte enfermo en el Brasil, puedes contratar un seguro médico para viajeros. Los costes son más bajos de lo que te imaginas.

Te sentirás aún más seguro si hablas con un médico antes de salir de tu país, o si pides consejos en una clínica para viajeros. Muchos médicos tienen folletos informativos sobre la prevención de enfermedades para los viajeros internacionales.

CONSEJO

Para obtener información sobre las vacunas que se recomien- dan, consulta el servicio de Sanidad Exterior del Ministerio de Sanidad (`http://www.msc.es/profesionales/saludPublica/sanidadExterior/home.htm`). Además de abundante información, en la web encontrarás los datos de contacto de Sanidad Exterior y de los centros de vacunación de tu comunidad autónoma. También puedes contactar al consulado brasileño de tu país. Asimismo, puedes consultar la web del Gobierno del Brasil para saber cuáles son las recomendaciones en materia de vacunas (`www.brasil.gov.br`). Una vez allí, haz clic en el enlace para obtener la versión en español. En la sección "Turistas" encontrarás información sobre vacunas, entre otras cosas.

Si has estado en países con alerta para **febre amarela** tres meses antes de ir al Brasil, el Gobierno brasileño no te dejará entrar en su territorio, a menos que tengas el certificado de vacunación contra la fiebre amarilla. También debes tener en cuenta que la vacuna contra la fiebre amarilla tarda diez días a partir de su administración en ser efectiva.

El tipo de vacunas que debes ponerte depende de la parte del país que quieras visitar. Si piensas ir al Amazonas, pregúntale a un médico si debes tomar algún medicamento para prevenir **a malária** (*a malaria*; la malaria).

La enfermedad tropical más común, que afecta tanto a brasileños como a turistas, es **a dengue** (*a dengui*; el dengue). En los metros de las grandes ciudades del Brasil hay carteles que informan al público sobre el dengue. El principal riesgo está en los lugares donde hay agua estancada, que sirve de hábitat a los **mosquitos** (*moskituz*; –) portadores de la enfermedad. El dengue se manifiesta con dolor de estómago y una sensación de **gripe** (*gripi*; –) durante algunos días.

ADVERTENCIA

A dengue presenta una variedad muy peligrosa llamada dengue hemorrágico, que puede ser fatal si no se trata a tiempo. Si tienes síntomas de gripe que empeoran y comienzas a sentirte agitado, a sangrar fácilmente o entras en estado de *shock*, solicita ayuda médica de inmediato. **A dengue** puede ser causado por cuatro tipos de virus, y las probabilidades de contraer el hemorrágico aumentan si ya has sido afectado por alguna de las otras variedades de **dengue**.

Siempre es una buena idea usar **repelente** (*jepelenchi*; –) de insectos durante tu estancia en el Brasil. En el Amazonas abundan los mosquitos, pero a mí me afectaba mucho más su picadura en São Paulo. El clima es húmedo en casi todo el país en cierto momento del año, y a los mosquitos les encanta.

CONSEJO

A diarréia (*a dchiajéia*; la diarrea) afecta con mucha frecuencia a los turistas en el Brasil. La mejor manera de evitarla es no tomar agua del grifo ni bebidas con hielo. No comas verduras crudas que no estén bien lavadas con agua potable ni frutas con piel; evita las salsas que estén a temperatura ambiente. Los alimentos más seguros son aquellos que están hervidos, cocinados o sin piel. Para prevenir la diarrea, además, mantén una buena higiene de las manos. Pregúntale a tu médico por otras estrategias de prevención y tratamiento de la diarrea.

En caso de enfermedad

Además de las enfermedades tropicales, también están las enfermedades más cotidianas, como el simple **resfriado** (*jesfriadu*; –), el **dor** (*doj*; dolor) o incluso la **ressaca** (*jesaka*; resaca). En el Brasil hay montones de **farmácias** (*fajmásiaz*; farmacias), con lo cual no tendrás mucha dificultad para encontrar el **remédio** (*jemédiu*; medicamento) que necesitas.

A continuación encontrarás diversas frases prácticas en caso de necesidad, ya sea para hablar con el **médico** (*médchiku*; –) o en una **farmácia** (*fajmásia*; farmacia):

- **Estou com dor de cabeça** (*estou kom doj dchi kabesa*; tengo dolor de cabeza).
- **Estou com muita dor** (*estou kom muita doj*; tengo mucho dolor).
- **Tenho dores no corpo** (*teñu dorez nu kojpu*; tengo dolores en el cuerpo).
- **Tenho tosse** (*teñu tosi*; tengo tos).
- **Sou diabético** (*sou dchiabéchiku;* soy diabético).
- **Tenho asma** (*teñu asma*; tengo asma).
- **Tem band-aids?** (*tem band-eids?*; ¿tiene tiritas?).
- **Tem aspirina?** (*tem aspirina?*; ¿tiene aspirina?).
- **Tem algo para a diarréia?** (*tem augo para a dchiajéia?*; ¿tiene algo para la diarrea?).

Las siguientes son preguntas que podría hacerte el médico o el farmacéutico:

- **Dói?** (*dói?*; ¿le duele?).
- **Aonde dói?** (*aondchi doi?*; ¿dónde le duele?).

» **Tem febre?** (*tem febri?*; ¿tiene fiebre?).

» **Tem náuseas?** (*tem náuseaz?*; ¿tiene náuseas?).

» **É alérgico?** (*é aléjdchiku?*; ¿es alérgico?).

» **Tem alta pressão sanguínea?** (*tem auta presãu sanguínea?*; ¿tiene hipertensión?).

» **Já foi operado?** (*yá foi operadu?*; ¿ha sido operado?).

» **Abre a boca, por favor** (*abri a boka, poj favoj*; abra la boca, por favor).

» **Tome esses comprimidos** (*tomi esiz komprimiduz*; tome estas pastillas).

Hablando se entiende la gente

Mauricio (*maurisiu*) se ha despertado esta mañana con un ojo hinchado. Está preocupado, pero ha decidido no ir a urgencias, sino ir a una farmacia y hablar con el farmacéutico.

Mauricio: **Por favor, estou com o olho inchado.**
poj favoj, estou kom u oliu inshadu.
Por favor, tengo el ojo hinchado.

Farmacéutico: **Sabe por que está inchado?**
sabi poj ké está inshadu?
¿Sabe por qué está hinchado?

Mauricio: **Não. Acordei hoje e já estava assim.**
nãu. akojdei oyi i yá estava asim.
No. Hoy me desperté y ya estaba así.

Farmacéutico: **Não parece muito grave.**
nãu paresi muitu gravi.
No parece muy grave.

Mauricio: **O que recomenda fazer?**
u ké jekomenda fazej?
¿Qué me recomienda hacer?

Farmacéutico: **Eu recomendo você colocar um saquinho de gelo em cima.**
eu jekomendu vosé kolokaj um sakiñu dchi yelu em sima.

	Le recomiendo ponerse una bolsita de hielo encima.
Mauricio:	**Mas é normal o olho inchar, sem fazer nada?** *maz é nojmau u oliu inshaj, sem fazej nada?* ¿Pero es normal que un ojo se hinche sin hacer nada?
Farmacéutico:	**Poderia ser uma picada de inseto.** *poderia sej uma pikada dchi insetu.* Podría ser la picadura de un insecto.

Palabras para recordar

olho inchado	*olio inshadu*	ojo hinchado
sabe...?	*sabi...?*	–
já	*yá*	ya
estava	*estava*	estaba
assim	*asim*	así
grave	*gravi*	–
colocar	*kolokaj*	–
saquinho	*sakiñu*	bolsita
gelo	*yelu*	hielo
inchar	*inshaj*	hinchar
sem	*sim*	sin
poderia ser...	*poderia sej...*	podría ser...
picada	*pikada*	picadura
inseto	*insetu*	insecto

Huesos rotos y otras heridas

Hacer frente al infortunio de romperse un hueso o vivir una emergencia en el Brasil no es muy diferente de hacerlo en tu país de origen. Puedes ir en taxi hasta una **sala de emergência** (*sala dchi emejyénsia*; sala de emergencias) o llamar al 190 (éste es el número de tres dígitos que funciona en el Brasil) y pedir una ambulancia.

En las grandes ciudades brasileñas hay algunos **hospitais** (*ospitaiz*; hospitales) excelentes. Allí obtendrás atención médica de primer orden, igual que en los mejores **hospitais** del mundo. Por otro lado, las **salas de emergência** pueden despertar un poco de desconfianza en los pequeños pueblos, especialmente los de las zonas rurales, pero allí te darán los cuidados básicos que necesitas.

CULTURA GENERAL

La investigación y las políticas brasileñas sobre el sida son mundialmente famosas. Las tasas de sida en el Brasil son mucho menores que en otros países en vías de desarrollo, gracias a la eficacia de las campañas de prevención. Por otra parte, los científicos nacionales han hallado la manera de producir los medicamentos patentados para el sida. A pesar de las quejas de las empresas farmacéuticas, estos medicamentos han comenzado a distribuirse.

Tanto si tienes un virus estomacal como si se trata de una pierna rota, conocer el nombre en portugués de ciertas partes del cuerpo facilitará tu comunicación con el médico. Comencemos con **a cabeça** (*a kabesa*; la cabeza) y vayamos bajando por **o corpo** (*u kojpu*; el cuerpo):

- **olho** (*oliu*; ojo)
- **boca** (*boka*; –)
- **lingua** (*lingua*; lengua)
- **orelha** (*orelia*; oreja)
- **nariz** (*nariz*; –)
- **rosto** (*jostu*; cara)
- **dentes** (*denchiz*; dientes)
- **sobrancelhas** (*sobranseliaz*; cejas)
- **pescoço** (*peskosu*; cuello)
- **costas** (*kostaz*; espalda)
- **peito** (*peitu*; pecho)
- **braços** (*brasuz*; brazos)

- **dedos** (*deduz*; -)
- **bum-bum** (*bum-bum*; nalgas)
- **barriga** (*bajiga*; -)
- **pernas** (*pejnaz*; piernas)
- **joelho** (*yoeliu*; rodilla)
- **pes** (*pez*; pies)
- **dedos do pé** (*deduz du pé*; dedos del pie)

Éstos son los nombres de algunos órganos internos y de algunos términos médicos útiles:

- **coração** (*korasãu*; corazón)
- **pulmões** (*pulmõez*; pulmones)
- **intestinos** (*inteschinuz*; -)
- **fígado** (*fígadu*; hígado)
- **sangue** (*sangui*; sangre)
- **cirugia** (*siruyía*; cirugía)

Hablando se entiende la gente

João (*yoãu*) se ha lesionado la pierna jugando a fútbol. Ésta es su conversación con el médico:

Médico: **Tem dores na perna?**
tem dorez na pejna?
¿Le duele la pierna?

João: **Sim, dói muito.**
sim, dói muitu.
Sí, me duele mucho.

Médico: **Vamos tomar uma radiografia.**
vamuz tomaj uma jadchiografia.
Vamos a hacer una radiografía.

João: **Acha que está quebrada?**
asha ke está kebrada?
¿Piensa que está rota?

Médico:	**Não sei ainda.** *nãu sei ainda.* Todavía no lo sé.
João:	**Vai ter que dar anestesia?** *vai tej ke daj anestesia?* ¿Va a tener que ponerme anestesia?
Médico:	**Não, não é preciso.** *nãu, nãu é presisu.* No, no es necesario.

Palabras para recordar

uma radiografia	*uma jadchiografia*	una radiografía
quebrada	*kebrada*	rota
ainda	*ainda*	todavía
vai ter que...?	*vai tej ke...?*	¿va a tener que...?
dar	*daj*	dar / poner
anestesia	*anestesia*	–
não é preciso	*nãu é presisu*	no es necesario

CULTURA GENERAL

Al parecer, el Brasil es el segundo país en el mundo, después de Estados Unidos, donde se practica el mayor número de **cirurgias plásticas** (*sirujyiaz pláschikaz*; operaciones plásticas). Los **cirurgiões** (*sirujyiõez*; cirujanos) brasileños se cuentan entre los mejores del mundo y el costo de las operaciones es relativamente bajo. Por eso, hay quienes afirman que existe un negocio de turismo con cirugía plástica incluida.

Hablar sobre problemas legales

Prácticamente todos los tipos de **atividades ilegais** (*achividadchiz ilegaiz*; actividades ilegales) en el Brasil son ilegales en el resto del mundo occidental. Sin embargo, el cumplimiento y las consecuencias de **a lei** (*a lei*; la ley) pueden ser diferentes. Por ejemplo la posesión de marihuana se trata con mayor severidad que en muchos otros países de Occidente. También las normas culturales desempeñan algún papel. En este sentido, es más corriente que un brasileño intente sobornar a un policía o a un agente de aduanas que una persona de Norteamérica o de Europa occidental.

Lo mejor es no incurrir en actividades que rocen la ilegalidad, incluso si es algo tan simple como sobrepasar los límites de velocidad en un coche alquilado. Eso puedes dejarlo para tu país de origen, donde manejas perfectamente el idioma y tienes a mano **recursos legais** (*jekujsoz legaiz*; recursos legales) conocidos.

Es posible que se presenten malentendidos con la policía. Si la situación es **séria** (*séria*; seria), lo primero que debes hacer es contactar con el consulado de tu país. Quizá necesites los servicios de un **advogado** (*adchvogadu*; abogado). En ese caso, pide uno que hable español.

- **Tem um advogado que fala espanhol?** (*tem um adchvogadu ke fala españou?*; ¿hay algún abogado que hable español?).
- **Tem aqui um consulado ...?** (*tem aki um konsuladu ...?*; ¿hay aquí un consulado (aquí va tu nacionalidad)?).

En el capítulo 4 encontrarás una lista de nacionalidades.

Espero que jamás tengas que decir u oír alguna de estas frases:

- **Quero fazer uma queixa** (*keru fazej uma keisha*; quiero presentar una queja).
- **Vamos ter que dar uma multa** (*vamuz tej ke daj uma muuta*; vamos a tener que ponerte una multa).
- **Vamos te levar para a delegacia de polícia** (*vamuz chi levaj para a delegasia dchi polísia*; te vamos a llevar a la comisaría).

Sin lugar a dudas, querrás **evitar** (*evitaj*; –) que te lleven de paseo por **a cadéia** (*a kadéia*; la cárcel). En el Brasil, las cárceles están notablemente superpobladas y son bastante tétricas.

Juegos y ejercicios divertidos

Tu nuevo amigo brasileño, **Caio** (*k<u>a</u>iu*), es un fanático del fútbol. Lleva más de diez años practicando ese deporte y ha sufrido pequeñas lesiones en distintas partes del cuerpo. Durante el descanso del partido, se sienta contigo a mostrarte sus "heridas de guerra". Identifica las partes del cuerpo que ha mencionado.

peito

dedos

dedos do pé

cabeça

perna

olho

orelha

braço

EN ESTE CAPÍTULO

Descubrir y celebrar el *carnaval*

Bailar en las calles: prepararte para la *samba*

Enamorarse: palabras románticas en portugués

Capítulo 17

O carnaval!

El Brasil es mundialmente famoso por su **carnaval** (*kajnavau*; –). Las festividades suelen llevarse a cabo en **fevereiro** (*fevereiru*; febrero) o en **março** (*majsu*; marzo), época en que el tiempo brasileño es cálido. Se celebra durante los cuatro días que preceden la **Quarta-feira de Cinzas** (*kuajta-feira dchi sinzaz*; miércoles de Ceniza).

Otros lugares del mundo donde la celebración del carnaval es famosa son Venecia (Italia) y Nueva Orleans (Estados Unidos). La tradición se remonta a la Edad Media, pero en cada lugar se celebra de manera diferente. Venecia es famosa por las fiestas con disfraces y máscaras, mientras que en Nueva Orleans la gente bebe en las calles y se pone vistosos collares de colores en Mardi Gras.

Si no puedes ir al Brasil durante el carnaval (ya que los hoteles y los vuelos están más caros), no te preocupes: los brasileños celebran carnavales no oficiales durante todo el año. El más famoso de esos **carnavais fora de época** (*kajnavaiz fora dchi époka*; carnavales fuera de época) es **Fortal** (*fojtau*), que tiene lugar en la gran ciudad de Fortaleza, al noreste del país, durante el mes de agosto. El nombre **Fortal** resulta de la combinación entre las palabras Fortaleza y carnaval. En este capítulo encontrarás consejos para descubrir y disfrutar del carnaval, ¡además de información sobre cómo bailar samba y coquetear con los brasileños o las brasileñas!

¡Viva el carnaval del Brasil!

La preparación para el carnaval –especialmente en Río, donde se invierte una gran cantidad de dinero en él– dura todo el año. Mujeres pertenecientes a distintas **escolas de samba** (*eskolaz dchi samba*; escuelas de samba) confeccionan las **fantasias** (*fantasiaz*; disfraces) con muchos meses de antelación. El **compositor** (*kompositoj*; –) de la canción oficial de una **escola de samba** comienza a tararear cancioncillas y a pensar en un tema nuevo justo cuando termina el carnaval del año anterior.

Otro dato sorprendente sobre el carnaval del Brasil es que el de Río no es necesariamente el mejor. El de Río tiene, sin lugar a dudas, el mejor **desfile** (*desfili*; –) de **escolas de samba** durante los cuatro días que dura el carnaval, pero hay poca actividad de **carnaval de rua** (*kajnavau dchi jua*; carnaval callejero).

Hay otros **carnavais** (*kajnavaiz*; carnavales) que reciben menos publicidad pero son igualmente fantásticos, cada uno a su manera especial y única, como los de Salvador y los de las ciudades vecinas de **Recife** (*jesifi*) y **Olinda** (*olinda*). Ambas localidades se encuentran en la parte noreste del país, y ambas son mucho mejores que Río para ver gente y bailar en las calles.

Cada brasileño tiene una opinión diferente respecto a qué carnaval es el mejor. A algunos no les gusta el alboroto y prefieren pasar esos dos días de vacaciones (lunes y martes, antes del miércoles de Ceniza) en una **praia** (*praia*; playa) apartada.

Éstas son algunas de las preguntas que podrías hacerle a un brasileño para decidir qué carnaval te conviene más:

» **Qual carnaval no Brasil você acha melhor?** (*kuau kajnavau nu braziu vosé asha melioj?*; ¿qué carnaval del Brasil crees que es el mejor?).

» **Qual é o mais divertido?** (*kuau é u maiz dchivejchidu?*; ¿cuál es el más divertido?).

» **Qual tem o melhor show?** (*kuau tem u melioj shou?*; ¿cuál tiene el mejor espectáculo?).

» **Qual tem a melhor carnaval de rua?** (*kuau tem a melioj kajnavau dchi jua?*; ¿cuál tiene el mejor carnaval callejero?).

» **Já esteve no Carnaval de...?** (*yá estevi nu kajnavau dchi...?*; ¿has estado en el carnaval de...?).

El carnaval de Río

Éste es el carnaval que no debes perderte si estás buscando ver un **espetáculo** (*espetákulu*; espectáculo) colosal. Las entradas son relativamente **caras** (*karaz*; –): digamos, unos ochenta dólares por un buen sitio. La totalidad del festejo, que dura cuatro días, ocurre en Río, más concretamente en el **sambódromo** (*sambódromu*; –), un espacio abierto de forma alargada, provisto de gradas, similar a un estadio. Por allí pasa el vistoso **desfile**.

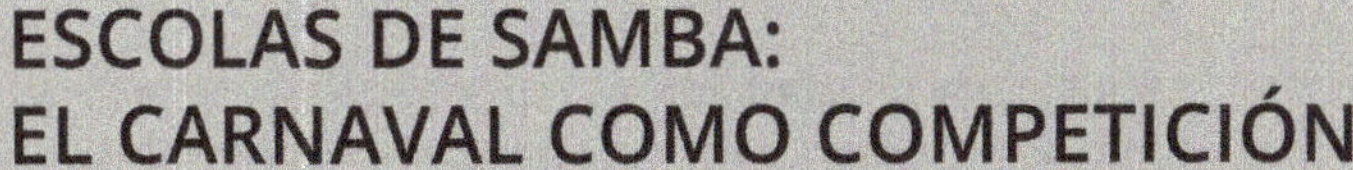

ESCOLAS DE SAMBA: EL CARNAVAL COMO COMPETICIÓN

Yo creía que **uma escola de samba** (*uma eskola dchi samba*; una escuela de samba) era un lugar donde se aprendía a bailar samba. ¡Pues nada de eso! Son lugares donde se reúne un grupo de gente que quiere competir en el carnaval; entre todos planean y ensayan los pasos y la música que van a presentar ese año.

El grupo está compuesto por **músicos** (*músikoz*; –), **passistas** (*pasistaz*; hombres y mujeres disfrazados, que desfilan con la escuela), gente encargada de la producción de las **fantasias** (*fantasiaz*; disfraces) y personas que viven cerca y simplemente quieren bailar al son de la música.

Muchas **escolas de samba** de Río se originan en un **bairro** (*baiju*; barrio) y llevan su nombre; por eso, visitar una **escola** es como estar en un centro social. Hay gente de todas las edades pasando un rato agradable.

Cada **escola** inventa un himno todos los años. Las **letras** (*letraz*; –) de los himnos hacen alusión a **temas** (*temaz*; –) de contenido social, como poner fin al racismo o promover la conservación del agua. Las **fantasias** están íntimamente ligadas con el tema. Un aspecto que no cambia año tras año son los dos **cores** (*korez*; colores) oficiales de la escuela.

Históricamente, las **escolas de samba** más famosas de Río de Janeiro han sido **Mangueira** (*mangueira*; el nombre de un barrio de Río), **Salgueiro** (*saugueiru*; un apellido) y **Beija-Flor** (*beiya-floj*; colibrí). Por lo general, alguna de estas escuelas obtiene siempre el primer o el segundo premio.

Puedes explorar las web de estas escuelas de samba, para ver sus colores y hacerte una idea más precisa del carnaval brasileño: **Mangueira** (`www.mangueira.com.br`), **Salgueiro** (`www.salgueiro.com.br`) y **Beija-Flor** (`www.beija-flor.com.br`). En las webs puedes encontrar información sobre los **ensaios** (*ensaiuz*; ensayos), que pueden ser muy divertidos. Los **ensaios** se llevan a cabo en la sede de cada **escola de samba**, por lo general dos veces a la semana, pocos meses antes del carnaval. La entrada cuesta unos veinte **reais** (ocho dólares). Asistir a los ensayos te permite ver las prácticas de la banda y ver a algunos de sus bailarines con los disfraces. ¡Además, puedes **dançar** (*dansaj*; bailar) con ellos!

¿Por qué se llama **sambódromo**? Porque allí los bailarines bailan una **samba** (*samba*) extremadamente **rápida** (*jápida*; –) a medida que va avanzando el desfile. La **samba** es el baile más famoso del Brasil. Es un paso con tres tiempos que se repite una y otra vez. El tempo (la velocidad) puede variar, pero durante el carnaval es muy **rápido** (*jápidu*; –) (para obtener más información, consulta el apartado "¡Bailar samba!", más adelante en este capítulo).

También hay un **sambódromo** en São Paulo, y todo lo que he mencionado en este apartado es válido para el carnaval de esta ciudad. El espectáculo de São Paulo mejora año tras año, pero todavía no atrae las inmensas multitudes del carnaval de Río.

A decir verdad, el carnaval de Río es una gigantesca **competição** (*kompetisãu*; competición). Durante cuatro días, las **escolas de samba** de la ciudad cuentan con esta única oportunidad para mostrar su talento artístico y sus carrozas magníficamente decoradas. En la noche del martes, **os juízes** (*oz yuízez*; los jueces) tienen que decidir cuál ha sido la mejor presentación.

Los turistas, tanto brasileños como extranjeros, pueden desfilar con una **escola de samba**. Yo tengo unos cuantos amigos muy atrevidos que lo hicieron, ¡aunque se pusieron los disfraces al revés! (menos mal que los ayudaron antes del inicio del desfile). ¡Y lo pasaron bomba! La participación cuesta unos setenta dólares, con la ventaja de que no es necesario saber **sambar** (*sambaj*; bailar samba). Se trata, más bien, de saltar a medida que vas desfilando. La clave está en que haya movimiento, no en hacer unos **passos** (*pasuz*; pasos) determinados. Pídele a tu agente de viajes o a un empleado de una oficina local de turismo que te diga en qué **escolas** puedes participar. Tus amigos se sorprenderán cuando vean las fotos. Y no te preocupes: los disfraces para las mujeres no son necesariamente escasos de tela.

Cada **escola** tiene varias carrozas decoradas según el tema del año, y lleva meses hacerlas. Son, sin lugar a dudas, obras de arte. En la parte superior de las carrozas van estas famosas bailarinas de samba, de cuerpos espectaculares, que llevan tacones altos y poca ropa. Con frecuencia se ponen grandes tocados de plumas. Delante y detrás de la carroza van cientos de **dançarinas** (*dansarinaz*; bailarinas), todas con su disfraz. La parte del desfile de cada **escola** que constituye propiamente la competición dura alrededor de una hora.

En términos musicales, la parte más importante de cada **escola** es la **batucada** (*batukada*; grupo de percusionistas). Hay unos doscientos percusionistas en cada **escola**. El ruido de la percusión es ensordecedor, pero el ambiente es una maravilla.

Hablando se entiende la gente

Susana (*susana*) y su amiga **Lu** (*lú*) se han decidido a participar en una escuela de samba para el carnaval de Río. Están hablando con **Clara** (*klara*), que participó el año pasado.

Clara: **Vocês estão pensando em desfilar?**
voséz estãu pensandu em desfilaj?
¿Estáis pensando en desfilar?

Lu: **Sim, é divertido?**
sim, é dchivejchidu?
Sí, ¿es divertido?

Clara: **É demais...**
é dchimaiz...
Es fabuloso... (Literalmente: es demasiado).

Susana: **Desfilou com que escola?**
desfilou kom ké eskola?
¿Con qué escuela desfilaste?

Clara: **Com o Salgueiro.**
kom u saugueiru.
Con Salgueiro.

Lu: **Custou caro?**
kustou karu?
¿Te costó mucho?

Clara: **Bom, duzentos reais. Mas valeu a pena.**
bom, duzentuz jeaiz. maz valeu a pena.
Bueno, doscientos reales. Pero valió la pena.

Palabras para recordar

estão pensando	*estãu pensandu*	están pensando
desfilar	*desfilaj*	–
é demais	*é dchimaiz*	es fabuloso (Literalmente: es demasiado)
desfilou	*desfilou*	desfilaste
custou	*kustou*	costó
valeu a pena	*valeu a pena*	valió la pena

El carnaval en Salvador

El carnaval de Salvador es completamente diferente del carnaval de Río. En Salvador no hay un **sambódromo** con gradas, sino un recorrido de varios kilómetros por las calles. El desfile termina en el punto más destacado de Salvador, **o farol** (*u farou*; el faro), directamente en la playa. En lugar de **escolas de samba** hay **blocos** (*blokuz*; grupos de músicos que tocan subidos a un camión, seguidos por gente bailando. Literalmente: bloques). Por lo general, el **bloco** lleva el nombre de una banda local o de una banda famosa. En este aspecto se diferencia del carnaval de Río, donde los músicos no son estrellas del pop, aunque los compositores de samba tradicional suelen estar entre los más famosos en el Brasil. Si quieres oír a las más famosas estrellas musicales del país, no dejes de ir a **Salvador**.

El **bloco** está conformado por un **trio elétrico** (*triu elétriku*; camión provisto de una plataforma, donde se ubican los músicos y algunos bailarines); la gente que ha pagado para participar en un **bloco** baila en el medio de la calle y va avanzando lentamente con el camión, delante y detrás de éste. En todo el carnaval intervienen unos cuarenta **blocos** diferentes.

Si no estás dentro de un **bloco**, puedes ver el desfile desde un lado de la calle o andando por la ciudad. Las zonas cercanas a la ruta del desfile están llenas de gente riéndose y pasando un buen rato. Algunos bares y restaurantes permanecen abiertos, pero otros cierran durante las festividades.

En el carnaval de Salvador, las calles están llenas de gente y la actividad es frenética. Ése puede ser el sueño dorado para un amante de la aventura y la diversión, pero un enorme **dor de cabeça** (*doj dchi kabesa*; dolor de cabeza) para alguien que prefiera fiestas más calmadas. Si eres una persona del segundo tipo, probablemente te gustará más el carnaval de Recife/Olinda que el de Salvador.

Abadás y blocos

La mayoría de turistas extranjeros y brasileños que van a Salvador para el carnaval compran, con varios meses de anticipación, una camiseta o camiseta sin mangas llamada **abadá** (*abadá)* para un **bloco** en particular. A diferencia de lo que ocurre en Río, si decides comprar una **abadá** y participar en el carnaval de Salvador, no tienes que ensayar. Basta con que te presentes, recojas la camiseta y te encuentres con el **bloco** en el lugar y hora designados para la salida del desfile.

Las **abadás** pueden ser caras: cuestan unos sesenta dólares. El precio aumenta por cada uno de los cuatro días que participes en el carnaval. Por cada día que pagas, obtienes una camiseta diferente, con un nuevo diseño, para demostrar que pagaste por estar en el **bloco** ese día en particular. Por lo general, debes recoger las **abadás** en la sede de cada **bloco**, pero también encontrarás vendedores callejeros vendiéndolas en el último minuto.

Los hombres suelen llevar la **abadá**, pantaloneta, calcetines y zapatillas deportivas. Las chicas de Salvador llevan su **abadá** a una modista con varios meses de anticipación. Ella se encarga de arreglar la **abadá**, de tal manera que cada **garota** (*garota*; chica) vista un diseño único. Así se viste la gente que desfila en el carnaval.

Después de haber comprado la camiseta con el nombre de tu **bloco**, puedes desfilar durante todo el trayecto con ese **bloco**, ¡como participante y no como espectador! Si prefieres no participar, te puedes sentar en alguna de las graderías dispuestas a lo largo del recorrido del desfile. También puedes ubicarte en cualquiera de los dos lados de la calle por donde pasa el desfile; ten en cuenta que habrá mucha gente.

Cada **bloco** tiene un **trio elétrico**. La gente con **abadás** va bailando por delante y por detrás de la carroza. Para separar el **bloco** de la multitud que está viendo el desfile, se paga a un grupo de personas para que rodeen al **bloco** con una **corda** (*kojda*; cuerda); el grupo forma un rectángulo alrededor de cada **bloco**, con el **trio elétrico** en el centro, y lentamente van avanzando. Aunque el ritmo de la música es rápido, el desfile avanza lentamente.

Cada **bloco** desfila durante unas seis horas al día. Si te cansas, puedes salirte del rectángulo que forma la cuerda. Mis amigos y yo nos divertimos mucho, pero decidimos retirarnos del **bloco** antes de llegar al final y caminar por la ciudad.

Por las calles de Salvador encontrarás puestos donde venden toda clase de zumos y bebidas tropicales. Es el único tipo de vendedores que encontrarás a lo largo del trayecto del desfile, pues todo el mundo está pendiente de él.

La música del carnaval de Salvador

Algunas de las bandas famosas que tocan todos los años en Salvador son **Chiclete com banana** (*chiklechi kom banana*; chicle con plátano) y **Olodum** (*olodum*); también **Daniela Mercury** (*daniela méjkuri*) e **Ivete Sangalo** (*ivechi sangalu*).

En general, el estilo de música de Salvador es diferente del de Río. En Río, la música es la samba rápida, mientras que en Salvador se toca una música conocida como **axé** (*ashé*). En la **samba** las letras se cantan en coro, en el **axé** sólo hay un cantante. Además, el **axé** tiene un sonido más contemporáneo que la samba. En las tiendas de música encontrarás montones de discos de grupos de **axé**.

En ocasiones, los mundialmente famosos cantantes brasileños **Gilberto Gil** (*yiubejtu yiu*) y **Caetano Veloso** (*kaetanu velosu*) también tocan y cantan.

El **bloco** más excepcional de Salvador, en términos de vestimenta, es un grupo que data de 1949, llamado **Os filhos de Ghandi** (*oz filiuz dchi gandi*; los hijos de Ghandi). Todos llevan turbante blanco.

CULTURA GENERAL

En lo que respecta al baile, básicamente lo que se hace es saltar. No se requieren pasos especiales. El carnaval es tan importante en el Brasil que incluso hay un verbo que significa disfrutar el carnaval: **pular** (*pulaj*), que también significa saltar.

Hablando se entiende la gente

Zezé (*zezé*) es un turista proveniente de Río, que está en el carnaval de Salvador por primera vez. Ahora está conversando con **Teresa** (*teresa*), una compañera de **bloco**.

Zezé: **Oi, está gostando da festa?**
oi, está gostandu da festa
Oye, ¿te está gustando la fiesta?

Teresa: **Estou pulando muito.**
estou pulandu muitu.
Estoy disfrutando mucho.

Zezé: **Não tem tempo para a praia!**
nãu tem tempu para a praia!
¡No hay tiempo para la playa!

Teresa: **Não, é só festa!**
nãu, é só festa!
¡No, es sólo fiesta!

Zezé: **Você é da onde? Veio no ano passado?**
vosé é da ondchi? veio nu anu pasadu?
¿De dónde eres? ¿Viniste el año pasado?

Teresa: **Sou de Minas. É a minha primeira vez no carnaval de Salvador.**
sou dchi minaz. é a miña primeira vez nu kajnavau dchi sauvadoj.
Soy de Minas. Es mi primera vez en el carnaval de Salvador.

Zezé: **É o melhor do Brasil, com certeza.**
é u melioj du braziu, kom sejteza.
Es el mejor del Brasil, sin duda.

Teresa: **Eu concordo!**
eu konkojdu!
¡Estoy de acuerdo!

Palabras para recordar

estou pulando	*estou pulandu*	estoy disfrutando
não tem tempo	*nãu tem tempu*	no hay tiempo
veio	*veiu*	viniste
no ano passado	*no anu pasadu*	el año pasado
com certeza	*kom sejteza*	sin duda
eu concordo	*eu konkojdu*	estoy de acuerdo

El carnaval de Recife/Olinda

Recife (*jesifi*) y **Olinda** (*olinda*) son dos ciudades costeras en el estado de **Pernambuco** (*pernambuku*), al noreste del Brasil. Estas dos ciudades están separadas por un kilómetro de distancia. Están tan cerca la una de la otra que puedes estar en ambas en un mismo día. Son el lugar ideal para apreciar un carnaval brasileño de tipo más histórico; para mí, es el estilo más **mágico** (*máyiku*; –).

Recife es una gran ciudad, con una población de unos dos millones de habitantes. Olinda es uno de los pueblos coloniales más bellos del país. Es muy pequeño, con callecitas estrechas y sinuosas, con sus casas pintadas de colores pastel y vistas imponentes del pueblo y del mar. En Olinda hay muchos turistas. El nombre del pueblo proviene de la expresión **O, linda!** (¡oh, linda!), que, según cuenta la leyenda, se escuchó de boca de un marinero portugués, embelesado con el lugar.

Recife y Olinda

El **carnaval** se lleva a cabo en la parte vieja de Recife –**Recife antigo** (*jesifi anchigu*)– y en todo el pueblo de Olinda. Aquí tienes la sensación de que el carnaval es menos oficial que en Río y en Salvador. No hay que pagar (como no sea la habitación del hotel, que en esta época es difícil de encontrar), ni hay camisetas con logos.

Entre las dos ciudades, en Recife el ambiente es más **tranquilo** (*trankuilu*; –) que en Olinda. Como las calles de Olinda son estrechas, hay menos espacio para la multitud y es difícil caminar. Sin embargo, el ambiente festivo en Olinda es más divertido que en Recife.

En ambos lugares encuentras los **carnavais de rua** (*kajnavaiz dchi jua*; carnavales callejeros) más pintorescos del Brasil. La mayoría de los participantes no se pone **fantasia** (*fantazia*; disfraz), pero hay quienes lo hacen y por supuesto que tú también puedes hacerlo. Ya verás que los disfraces consisten en ropa de colores llamativos y de tipo festivo.

La gente deambula por las calles, con **bebidas** (*bebidaz*; –) en la mano, y se detiene a mirar los improvisados **blocos** (*blokuz*; agrupaciones musicales con gente bailando a los lados) que desfilan por las calles. El "desfile" en Recife es bastante desorganizado; en Olinda parece haber un poco más de coordinación. En ambas ciudades hay **blocos** de todo tipo. Un **bloco** puede estar conformado, simplemente, por un grupo de amigos que han escogido un tema, se han vestido según este tema y tocan algunos instrumentos de percusión improvisados. En ninguna de las dos ciudades se percibe un ambiente "oficial" de carnaval. Durante todo el día hay gente deambulando y desfilando por las calles. Además, puedes comprar comida por ahí o ir a centros comerciales donde puedes sentarte al aire libre y comer algo más sustancioso, mientras escuchas a los percusionistas en la distancia (o desfilando muy cerca).

En Olinda son famosos e increíbles los **bonecos gigantes** (*bonekuz yiganchiz*; muñecos gigantes). Son figuras hechas a mano que pueden medir unos seis metros de altura, lo que es fabuloso, porque puedes verlas desde cualquier parte, en medio de la multitud. Los **bonecos** son, a veces, personajes famosos de la vida del Brasil, como el escritor Jorge Amado.

Los **bonecos** más famosos son el **Homem da meia-noite** (*omem da meia-noichi*; hombre de media noche) en Olinda, y el **Galo da madrugada** (*galu da madrugada*; el gallo de madrugada) en Recife. El desfile del gallo marca el comienzo del carnaval de Recife, el primer día. Los **bonecos** desfilan por las **ruas**, junto con los **blocos** informales.

O frevo y o maracatu

La música tradicional de carnaval en el noreste del país, donde se encuentran Recife y Olinda, es **o frevo** (*u frevu*) y **o maracatu** (*u marakatu*). El **frevo** parece, al principio, un baile poco brasileño: por lo general es un niño o un hombre adulto vestido con ropa colorida y como de payaso, bailando con un **guarda-chuva** (*guajda-shuva*; paraguas). El nombre de **frevo** viene del verbo **ferver** (*fejvej*; hervir); esto es porque los pasos del baile son tan rápidos que el bailarín parece en estado de ebullición. La música **frevo** suena muy tradicional, ya que las melodías son como las de hace cientos de años.

El **maracatu** es una música de ritmo rápido en la que los brasileños despliegan su inmenso talento para la percusión. Los percusionistas —todos hombres— se ponen tocados enormes y vistosos. Esta tradición llegó al Brasil a través de los esclavos africanos, que usaban la música y la danza en sus rituales.

Hablando se entiende la gente

Fernando (*fejnandu*) y **Roberta** (*jobejta*) son una pareja de São Paulo y están en Recife. Le preguntan a **Katia** (*kachia*), una mujer de Olinda, dónde está la verdadera acción del carnaval.

Fernando: **Por favor, você é daqui?**
poj favoj, vosé é daki?
Por favor, ¿tú eres de aquí?

Katia: **Sou.**
sou.
Sí.

Roberta: **Onde tem a festa na Olinda?**
ondchi tem a festa na olinda?
¿Dónde se celebra la fiesta en Olinda?

Katia: **Olha, a festa tem pela cidade toda, mas a rua principal é a Rua 15 de novembro.**
olia, a festa tem pela sidadchi tuda, maz a jua prinsipau é a jua quinzi dchi novembru.
Mira, la fiesta es en toda la ciudad, pero la calle principal es la 15 de noviembre.

Fernando: **Acha que um táxi pode chegar até lá?**
asha ke um táksi podi shegaj até lá?
¿Crees que un taxi puede llegar hasta allá?

Katia: **Tem muito movimento por ai; peça para o taxista de deixar ai perto daquela rua, e vai ver a festa.**
tem muitu movimentu poj ai; pesa para u taksista dchi deishaj ai pejtu dakela jua, i vai vej a festa.

	Hay mucho movimiento por allá; pídele al taxista que te deje cerca de esa calle y verás la fiesta.
Roberta:	**Tá legal, obrigada!** *tá legau, obrigada!* Muy bien, ¡gracias!
Katia:	**Não tem como errar.** *nãu tem komu ejaj.* No hay pérdida.

Palabras para recordar

pela cidade toda	*pela sidadchi tuda*	en toda la ciudad
movimento	*movimentu*	movimiento
peça	*pesa*	pide
deixar	*deishaj*	dejar
daquela	*dakela*	de esa
errar	*ejaj*	equivocar(se)

¡Bailar samba!

Si visitas el Brasil, podrás escuchar **samba** (*samba)* y ver gente bailando, sin importar dónde vayas a ver el carnaval. ¿Cómo se baila este famoso baile?

Hay dos **tipos** (*tipuz*; –) básicos de samba: el que hacen las **sambistas** (*sambistaz*; bailarinas de samba) durante el carnaval, con sus tacones altos, encima de las carrozas, o el paso que hace el resto de gente. Con los tacones es mucho más **difícil** (*dchifísiu*; –) bailar. Deja esos movimientos para las talentosas bailarinas, que son un **mistério** (*mistériu*; misterio) para los asombrados espectadores.

A mí me llevó unos tres años **aprender** (*aprendej*; –) a bailar samba, y todavía no lo hago muy bien. Aunque el movimiento de los pies es simple, yo tengo la sensación de que es necesario tener **sangue** (*sangui*; sangre) brasileña para poder hacerlo **muito bem** (*muitu bem*; muy bien). Aun así, para los simples mortales hay posibilidades. Sigue estas instrucciones.

» En primer lugar, suelta los **joelhos** (*yoeliuz*; las rodillas); **relaxe** (*jelashe*; relájalas) y dóblalos un poco. La samba no se baila con el **corpo** (*kojpu*; cuerpo) erguido, sino en una posición ligeramente inclinada.

» Luego, pon los pies juntos. Lleva el peso de tu cuerpo al **pé direito** (*pé dchireitu*; pie derecho) y después hacia el **pé esquerdo** (*pé eskejdu*; pie izquierdo). Al tiempo que haces esto, lleva el **pé direito** al frente, con el talón deslizándose sobre el suelo. Al final, levanta rápidamente el talón del suelo, pero muy poco.

» Cuando deslizas el talón, los dedos del pie derecho deben apuntar un poco hacia la derecha, como si fueras a hacer un arco. El cuerpo está inclinado hacia delante todo el tiempo y el torso se mueve poco. Los brazos se flexionan en los codos, para equilibrar el cuerpo.

» Vuelve a poner el **pé direito** en la posición inicial y apóyate en él. Estás bailando en el mismo sitio y has vuelto a poner el peso de tu cuerpo en el pie derecho. Ahora, haz lo mismo con el **pé esquerdo**. Es un movimiento de tres tiempos, y la danza es sutil, no ostentosa.

Si te sientes torpe intentándolo, no te preocupes. Te voy a contar un gran **segredo** (*segredu*; secreto): muchos brasileños no saben bailar samba. Vuélvelo a intentar, o simplemente siéntate a gozar de alguna bebida y disfruta. ¡De eso se trata, en cualquier caso!

Enamorarse en portugués

Dicen que **o amor** (*u amoj*; el amor) es el lenguaje universal. Eso es cierto, pero las expresiones de amor y los cariñitos en portugués son un encanto.

El portugués del Brasil es una lengua extremadamente romántica. No sólo los sonidos son hermosos y melódicos, sino que los brasileños mismos son muy **românticos** (*jománchikuz*; románticos). Además, no se puede separar la **lingua** (*lingua*; lengua) de la **cultura** (*kuutura*; –). Esta lengua está **cheia de poesia** (*sheia dchi poesia*; llena de poesía).

CULTURA GENERAL

En el Brasil, la mayoría de la gente sigue las **novelas** (*novelaz*; telenovelas). Así como el 80 % de las **novelas** trata sobre temas de **paixão** (*paishãu*; pasión), la mayoría de brasileños vive muy pendiente del romance. Las historias son, a la vez, **alegres** (*alegriz*; –) y **tristes** (*trischiz*; –), y, por supuesto, un toque de **tragédia** (*trayédia*; tragedia) no hace daño. En otros países tienen más éxito las series policíacas, las comedias y los programas de variedades.

Los brasileños tienen, incluso, un verbo específico para la actividad de salir a pasear en plan romántico con el novio o la novia: **namorar** (*namoraj*). La raíz del verbo es la palabra **amor**. Por ejemplo: ¿qué hizo **Jacqueline** (*yakelini*) el sábado? **Ela foi namorar** (*ela foi namoraj*; salió con su novio).

A propósito, **namorada** (*namorada*) significa novia y **namorado** (*namoradu*) significa novio. Si las cosas marchan bien y la pareja llega al **kasamento** (*kasamentu*; boda), se convierten en **marido e mulher** (*maridu i muliej*; marido y mujer).

Presta atención a estas clásicas frases románticas en portugués:

- **Eu te amo** (*eu chi amu*; te amo).
- **Você se casaria comigo?** (*vosé si kasaria komigu?*; ¿te casarías conmigo?).
- **Eu estou apaixonado/a** (*eu estou apaishonadu/a*; estoy enamorado/a).
- **Estou com muita saudade de você** (*estou kom muita saudadchi dchi vosé*; te echo mucho de menos).
- **Me da um beijo** (*mi da um beiyu*; dame un beso).
- **Eu vou te amar por toda a minha vida** (*eu vou chi amaj poj tuda a miña vida*; voy a amarte toda la vida).

Éstas son algunas de las expresiones tiernas que suelen usar los brasileños:

- **o meu amor** (*u meu amoj*; amor mío)
- **o meu querido/a minha querida** (*u meu keridu/a miña kerida*; querido mío/querida mía)

» **o meu fofinho/a minha fofinha** (*u meu fofiñu/a miña fofiña*; mi corazón. Literalmente: mi fofito/a)

Éstas son algunas de las frases clásicas para **paquerar** (*pakeraj*; coquetear).

» **Você é muito lindo/a** (*vosé é muitu lindu/a*; eres muy guapo/a).

» **Você tem olhos muito bonitos** (*vosé tem oliuz muitu bunituz*; tienes unos ojos muy bonitos).

» **Gosto muito de você** (*gostu muitu dchi vosé*; me gustas mucho).

Estas frases son muy útiles cuando conoces a alguien que te gusta:

» **Me da o seu número de telefone?** (*mi da u seu númeru dchi telefoni?*; ¿me das tu número de teléfono?).

» **O quê vai fazer amanhã?** (*u ké vai fazej amañã?*; ¿qué vas a hacer mañana?).

» **Quer ir para o cinema comigo?** (*kej ij para u sinema komigu?*; ¿quieres ir al cine conmigo?).

Por supuesto que éstas son preguntas que haces después de un primer contacto, que puede ser así: **Qual é seu nome?** (*kuau é seu nomi?*; ¿cómo te llamas?), o **Quer dançar?** (*kej dansaj?*; ¿quieres bailar?).

Hablando se entiende la gente

Presta atención a la manera como **Jorge** (*yojyi*) y **Glória** (*glória*) coquetean.

Jorge: **Olá, quer dançar?**
olá, kej dansaj?
Hola, ¿quieres bailar?

Glória: **Tá bom.**
tá bom.
Vale.

Jorge: **Você é muito linda. Qual é seu nome?**
vosé é muitu linda. kuau é seu nomi?
Eres muy linda. ¿Cómo te llamas?

Glória: **Obrigada. Sou a Glória. E você?**

	obrigada. sou a glória. i vosé? Gracias. Soy Gloria. ¿Y tú?
Jorge:	**Jorge. Você vem aqui muito? Nunca te vi aqui.** *yojyi. vosé vem aki muitu? nunka chi vi aki.* Jorge. ¿Vienes mucho? Nunca te había visto aquí.
Glória:	**Só vim uma vez antes.** *só vim uma vez anchiz.* Sólo había venido una vez.
Jorge:	**Espero te ver mais por aqui.** *esperu chi vej maiz poj aki.* Espero verte más por aquí.
Glória:	**Eu também.** *eu também.* Yo también.

Palabras para recordar

você vem aqui muito?	*vosé vem aki muitu*	¿vienes mucho?
vim	*vim*	vine/he venido
uma vez	*uma vez*	una vez
espero te ver mais	*esperu chi vej maiz*	espero verte más

Hablando se entiende la gente

Dos años después del encuentro, **Jorge** le propone matrimonio a **Glória**.

Jorge:	**Glória, eu te amo tanto.** *glória, eu chi amu tantu.* Gloria. ¡Yo te amo tanto!

Glória: **Eu te amo também.**
eu chi amu também.
Yo también te amo.

Jorge: **Você se casaria comigo?**
vosé si kasaria komigu?
¿Te casarías conmigo?

Glória: **Oh, Jorge, sim!**
oh, yojyi, sim!
Ay, Jorge, ¡sí!

Jorge: **Você é a mulher dos meus sonhos.**
vosé é a muliej doz meuz soñuz.
Eres la mujer de mis sueños.

Gloria: **Quero estar com você sempre.**
keru estaj kom vosé sempri.
Quiero estar contigo para siempre.

Juegos y ejercicios divertidos

Un amigo tuyo tiene ganas de ir al carnaval del Brasil. Tú te has vuelto un experto en la materia y le explicas las tres opciones principales.

Asigna a cada término el carnaval que mejor le corresponde: el de Río, el de Salvador o el de Recife/Olinda. Encontrarás las respuestas en el apéndice C.

1. frevo
2. sambódromo
3. abadá
4. samba
5. bonecos
6. farol
7. trio elétrico
8. maracatu
9. axé

4 Los decálogos

EN ESTA PARTE . . .

Si estás buscando información breve y curiosa sobre el portugués, esta parte te interesará. Aquí encontrarás diez maneras de practicar el portugués, diez expresiones útiles, once frases del lenguaje coloquial y once términos que te harán parecer un brasileño de pura cepa.

EN ESTE CAPÍTULO

- Practicar el portugués en un viaje al Brasil
- Conocer brasileños en tu propio país
- Usar la web para practicar portugués en un contexto real
- Ver programas y telediarios brasileños
- Asistir a clases formales y practicar en voz alta

Capítulo 18

Diez maneras de aprender portugués rápidamente

La verdadera diversión comienza cuando sueltas este libro y te pones a escuchar cómo hablan los brasileños en la vida real. Aunque no conozcas gente del Brasil, o de algún otro país donde se hable portugués, aquí encontrarás algunas ideas que te permitirán hacer una inmersión en este idioma.

¡Ve al Brasil!

Sin lugar a dudas, la mejor manera de aprender portugués (o cualquier otro idioma) es ir al país donde lo hablan. El Brasil es genial para aprender portugués, pues la gente es increíblemente amable. Además, a los brasileños les encanta hablar.

Allí podrás intercambiar algunas palabras con los camareros, con la gente en las tiendas y con tus nuevos amigos. Muchos brasileños comprenden un poco de español, lo cual te facilitará la tarea en algunas situaciones.

Dependiendo de cuál sea tu lugar de origen, viajar al Brasil puede resultar un poco costoso. Sin embargo, una vez te encuentras en el país, la tasa de cambio te permite comprar cosas por la mitad o la tercera parte del precio que se paga en Europa o Estados Unidos. El costo actual de una noche en una **pousada** (*pousada*; posada) es de veinte dólares para dos personas.

CONSEJO

Si te interesa la idea de explorar diversas regiones del Brasil (y oír acentos diferentes dentro del mismo país), compra un paquete llamado Brazil Air Pass, que te permite hacer hasta cinco vuelos de ida a cualquier destino dentro del país, por unos 560 dólares. Hay varias compañías aéreas que lo ofrecen y tienes que comprarlo fuera del Brasil, antes de llegar a este país.

Conoce brasileños en tu propio país

Para averiguar si en la zona donde vives hay inmigración brasileña, busca restaurantes o tiendas donde vendan productos típicos del país. En caso afirmativo, ve a explorar. Pregúntale a un empleado o al dueño del negocio (mejor si es un brasileño) si sabe dónde puedes contactar a los brasileños de la región. También puedes hacerte amigo de la gente que va al restaurante o a la tienda. O prueba escribiendo el nombre de tu ciudad en el espacio de búsqueda de la web de Google Brasil (`www.google.com.br`), ¡a ver qué sale!

Si eres amante de los deportes, puedes conocer brasileños o aficionados a su cultura en una clase de **capoeira** (*kapoeira*; un arte marcial brasileña y una forma de danza). Está de moda y en la mayoría de las grandes ciudades hay cursos.

También puedes averiguar si en la zona donde vives hay restaurantes o comunidades portuguesas (de Portugal). El acento es muy diferente del brasileño, pero cualquier contacto con la lengua sirve. Por otra parte, el portugués escrito (piensa, por ejemplo, en el menú de un restaurante) es similar en el Brasil y en Portugal.

Consigue un novio o una novia del Brasil

Es obvio que esta opción no es para todo el mundo. Sin embargo, si eres soltero y conoces los lugares que frecuentan los brasileños en la zona donde vives, ¡la idea no es nada mala! Los brasileños son gente afectuosa y es agradable salir con ellos. Sin duda, tendrán mucha paciencia contigo cuando cometas errores gramaticales, ¡mucha más que cualquier profesor!

Lee noticias en portugués

El cerebro humano absorbe información nueva sin que te des cuenta de cómo ni cuándo. Si lees noticias en portugués, te familiarizarás con la estructura y el vocabulario de ese idioma.

Si te gusta la lectura, busca por Internet una página de noticias en portugués. Lee primero las noticias en español, para entender el contexto, así no te sentirás perdido cuando las leas en línea en tu periódico brasileño preferido. ¡No importa si se te escapa el significado exacto de algunos términos! Lo que sí es seguro es que verás muchas palabras parecidas al español, que comprenderás gracias al contexto. Espero que también logres reconocer algunas de las palabras que aparecen en este libro.

Los principales periódicos brasileños son *O Globo* (`www.oglobo.com.br`) en Río; *Folha de São Paulo* (`www.folha.com.br`), de tendencia izquierdista, y *O Estado de São Paulo* (`www.estado.com.br`), de tendencia derechista, en São Paulo. También puedes consultar la web de la BBC en portugués (`www.bbc.co.uk/portuguese`).

Visita webs del Brasil

Si te interesa buscar información en portugués brasileño sobre un tema determinado, visita la web de Google Brasil (`www.google.com.br`). **Pesquisa** (*peskisa*) significa *búsqueda*. Debajo de la caja de búsqueda, puedes seleccionar una de las siguientes opciones: **a web** (la web), **páginas em português** (páginas en portugués) o **páginas do Brasil** (páginas del Brasil). Haz clic en la última opción para limitar la búsqueda a los sitios web cuyo nombre de dominio sea brasileño (.br). El botón junto a **Pesquisa Google —Estou com sorte—** significa *voy a tener suerte*. Si haces clic ahí, el motor de búsqueda te llevará automáticamente a la primera página web que encuentre.

En Google Brasil puedes probar con términos en portugués o en español. Te sugiero pasar por alto las webs que aparezcan en español y quedarte con las que aparezcan en portugués.

Escribe en la caja de búsqueda el nombre de algún pasatiempo que te interese. Por ejemplo, si eres aficionado a NASCAR, pon esta palabra. Lo mismo si te llama la atención tejer. Si te gusta la bebida nacional brasileña, la **caipirinha** (*kaipiriña*), que se hace con licor de caña de azúcar, limón verde, azúcar y hielo, escribe **caipirinha** en la caja de búsqueda y descubrirás la receta auténtica de este cóctel.

No te asustes al ver palabras que no entiendes: la curiosidad es la mejor herramienta para aprender un idioma. Poco a poco, y a medida que te vayas familiarizando con el portugués, irás adquiriendo mayores conocimientos para poder hablar y comprender esta lengua.

Éstas son algunas de las webs más populares del Brasil para hacer compras. En ellas también podrás aprender vocabulario nuevo:

- **Pão de Açucar** (`www.paodeacucar.com.br`). Productos de supermercado.
- **Mercado Livre** (`www.mercadolivre.com.br`). El principal sitio brasileño de subastas en línea.
- **UOL** (`www.uol.com.br`). El portal más popular del Brasil.
- **Submarino** (`www.submarino.com.br`). La librería en línea más grande del Brasil.

Por lo general, las webs de turismo son fabulosas, pues suelen tener versiones en portugués, inglés y español. Visita la página `www.turis-`

`mo.gov.br` para obtener información turística general sobre el Brasil. Cambia el idioma de la página haciendo clic en la bandera española.

Escucha música brasileña

Una forma muy placentera de acostumbrar el oído al sonido del portugués es escuchar música en este idioma. Lee atentamente las letras de las canciones si se presentan con el CD, o búscalas por Internet.

Hay muchos géneros musicales en el Brasil. Los más famosos son la **bossa nova** (*bosa nova*), un tipo de música lenta y lírica de los años sesenta; la **música popular brasileira (MPB)** (*emi pe be*), que se toca principalmente con guitarra acústica y voz; el **pagode** (*pagodchi*), divertido y de ritmo ligero; la **samba** (*samba*), una música que sigue el modelo de llamada y respuesta, con un ritmo intermedio; el **chorinho** (*shoriñu*), precursor de la samba, de los años veinte, y el **axé** (*ashé*), una música de ritmo ultrarrápido típica del carnaval de Salvador.

Éstos son algunos de los artistas más conocidos:

- Gilberto Gil (MPB)
- Caetano Veloso (MPB)
- Marisa Monte (MPB)
- Jorge Ben Jor (MPB/funk)
- Tim Maia (funk)
- Gal Costa (bossa nova)
- Elis Regina (bossa nova)
- Vinicius de Moraes
- Zeca Pagodinho (samba)
- Ivete Sangalo (axé)
- Revelação (pagode)
- Marcelo D2 (rap)
- DJ Patife (electrónica)
- DJ Marky (electrónica pesada)

Alquila una película brasileña

Ver cine brasileño es otra forma excelente de aprender cosas sobre la cultura de ese país y de memorizar alguna que otra palabra.

Éstas son algunas famosas películas brasileñas:

- ***Deus é brasileiro*** (2003)
- ***Carandirú*** (2003)
- ***Cidade de Deus***/*Ciudad de Dios* (2002)
- ***Ônibus 174*** (2002)
- ***Eu, Tu, Eles***/*Yo, tú, ellos* (2000)
- ***Central do Brasil***/*Estación Central de Brasil* (1998)
- ***Pixote*** (1981)
- ***Bye Bye Brazil*** (1979)
- ***Orfeu Negro***/*Orfeo negro* (1959)

Mira la programación de la cadena Globo por cable o satélite

Busca la manera de contratar el servicio de una compañía que ofrezca la programación de **Rede Globo** (*jedchi globu*), la cadena de televisión más conocida del Brasil. Ver **novelas** (*novelaz*; telenovelas) brasileñas es una excelente manera de aprender sobre la cultura brasileña.

Para obtener información sobre los socios internacionales de **Rede Globo**, y la manera de ver este canal en el resto de Latinoamérica, visita la página web: `globotvinternational.globo.com`.

Ve a clases de portugués

Si no puedes ir al Brasil, la mejor alternativa puede ser tomar clases de portugués. Si realmente te interesa más el acento brasileño, pregunta si los profesores son originarios de este país. El acento de Portugal y muchas palabras de uso cotidiano son diferentes.

Habla hasta por los codos

Practica tu portugués hablando solo por las calles. No importa si la gente cree que estás loco. La repetición es la única manera de lograr que las palabras se te graben en la memoria. Repite las palabras de este libro y pronúncialas en voz alta cuando quieras.

Yo lo hacía cuando vivía en el Brasil, para aprender a pronunciar bien los sonidos nasales y poder pasar por una auténtica brasileña. Es más fácil practicar cuando estás solo que cuando estás delante de un público atento a lo que vas a decir.

EN ESTE CAPÍTULO

Términos que puedes usar para impresionar a los brasileños con tus habilidades lingüísticas

Frases que oirás todo el tiempo en el Brasil

Capítulo 19
Diez expresiones comunes

Las frases que encontrarás en este capítulo pertenecen al repertorio popular brasileño. El uso de estas frases te hará parecer un brasileño de pura cepa, y si prestas atención a lo que dice la gente a tu alrededor, podrás reconocer estas locuciones de uso común. El portugués es una lengua muy agradable de aprender, ya que está llena de expresiones cargadas de humor y picante.

Estas frases son comprimidos de cultura brasileña. Con ellas, comenzarás a comprender el espíritu de una nación compuesta por gente amigable, relajada y alegre.

Que saudade!

La palabra **saudade** (*saudadchi*) es muy utilizada por los brasileños, y podría traducirse al español como soledad, nostalgia, melancolía o añoranza, aunque no hay una palabra exacta. Se usa la expresión **que saudade!** cuando echas algo de menos, tanto que te hace doler el corazón. Alguien dirá **que saudade!** cuando recuerde a su mejor amigo, que ahora vive en otro país, o cuando evoque la playa donde pasó sus días de infancia. Los brasileños escriben **saudades!** al final de un correo electrónico o de una carta para decirte que te echan mucho de menos.

Fala sério!

Decir **fala sério!** (*fala sériu!*) es como cuando en español decimos "¿hablas en serio?" o "¡no me lo puedo creer!" Los brasileños también dicen **não acredito!** (*nãu akredchitu!*; no me lo creo) en circunstancias similares. Sin embargo, **fala sério** suena más chistoso. Literalmente: habla seriamente.

...pra caramba!

Ésta es una manera de poner énfasis en lo que se está diciendo. **Pra caramba** (*pra karamba*) se usa, sobre todo, al final de una frase para aumentar la calificación sobre algo. Se usa en lugar de **muito** (*muitu*; muy) o **bem** (*bem*; muy).

Tomemos la frase clásica **é boa pra caramba** (*é boa pra karamba*). **Boa** significa *buena*. Cuando se agrega la expresión **pra caramba**, la frase "Es buena" se transforma en "Es excelente".

Engraçado significa 'chistoso'. **Engraçado pra caramba** (*engrasadu pra karamba*) significa 'como para morirse de risa'. **Muito frio** significa 'muy frío'. **Frio pra caramba** (*friu pra karamba*) significa 'gélido'.

Lindo maravilhoso!

La expresión **lindo maravilhoso!** se usa comúnmente en el Brasil para decir que algo es de una gran belleza o que es inmejorable.

El clima puede ser **lindo maravilhoso**, como en la frase: **Hoje esteve um dia lindo maravilhoso!** (*oyi esteve um dchia lindu maraviliosu!*; ¡hoy ha hecho un día fantástico!). Un lugar puede ser calificado de esta misma manera: **o local é lindo maravilhoso!** (*u lokau é lindu maraviliosu!*; ¡el lugar es excelente!).

No olvides hacer la concordancia de género, si estás hablando de un sujeto femenino. Una mujer hermosa puede ser **linda maravilhosa!**, así como un hombre guapo puede ser **lindo maravilhoso!**

É mesmo?

É mesmo? (*é mesmu?*) podría traducirse como "¿de veras?", y se usa para reaccionar ante un dato interesante.

Imagina esta situación: Le dices a un amigo que Karla está saliendo con Paulinho. Tu amigo te responderá: **É mesmo?**

También se usa para expresar admiración. Por ejemplo, si le cuentas a otra persona que estás aprendiendo portugués, quizá te responda con un entusiasta **É mesmo!**, ¡en serio!

Um beijo!/Um abraço

Los brasileños son personas muy afectuosas. Muchas veces terminan las conversaciones con sus amigos o con los conocidos hacia los que sienten afecto diciendo: **Um beijo!** (*um beiyu!*; ¡un beso!) o **um abraço!** (*um abrasu!*; ¡un abrazo!). Por lo general, las mujeres dicen **um beijo!** tanto a sus amigos hombres como mujeres. Los hombres dicen **um beijo!** a sus amigas mujeres y **um abraço!** a sus amigos hombres. Estas expresiones también se utilizan como fórmula de despedida en los correos electrónicos. Bueno, más o menos como en español, ¿no?

Imagina!

Los brasileños son muy hospitalarios. Cuando les das las gracias –diciendo **obrigado** (*obrigadu*) si eres hombre u **obrigada** (*obrigada*) si eres mujer– ellos responden muchas veces con un **imagina!** (*imayina!*; literalmente: ¡imagínate!), que significa '¡con mucho gusto!'. La *i* inicial no se pronuncia en el lenguaje hablado. Así, la expresión suena **magina!** (*mayina!*).

Pois não?

Ésta es una frase que se oye con mucha frecuencia cuando entras en una tienda o llamas por teléfono al servicio al cliente de una empresa o a un restaurante. **Pois não?** (*poiz nãu?*) significa '¿en qué puedo ayudarle?'. Es una frase muy graciosa, pues literalmente significa '¿pues no?'. Es un poco absurda, y los brasileños no saben muy bien cuál es su origen.

Com certeza!

Ésta es otra frase común, muy agradable. **Com certeza!** (*kom sejteza!*; literalmente: ¡con certeza!) significa *¡por supuesto!* o *¡claro que sí!*

Si alguien te pregunta: **Vai para a festa?** (*vai para a festa?*; ¿vas a la fiesta?), tú puedes responder: **Com certeza!**

Fique tranquilo

Si hay algún rasgo que a los brasileños les encanta de la gente es el optimismo y la disposición para resolver los problemas. Si el problema no se puede resolver, tranquilízate y no pienses más en eso. Al ver que una persona se está estresando, los brasileños dicen: **Fique tranquilo** (*fike trankuilu*; no te preocupes). Esta frase produce un efecto relajante.

Si el autobús se va justo cuando tú llegas a la parada, no te preocupes, **fique tranquilo**, ya vendrá otro en diez minutos. Y mientras esperas puedes hacer nuevos amigos.

EN ESTE CAPÍTULO

Palabras que oirás con frecuencia en el Brasil

Palabras que puedes usar para parecer brasileño

Capítulo 20

Más de diez palabras comunes del habla coloquial

Los brasileños usan todo el tiempo las palabras que encontrarás en este capítulo. Puede que no te sientas muy cómodo construyendo frases donde utilices estas expresiones, pero es divertido que puedas reconocer la **gíria** (*yíria*; jerga) de la vida real cuando la escuches.

Chato

Esta palabra me encanta; es mi favorita. Lo interesante de **chato** (*sha-tu*) es que no tiene una traducción única. Puede significar 'aburrido', 'molesto' o 'flojo', dependiendo del contexto. Veamos algunos ejemplos de cómo puede usarse:

- **Aquele filme é muito chato** (*akeli fiumi é muitu shatu*; esa película es muy floja).
- **Que chato!** (*ké shatu!*; ¡qué aburrido!).

Legal

Legal (*legau*) es una palabra muy útil. Literalmente significa 'legal', conforme con la ley. Sin embargo, en el lenguaje coloquial quiere decir 'genial' o *fantástico* (actualmente se diría *guay*). ¡Nada que ver con abogados!

» **Que legal!** (*ké legau!;* ¡qué guay!).

» **Muito legal!** (*muitu legau!;* ¡súper genial!).

Cara

Cara (*kara*) significa '*tipo*' (*tío*, individuo). Veamos algunos ejemplos de uso:

» **Quem é aquele cara?** (*kem é akeli kara?*; ¿quién es ese tipo?).

» **Lembra daquele cara?** (*lembra dakeli kara?*; ¿te acuerdas de ese tipo?).

Gato y gata

Si un hombre es guapo, en portugués las mujeres se referirán a él como un **gato** (*gatu*). En cambio los hombres llamarán **gata** (*gata*) a una mujer hermosa. ¿Será porque estos felinos son bonitos y seductores?

» **Ele é um gato** (*eli é um gatu*; él es guapísimo).

» **Que gata!** (*ké gata!*; ¡qué guapa!).

Grana

Grana (*grana*) es el término familiar para referirse al dinero. Es como decir *pasta* en España, o *lana* en México, *plata* en Colombia o *guita* en Argentina. Los brasileños a veces se quejan de falta de **grana**. Éstas son algunas frases comunes donde se usa la palabra:

- **Eu estou sem grana** (*eu estou sim grana*; no tengo pasta).
- **Tem grana para me emprestar?** (*tem grana para mi emprestaj?*; ¿tienes lana para prestarme?).

La palabra en lenguaje neutro es **dinheiro** (*dchiñeiru*; dinero).

Chique

Chique (*shiki*) es una palabra simpática. Es la versión brasileña del vocablo francés *chic*. Se puede calificar algo de **chique** cuando es **sofisticado** (*sofischikadu*; –) y **glamoroso** (*glamorosu*; –), aunque también se puede usar para referirse a algo que es **caro** (*karu*; –).

- **Que chique!** (*ké shiki!*; ¡qué elegante!).
- **O restaurante é muito chique** (*u jestauranchi é muitu shiki*; el restaurante es muy bueno).

Valeu

Valeu (*valeu*) es la manera informal de decir *gracias*, en lugar de decir **obrigado** (*obrigadu*) u **obrigada** (*obrigada*). **Valeu** es una palabra que usa mucho la gente joven, sobre todo los surfistas.

La palabra **valeu** se usa sola, aunque también puede encontrarse dentro de una frase, como en las siguientes:

- **Valeu pela dica!** (*valeu pela dika!*; ¡gracias por el consejo!).
- **Valeu pela carona!** (*valeu pela karona!*; ¡gracias por llevarme!).

Esperto

Esperto (*espejtu*) es una palabra divertida; se parece a la palabra *experto* en español, pero no significa lo mismo. Se usa para decir que una persona (e incluso un animal) es inteligente o hábil para algo. Se puede usar así en una conversación:

- **Ele é muito esperto** (*eli é muitu espejtu*; él es muy hábil).

» **Os golfinhos são muito espertos** (*oz goufiñuz sãu muitu espejtuz*; los delfines son muy inteligentes).

» **Ela é muito esperta na matemática** (*ela é muitu espejta na matemáchika*; ella es muy buena para las matemáticas).

Pinga

Pinga es el término coloquial para la **cachaça** (*kachasa*), la bebida alcohólica más famosa del Brasil. Se elabora a partir de la caña de azúcar y sabe a tequila dulce. La mejor **pinga** se produce en el estado de Minas Gerais. La **pinga** también se usa para hacer la **caipirinha** (*kaipiriña*), el cóctel nacional del Brasil. Para prepararla, debes exprimir limón verde y triturar azúcar en un mortero; luego vierte el limón y el azúcar en un vaso con hielo y añádele la **pinga**.

Observa las siguientes frases:

» **Um copinho de pinga, por favor** (*um kopiñu dchi pinga, poj favoj*; un vaso pequeño de cachaza, por favor).

» **Que marcas de pinga tem ai?** (*ké majkaz dchi pinga tem ai?*; ¿qué marcas de cachaza tiene?)

La **pinga com mel** (*pinga kom meu*; cachaza con miel) es muy popular. En algunos lugares se destila **pinga** con higos y otras frutas.

Brega/cafona

No sé si me habrá pasado sólo a mí, pero cuando llegué al Brasil quise saber cómo se decía cursi o de mal gusto. En lenguaje coloquial, se usan las siguientes palabras para expresar este concepto. **Brega** (*brega*) significa *cursi* y **cafona** (*kafona*) quiere decir 'de mal gusto'.

» **Essa música é muito brega** (*esa músika é muitu brega*; esa música es muy cursi).

» **Viu o vestido dela? Que cafona!** (*viu u vestidu dela? ké kafona!*; ¿viste su vestido? ¡Qué ordinario!).

EN ESTE CAPÍTULO

El verdadero portugués brasileño hablado

Muletillas y abreviaciones fonéticas características del Brasil

Capítulo 21

Diez términos y uno más que te harán parecer un brasileño de pura cepa

Mucha gente dice que el portugués del Brasil es muy musical. En este capítulo encontrarás algunas de las palabras y expresiones que contribuyen a darle ese sonido a la lengua.

Las muletillas, por ejemplo, son palabras que se usan muy corrientemente pero que no le añaden ningún sentido particular a la frase. Es como el "o sea" de los hispanohablantes. Adicionalmente, al final del capítulo encontrarás algunos ejemplos de palabras abreviadas, tal como las pronuncian los brasileños.

Tómatelo con calma. La información que encontrarás aquí te servirá, simplemente, para que puedas reconocer el sonido de las palabras y saber qué significan cuando las oigas. Ahora bien, si quieres usarlas, parecerás una persona que habla portugués desde la infancia.

Né?

Creo que la palabra **né** (*né*) es la más usada por los brasileños. La ponen al final de la frase, para confirmar lo dicho: **Você vai para o aeroporto amanhã, né?** (*vosé vai para u aeropojtu amañã, né?*; vas para el aeropuerto mañana, ¿no?).

También puedes escuchar **né** en medio de una frase, donde no tiene ningún significado real: **Eu vi o meu amigo, né, e depois não lembro mais nada** (*eu vi u meu amigu, né, i depoiz nãu lembru maiz nada*; vi a mi amigo, sabes, y después no recuerdo nada).

Né es una manera abreviada de decir **não é?** (*nãu é?*; literalmente: ¿no es así?).

Tá

Cuando una persona habla por teléfono, muchas veces oímos que dice: "Ah... Ajá... Sí... ya...".

El equivalente brasileño de todas estas palabras es **tá**. Si alguien te está dando indicaciones sobre cómo llegar a algún lugar, puedes decir: **Tá... tá... tá...** Así, la otra persona sabrá que la estás escuchando y grabando en la memoria todo lo que te está diciendo.

Ah é?

Ah é? (*ah é?*) es una de las formas para decir "¿ah, sí?". También sirve para llenar los espacios vacíos en la conversación, de tal manera que la otra persona sienta que tú le estás prestando atención y que no te estás quedando dormido.

Mi amiga Jenny, una estadounidense que vivió en el estado de Bahía, me contaba que una de las cosas que primero aprendió en el Brasil fue esta expresión.

Então

Então (*entãu*; entonces) es otra de las palabras que aparecen en todas las conversaciones en el Brasil. La gente dice **então** para cambiar de tema en una conversación que se está apagando. Obviamente, también se usa para decir "entonces".

Sabe?

Esta palabra se usa para verificar que la otra persona está entendiendo lo que dices en la conversación. Es casi idéntico al "¿sabes?" del español.

Imagina, por ejemplo, a dos personas hablando por teléfono. Una de ellas está contando algo y dice cada veinte segundos: **Sabe?** ¿Qué responde la otra persona? Como verás, según explicamos en las otras secciones, dirá: **Tá... Ah é?... Tá...**

Meio

Meio (*meiu*; medio) es una de esas palabras portuguesas que también se usan de manera similar al español, para referirse a una característica que no está muy bien definida:

- **Ele é meio alto** (*eli é meiu autu*; él es medio alto).
- **O vestido parece meio asiático** (*u veschidu paresi meiu asiáchiku*; el vestido parece medio asiático).

Ou seja/e tal

La primera frase, **ou seja** (*ou seya*), significa 'o sea'; se usa para reordenar los pensamientos durante un breve instante, antes de seguir hablando. La segunda, **e tal** (*i tau*), significa 'y tal', y se usa como para decir "*etcétera*".

El siguiente ejemplo de **e tal** lo encontré a través de Google en un sitio en portugués brasileño (`www.google.com.br`): **O livro é sobre dragões e tal** (*u livru é sobri dragõez i tau*; el libro es sobre dragones y tal).

Se en lugar de *você*

Esta abreviación es importante de conocer. Muchas veces la gente abrevia la palabra **você** (*vosé*; tú) y dice **se** (*sé*). En lugar de: **Você entendeu? Você vai agora? Você é da onde?** dicen:

- » **Se entendeu?** (*sé entendeu?*; ¿lo has entendido?).
- » **Se vai agora?** (*sé vai agora?*; ¿te vas ya?).
- » **Se é da onde?** (*sé é da ondchi?*; ¿de dónde eres?).

A gente en lugar de *nós*

También es común decir **a gente** (*a yenchi*. Literalmente: la gente) en lugar de **nós** (*nóz*; nosotros).

Al comienzo, yo me sentía muy rara diciendo **a gente**, como si estuviera hablando de un grupo de gente que no tuviera nada que ver conmigo.

Un aspecto que debes tener en cuenta es que **a gente** lleva el verbo en tercera persona, como **ele/ela** (*eli/ela*; él/ella):

- » **A gente não é daqui** (*a yenchi nãu é daki*; no somos de aquí).
- » **A gente trabalha muito** (*a yenchi trabalia muitu*; trabajamos mucho).

Pra en lugar de *para a*

Para (*para*) significa 'para' o 'a'. A veces los brasileños pronuncian esta palabra sin pronunciar la primera a: **pra** (*pra*).

- » **Vai pra praia?** (*vai pra praia?*; ¿vas a la playa?).
- » **Pra fazer o quê?** (*pra fazej u ké?*; ¿para hacer qué?).

Tô en lugar de *estou*

Estou (*estou*; estoy) se abrevia **tô**, tanto en el lenguaje hablado como en los correos electrónicos.

- **Tô com fome** (*tó kom fomi*; tengo hambre).
- **Hoje tô feliz** (*oyi tó feliz*; hoy estoy feliz).

5 Apéndices

EN ESTA PARTE . . .

Esta parte del libro es una excelente guía de referencia. Aquí podrás consultar las tablas de conjugación de algunos verbos portugueses. También hay dos minidiccionarios: uno de español a portugués y otro de portugués a español. En el siguiente apéndice encontrarás las respuestas de los apartados "Juegos y ejercicios divertidos". En otro apéndice está la lista con los archivos MP3 que hay en nuestra web; con ella, podrás saber dónde están los diálogos, para que los escuches mientras los lees. En el último apéndice hay una lista de los países donde el portugués es el idioma oficial.

Apéndice A

Tablas de verbos

Verbos portugueses

Verbos regulares terminados en -ar
Por ejemplo: morar (vivir)

	Presente	Pasado	Futuro
eu (yo)	moro	morei	vou morar
você (tú)	mora	morou	vai morar
ele/ela (él/ella)	mora	morou	vai morar
nós (nosotros/nosotras)	moramos	moramos	vamos morar
vocês (vosotros/vosotras)/ eles/elas (ellos/ellas)	moram	moraram	vão morar

Verbos regulares terminados en -er
Por ejemplo: comer (comer)

	Presente	Pasado	Futuro
eu (yo)	como	comi	vou comer
você (tú)	come	comeu	vai comer
ele/ela (él/ella)	come	comeu	vai comer
nós (nosotros/nosotras)	comemos	comemos	vamos comer
vocês (vosotros/vosotras)/ eles/elas (ellos/ellas)	comem	comeram	vão comer

Verbos regulares terminados en -ir
Por ejemplo: abrir (abrir)

	Presente	Pasado	Futuro
eu (yo)	abro	abri	vou abrir
você (tú)	abre	abreu	vai abrir
ele/ela (él/ella)	abre	abreu	vai abrir
nós (nosotros/nosotras)	abrimos	abrimos	vamos abrir
vocês (vosotros/vosotras)/ eles/elas (ellos/ellas)	abrem	abriram	vão abrir

Verbos regulares del portugués

		Presente	Pasado	Futuro
achar	*eu*	acho	achei	vou achar
pensar/creer	*você*	acha	achou	vai achar
	ele/ela	acha	achou	vai achar
	nós	achamos	achamos	vamos achar
	eles/elas	acham	acharam	vão achar

		Presente	Pasado	Futuro
começar	*eu*	começo	comecei	vou começar
comenzar	*você*	começa	começou	vai começar
	ele/ela	começa	começou	vai começar
	nós	começamos	começamos	vamos começar
	eles/elas	começam	começaram	vão começar

		Presente	Pasado	Futuro
comprar	*eu*	compro	comprei	vou comprar
comprar	*você*	compra	comprou	vai comprar
	ele/ela	compra	comprou	vai comprar
	nós	compramos	compramos	vamos comprar
	eles/elas	compram	compraram	vão comprar

		Presente	Pasado	Futuro
conheçer	*eu*	conheço	conheci	vou conhecer
conocer	*você*	conhece	conheceu	vai conhecer
	ele/ela	conhece	conheceu	vai conhecer
	nós	conhecemos	conhecemos	vamos conhecer
	eles/elas	conhecem	conheceram	vão conhecer

		Presente	Pasado	Futuro
escutar	*eu*	escuto	escutei	vou escutar
escuchar	*você*	escuta	escutou	vai escutar
	ele/ela	escuta	escutou	vai escutar
	nós	escutamos	escutamos	vamos escutar
	eles/elas	escutam	escutaram	vão escutar

		Presente	Pasado	Futuro
falar	*eu*	falo	falei	vou falar
hablar	*você*	fala	falou	vai falar
	ele/ela	fala	falou	vai falar
	nós	falamos	falamos	vamos falar
	eles/elas	falam	falaram	vão falar

		Presente	Pasado	Futuro
fechar	*eu*	fecho	fechei	vou fechar
cerrar	*você*	fecha	fechou	va fechar
	ele/ela	fecha	fechou	vai fechar
	nós	fechamos	fechamos	vamos fechar
	eles/elas	fecham	fecharam	vão fechar

		Presente	Pasado	Futuro
gostar	*eu*	gosto	gostei	vou gostar
gustar	*você*	gosta	gostou	vai gostar
	ele/ela	gosta	gostou	vai gostar
	nós	gostamos	gostamos	vamos gostar
	eles/elas	gostam	gostaram	vão gostar

		Presente	Pasado	Futuro
voltar	*eu*	volto	voltei	vou voltar
volver	*você*	volta	voltou	vai voltar
	ele/ela	volta	voltou	vai voltar
	nós	voltamos	voltamos	vamos voltar
	eles/elas	voltam	voltaram	vão voltar

Verbos irregulares del portugués

		Presente	Pasado	Futuro
colocar	eu	coloco	coloquei	vou colocar
colocar	*você*	coloca	colocou	vai colocar
	ele/ela	coloca	colocou	vai colocar
	nós	colocamos	colocamos	vamos colocar
	eles/elas	colocam	colocaram	vão colocar

		Presente	Pasado	Futuro
dar	*eu*	dou	dei	vou dar
dar	*você*	dá	deu	vai dar
	ele/ela	dá	deu	vai dar
	nós	damos	demos	vamos dar
	eles/elas	dão	deram	vão dar

		Presente	Pasado	Futuro
estar	*eu*	estou	estive	vou estar
estar	*você*	está	esteve	vai estar
	ele/ela	está	esteve	vai estar
	nós	estamos	estivemos	vamos estar
	eles/elas	estão	estiveram	vão estar

		Presente	Pasado	Futuro
fazer	*eu*	faço	fiz	vou fazer
hacer	*você*	faz	fez	vai fazer
	ele/ela	faz	fez	vai fazer
	nós	fazemos	fizemos	vamos fazer
	eles/elas	fazem	fizeram	vão fazer

		Presente	Pasado	Futuro
ir	*eu*	vou	fui	vou ir
ir	*você*	vai	foi	vai ir
	ele/ela	vai	foi	vai ir
	nós	vamos	fomos	vamos ir
	eles/elas	vão	foram	vão ir

		Presente	Pasado	Futuro
perder	*eu*	perco	perdi	vou perder
perder	*você*	perde	perdeu	vai perder
	ele/ela	perde	perdeu	vai perder
	nós	perdemos	perdemos	vamos perder
	eles/elas	perdem	perderam	vão perder

		Presente	Pasado	Futuro
pedir	*eu*	peço	pedi	vou pedir
pedir	*você*	pede	pediu	vai pedir
	ele/ela	pede	pediu	vai pedir
	nós	pedimos	pedimos	vamos pedir
	eles/elas	pedem	pediram	vão pedir

		Presente	Pasado	Futuro
poder	*eu*	posso	pude	vou poder
poder	*você*	pode	pôde	vai poder
	ele/ela	pode	pôde	vai poder
	nós	podemos	pudemos	vamos poder
	eles/elas	podem	puderam	vão poder

		Presente	Pasado	Futuro
querer	*eu*	quero	quis	vou querer
querer	*você*	quer	quis	vai querer
	ele/ela	quer	quis	vai querer
	nós	queremos	quisemos	vamos querer
	eles/elas	querem	quiseram	vão querer

		Presente	Pasado	Futuro
saber	*eu*	sei	soube	vou saber
saber	*você*	sabe	soube	vai saber
	ele/ela	sabe	soube	vai saber
	nós	sabemos	soubemos	vamos saber
	eles/elas	sabem	souberam	vão saber

		Presente	Pasado	Futuro
sair	eu	saio	saí	vou sair
salir	*você*	sai	saiu	vai sair
	ele/ela	sai	saiu	vai sair
	nós	saimos	saímos	vamos sair
	eles/elas	saiam	saíram	vão sair

		Presente	Pasado	Futuro
ser	*eu*	sou	fui	vou ser
ser	*você*	é	foi	vai ser
	ele/ela	é	foi	vai ser
	nós	somos	fomos	vamos ser
	eles/elas	são	foram	vão ser

		Presente	Pasado	Futuro
ter	*eu*	tenho	tive	vou ter
tener	*você*	tem	teve	vai ter
	ele/ela	tem	teve	vai ter
	nós	temos	tivemos	vamos ter
	eles/elas	têm	tiveram	vão ter

		Presente	Pasado	Futuro
ver	*eu*	vejo	vi	vou ver
ver	*você*	vê	viu	vai ver
	ele/ela	vê	viu	vai ver
	nós	vemos	vimos	vamos ver
	eles/elas	vêem	viram	vão ver

		Presente	Pasado	Futuro
vir	*eu*	venho	vim	vou vir
venir	*você*	vem	veio	vai vir
	ele/ela	vem	veio	vai vir
	nós	vimos	viemos	vamos vir
	eles/elas	vêm	vieram	vão vir

Apéndice B

Minidiccionario portugués-español

A

a pé (*a pé*): a pie

abacate (*abakachi*) m: aguacate

abacaxi (*abakashi)* m: piña

abraço (*abrasu*) m: abrazo

abril (*abriu*) m: abril

abrir (*abrij*): abrir

advogada (*adchvogada*) f: abogada

advogado (*adchvogadu*) m: abogado

agência (*ayénsia*) f: agencia

agora (*agora*): ahora

agosto (*agostu*) m: agosto

água (*água*) f: agua

ajuda (*ayuda*) f: ayuda

alface (*aufasi*) m: lechuga

algodão (*augodãu*) m: algodón

algum, -a (*augum*): algún, alguna

alho (*aliu*) m: ajo

almoço (*aumosu*) m: almuerzo

alto (*autu*): alto

amanhã (*amañã*): mañana (día siguiente)

amarelo (*amarelo*): amarillo

andar (*andaj*): piso

antigo (*anchigu*): antiguo

apertado (*apejtadu*): apretado

arroz (*ajoz*) m: arroz

árvore (*ájvori*) f: árbol

ator (*atoj*) m: actor

atum (*atum*) m: atún

avenida (*avenida*) f: avenida

avô (*avó*) m: abuelo

avó (*avó*) f: abuela

azul (*azuu*) m/f: azul

B

bairro (*baiju*) m: barrio

banana (*banana*) f: plátano

banco (*banku*) m: banco

banheiro (*bañeiru*) m: baño

barato (*baratu*): barato

barco (*bajku*) m: barco

bastante (*bastanchi*): bastante

beijo (*beiyu*) m: beso

bicicleta (*bisikleta*) f: bicicleta

bife (*bifi*) m: bistec

bilhete (*biliechi*) m: billete

boate (*boachi*) f: club nocturno

boca (*boka*) f: boca

bom, boa (*bom, boa*): bueno, buena

braço (*brasu*) m: brazo

branco (*branku*): blanco

C

cabeça (*kabesa*) f: cabeza

cadeira (*kadeira*) f: silla

café (*kafé*) m: café

caixa eletrônica (*kaisha eletrónika*) f: cajero automático

calças (*kausaz*) f: pantalones

cama (*kama*) f: cama

camarão (*kamarãu*) m: camarón

câmera (*kámera*) f: cámara

caminho (*kamiñu*) m: camino

camiseta (*kamiseta*) f: camiseta

canção (*kansãu*) f: canción

cancelar (*kanselaj*): cancelar

cantor (*kantoj*) m: cantante

cantora (*kantora*) f: cantante

caro (*karo*): caro

carro (*kaju*) m: auto

casa (*kasa*) f: casa

cavalo (*kavalu*) m: caballo

cebola (*sebola*) f: cebolla

cem (*sem*): cien

cerveja (*sejveya*) f: cerveza

céu (*séu*) m: cielo

chocolate (*shokolachi*) m: chocolate

chuva (*shuva*) f: lluvia

cidade (*sidadchi*) f: ciudad

cinco (*sinku*): cinco

cinema (*sinema*) m: cine

claro (*klaru*): claro

coco (*koku*) m: coco

coisa (*koisa*) f: cosa

colher (*koliej*) m: cuchara

com (*kom*): con

comida (*komida*) f: comida

computador (*komputadoj*) m: ordenador

conta (*konta*) f: cuenta

contente (*kontenchi*) m/f: contento

copo (*kopu*) m: vaso

correios (*kojeioz*) m: oficina de correo

cozinha (*koziña*) f: cocina

cunhada (*kuñada*) f: cuñada

cunhado (*kuñadu*) m: cuñado

custar (*kustaj*): costar

D

data (*data*) f: fecha

dedo (*dedu*) m: dedo

dedo do pé (*dedu du pé*) m: dedo del pie

dela (*dela*): de ella (su)

dele (*deli*): de él (su)

deles (*deliz*): de ellos (su)

dente (*denchi*) m: diente

dentista (*denchista*) m/f: dentista

devagar (*dchivagaj*): lentamente

dez (*dez*): diez

dezembro (*dezembru*) m: diciembre

dia (*dchia*) m: día

difícil (*dchifísiu*) m/f: difícil
dinheiro (*dchiñeiru*) m: dinero
direção (*dchiresãu*) f: dirección
direita (*dchireita*) f: derecha
disponível (*dchisponíveu*)m/f: disponible
divertido (*dchivejchidu*): divertido
doce (*dosi*)m/f: dulce
dois (*doiz*): dos
domingo (*domingu*) m: domingo
dor (*doj*) m: dolor

E

e (*i*): y
encontrar (*enkontraj*): encontrar
escuro (*eskuru*): oscuro
escutar (*eskutaj*): escuchar
especial (*espesiau*) m/f: especial
espinafre (*espinafri*) m: espinaca
esquerda (*eskejda*) f: izquierda
esquina (*eskina*) f: esquina
estação (*estasãu*) f: estación
estado (*estadu*) m: estado
experimentar (*esperimentaj*): probar

F

faca (*faka*) f: cuchillo
fácil (*fásiu*) m/f: fácil
falar (*falaj*): hablar
farmácia (*fajmásia*) f: farmacia
febre (*febri*) f: fiebre
fechar (*feshaj*): cerrar
feijão (*feiyãu*) m: judía/fríjol
feliz (*feliz*) m/f: feliz
feio (*feiu*): feo
fevereiro (*fevereiru*) m: febrero
filha (*filia*) f: hija
filho (*filiu*) m: hijo
flor (*floj*) f: flor
fome (*fomi*) f: hambre
fora (*fora*): fuera
foto (*fotu*) f: foto
frango (*frangu*) m: pollo
fruta (*fruta*) f: fruta

G

garota (*garota*) f: chica
garoto (*garotu*) m: chico
gato (*gatu*) m: gato
gerente (*yerenchi*) m: gerente
goiaba (*goiaba*) f: guayaba
gostar (*gostaj*): gustar
grande (*grandchi*) m/f: grande
guerra (*gueja*) f: guerra
guia (*guia*) m: guía (libro)

H

hoje (*oyi*): hoy
homem (*omem*) m: hombre
honesto (*onestu*): honesto
hora (*ora*) f: hora

I

identificação (*idenchifikasãu*) f: identificación

idioma (*idchioma*) m: idioma

ilha (*ilia*) f: isla

imigração (*imigrasãu*) f: inmigración

imprimir (*imprimij*): imprimir

irmã (*ijmá*) f: hermana

irmão (*ijmãu*) m: hermano

J

janeiro (*yaneiru*) m: enero

jardim (*yajdim*) m: jardín

jovem (*yovem*) m/f: joven

julho (*yuliu*) m: julio

junho (*yuñiu*) m: junio

junto (*yuntu*): junto

L

legal (*legau*): genial/guay

leite (*leichi*) m: leche

leste (*leschi*) m: este

ligar (*ligaj*): llamar por teléfono

limão (*limãu*) m: limón

limpar (*limpaj*): limpiar

lingua (*lingua*) f: lengua

livro (*livru*) m: libro

longe (*lonyi*): lejos

lua (*lua*) f: luna

M

maçã (*masã*) f: manzana

madeira (*madeira*) f: madera

mãe (*mãi*) f: madre

maio (*maiu*) m: mayo

mais (*maiz*): más

manga (*manga*) f: mango

mapa (*mapa*) m: mapa

mar (*maj*) m: mar

março (*majsu*) m: marzo

mariscos (*mariskuz*) m: mariscos

marrom (*majom*) m/f: marrón

medicina (*medchisina*) f: medicina

médico (*médchiku*) m: médico

melhor (*melioj*) m/f: mejor

menina (*menina*) f: niña

menino (*meninu*) m: niño

menos (*menuz*): menos

mesa (*mesa*) f: mesa

minuto (*minutu*) m: minuto

moeda (*moeda*) f: moneda

montanha (*montaña*) f: montaña

morar (*moraj*): vivir

muito (*muitu*): mucho

mulher (*muliej*) f: mujer

museu (*museu*) m: museo

música (*músika*) f: música

N

não (*nãu*): no

nariz (*nariz*) m: nariz

neta (*neta*) f: nieta

neto (*netu*) m: nieto
noite (*noichi*) f: noche
norte (*nojchi*) m: norte
nove (*novi*): nueve
novela (*novela*) f: telenovela
novembro (*novembru*) m: noviembre
número (*número*) m: número

O

ocupado (*okupadu*): ocupado
oeste (*oeschi*) m: oeste
oito (*oitu*): ocho
olho (*oliu*) m: ojo
ônibus (*ónibuz*) m: autobús
orelha (*orelia*) f: oreja
ou (*ou*): o
ouro (*ouru*) m: oro
outro (*outru*): otro
outubro (*outubru*) m: octubre
ovo (*ovu*) m: huevo

P

pagar (*pagaj*): pagar
pai (*pai*) m: padre
país (*paíz*) m: país
pão (*pãu*) m: pan
para (*para*): para, a
parque (*pajki*) m: parque
passaporte (*pasapojchi*) m: pasaporte
paz (*paz*) f: paz
pé (*pé*) m: pie
peito (*peitu*) m: pecho
peixe (*peishi*) m: pez
pequeno (*pekenu*): pequeño
perguntar (*pejguntaj*): preguntar
perna (*pejna*) f: pierna
perto (*pejtu*): cerca
pessoa (*pesoa*) f: persona
picante (*pikanchi*) m/f: picante
pintar (*pintaj*): pintar
pior (*pioj*) m/f: peor
piscina (*pisina*) f: piscina
porta (*pojta*) f: puerta
pouco (*pouku*): poco
praça (*prasa*) f: plaza
praia (*praia*) f: playa
preço (*presu*) m: precio
preto (*pretu*): negro
prima (*prima*) f: prima
primeiro (*primeiru*): primero
primeiro nome (*primeiru nomi*) m: nombre de pila
primo (*primu*) m: primo

Q

quando (*kuandu*): cuándo
quanto (*kuanto*): cuánto
quarta-feira (*kuajta-feira*) f: miércoles
quarteirão (*kuajteirãu*) m: manzana / cuadra (de una ciudad)
quatro (*kuatru*): cuatro
que (*ke*): que
quem (*kem*): quién
quinta-feira (*kinta-feira*) f: jueves

R

rápido (*jápidu*): rápido

recibo (*jesibu*) m: recibo

reservar (*jesejvaj*): reservar

responder (*jespondej*): responder

restaurante (*jestauranchi*) m: restaurante

reunião (*jeuniãu*) f: reunión

rio (*jiu*) m: río

rosa (*joza*): rosa

rua (*jua*) f: calle

ruim (*juim*) m/f: malo

S

sábado (*sábadu*) m: sábado

sangue (*sangui*) m: sangre

seco (*seku*): seco

seguinte (*seguinchi*) m/f: siguiente

segunda-feira (*segunda-feira*) f: lunes

seis (*seiz*): seis

semana (*semana*) f: semana

sete (*sechi*): siete

setembro (*setembru*) m: septiembre

sexta-feira (*sesta-feira*) f: viernes

sobrenome (*sobrenomi*) m: apellido

sol (*sou*) m: sol

sul (*suu*) m: sur

T

tamanho (*tamañu*) m: tamaño

tarde (*tajdchi*): tarde

teatro (*teatru*) m: teatro

terça-feira (*tejsa-feira*) f: martes

terra (*teja*) f: tierra

tia (*chia*) f: tía

tio (*chiu*) m: tío

tranquilo (*trankuilu*): tranquilo/ seguro

trânsito (*tránsitu*) m: tráfico

três (*três*): tres

U

um, -a (*um*): un, una

uva (*uva*) f: uva

V

velho (*veliu*): viejo

verde (*vejdchi*) m/f: verde

vermelho (*vejmeliu*): rojo

viagem (*viayem*) m: viaje

vida (*vida*) f: vida

vidro (*vidru*) m: vidrio

vinho (*vinhu*) m: vino

violão (*violãu*) m: guitarra

vitamina (*vitamina*) f: batido de frutas

voltar (*voutaj*): volver

Minidiccionario español-portugués

A

a: **para** (*para*)

a pie: **a pé** (*a pé*)

abogado: **advogado** (*adchvogadu*) m o **advogada** (*adchvogada*) f

abrazo: **abraço** (*abrazu*) m

abril: **abril** (*abriu*) m

abrir: **abrir** (*abrij*)

abuela: **avó** (*avó*) f

abuelo: **avô** (*avó*) m

actor: **ator** (*atoj*) m

agencia: **agência** (*ayénsia*) f

agosto: **agosto** (*agostu*) m

agua: **água** (*água*) f

aguacate: **abacate** (*abakachi*) m

ahora: **agora** (*agora*)

ajo: **alho** (*aliu*) m

algodón: **algodão** (*augodãu*) m

algún, alguna: **algum, -a** (*augum*)

almuerzo: **almoço** (*aumosu*) m

alto: **alto** (*autu*)

amarillo: **amarelo** (*amarelu*)

apellido: **sobrenome** (*sobrenomi*) m

apretado: **apertado** (*apejtadu*)

árbol: **árvore** (*ájvori*) m

arroz: **arroz** (*ajoz*) m

atún: **atum** (*atum*) m

autobús: **ônibus** (*ónibuz*) m

avenida: **avenida** (*avenida*) f

ayuda: **ajuda** (*ayuda*) f

azul: **azul** (*azuu*) m/f

B

banco: **banco** (*banku*) m

baño: **banheiro** (*bañeiru*) m

barato: **barato** (*baratu*)

barco: **barco** (*bajku*) m

barrio: **bairro** (*baiju*) m

batido de frutas: **vitamina** (*vitamina*) f

beso: **beijo** (*beiyu*) m

bicicleta: **bicicleta** (*bisikleta*) f

billete: **bilhete** (*biliechi*) m

bistec: **bife** (*bifi*) m

blanco: **branco** (*branku*)

boca: **boca** (*boka*) f

brazo: **braço** (*brasu*) m

bueno: **bom** (*bom*) m/**boa** (*boa*) f

C

caballo: **cavalo** (*kavalu*) m

cabeza: **cabeça** (*kabesa*) f

café: **kafé** (*kafé*) m

cajero automático: **caixa eletrônica** (*kaisha eletrónika*) f

calle: **rua** (*jua*) f

cama: **cama** (*kama*) f

cámara: **câmera** (*kámera*) f

camarón: **camarão** (*kamarãu*) m

camino: **caminho** (*kamiñu*) m

camiseta: **camiseta** (*kamiseta*) f

canción: **canção** (*kansãu*) m

cantante: **cantor** (*kantoj*) m o **cantora** (*kantora*) f

caro: **caro** (*karu*)

casa: **casa** (*kasa*) f

cebolla: **cebola** (*sebola*) f

cerca: **perto** (*pejtu*)

cerrar: **fechar** (*feshaj*)

cerveza: **cerveja** (*sejveya*) f

chica: **menina** (*menina*) f o **garota** (*garota*) f

chico: **menino** (*meninu*) m o **garoto** (*garotu*) m

chocolate: **chocolate** (*shokolachi*) m

cielo: **céu** (*séu*) m

cien: **cem** (*sem*)

cinco: **cinco** (*sinku*)

cine: **cinema** (*sinema*) m

ciudad: **cidade** (*sidadchi*) f

claro: **claro** (*klaru*)

club nocturno: **boate** (*boachi*) f

coche: **carro** (*kaju*) m

cocina: **cozinha** (*koziña*) f

coco: **coco** (*koku*) m

comida: **comida** (*komida*) f

con: **com** (*kom*)

copa: **copo** (*kopu*) m

cosa: **coisa** (*koisa*) f

costar: **costar** (*kostaj*)

cuando: **quando** (*kuandu*)

cuanto: **kuantu** (*kuantu*)

cuatro: **quatro** (*kuatru*)

cuchara: **colher** (*koliej*) m

cuchillo: **faca** (*faka*) f

cuñada: **cunhada** (*kuñada*) f

cuñado: **cunhado** (*kuñadu*) m

D

dedo: **dedo** (*dedu*) m

dedo del pie: **dedo do pé** (*dedu du pé*) m

dentista: **dentista** (*denchista*) m/f

derecha: **direita** (*dchireita*) f

día: **dia** (*dchia*) m

diciembre: **dezembro** (*dezembru*) m

diente: **dente** (*denchi*) m

diez: **dez** (*dez*)

difícil: **difícil** (*dchifísiu*) m/f

dinero: **dinheiro** (*dchiñeiru*) m

dirección: **direção** (*dchiresãu*) f

disponible: **disponível** (*dchisponíveu*) m/f

divertido: **divertido** (*dchivejchidu*)

dolor: **dor** (*doj*) m

domingo: **domingo** (*domingu*) m

dos: **dois** (*doiz*)

dulce: **doce** (*dosi*) m/f

E

encontrar: **encontrar** (*enkontraj*)

enero: **janeiro** (*yaneiru*) m

escuchar: **escutar** (*eskutaj*)

especial: **especial** (*espesiau*) m/f

espinaca: **espinafre** (*espinafri*) m

esquina: **esquina** (*eskina*) f

estación: **estação** (*estasão*) f

estado: **estado** (*estadu*) m

este: **leste** (*leschi*) m

F

fácil: **fácil** (*fásiu*) m/f

farmacia: **farmácia** (*farmásia*) f

febrero: **fevereiro** (*fevereiru*) m

fecha: **data** (*data*) f

feliz: **feliz** (*feliz*) o **contente** (*kontenchi*) m/f

feo: **feio** (*feiu*)

fiebre: **febre** (*febri*) f

flor: **flor** (*floj*) f

foto: **foto** (*fotu*) f

fruta: **fruta** (*fruta*) f

fuera: **fora** (*fora*)

G

gato: **gato** (*gatu*) m

gerente: **gerente** (*yerenchi*) m/f

genial: **legal** (*legau*)

grande: **grande** (*grandchi*) m/f

guayaba: **goiaba** (*goiaba*) f

guerra: **guerra** (*gueja*) f

guía: **guia** (*guia*) m

guitarra: **violão** (*violão*) m

gustar: **gostar** (*gostaj*)

H

hablar: **falar** (*falaj*)

hambre: **fome** (*fomi*) m

hermana: **irmã** (*ijmá*) f

hermano: **irmão** (*ijmão*) m

hija: **filha** (*filia*) f

hijo: **filho** (*filiu*) m

hombre: **homem** (*omem*) m

honesto: **honesto** (*onestu*)

hora: **hora** (*ora*) f

hoy: **hoje** (*oyi*)

huevo: **ovo** (*ovu*) m

I

identificación: **identificação** (*identifikasão*) f

imprimir: **imprimir** (*imprimij*)

inmigración: **imigração** (*imigrasão*) f

isla: **ilha** (*ilia*) f

izquierda: **esquerda** (*eskejda*) f

J

jardín: **jardim** (*yajdim*) m

joven: **jovem** (*yovem*) m/f

judías: **feijão** (*feiyãu*) m

jueves: **quinta-feira** (*kinta-feira*) f

julio: **julho** (*yuliu*) m

junio: **junho** (*yuñiu*) m

junto: **junto** (*yuntu*)

L

leche: **leite** (*leichi*) m

lechuga: **alface** (*aufasi*) f

lejos: **longe** (*lonyi*)

lengua: **lingua** (*lingua*) f

lentamente: **devagar** (*dchivagaj*)

libro: **livro** (*livru*) m

limón: **limão** (*limãu*) m

limpiar: **limpar** (*limpaj*)

llamar por teléfono: **ligar** (*ligaj*)

lluvia: **chuva** (*shuva*) f

luna: **lua** (*lua*) f

lunes: **segunda-feira** (*segunda-feira*) f

M

madera: **madeira** (*madeira*) f

madre: **mãe** (*mãi*) f

malo: **ruim** (*juim*) m/f

mango: **manga** (*manga*) f

manzana / cuadra (de una calle): **quarteirão** (*kuajteirãu*) m

manzana: **maçã** (*masá*) f

mañana (día siguiente): **amanhã** (*amañã*)

mapa: **mapa** (*mapa*) m

mar: **mar** (*maj*) m

mariscos: **mariscos** (*mariskuz*) m

marrón: **marrom** (*majom*) m/f

martes: **terça-feira** (*tejsa-feira*) f

marzo: **março** (*majsu*) m

más: **mais** (*maiz*)

mayo: **maio** (*maiu*) m

medicina: **medicina** (*medchisina*) f

médico: **médico** (*médchiku*) m

mejor: **melioj** (*melioj*)

menos: **menos** (*menuz*)

mesa: **mesa** (*mesa*) f

miércoles: **quarta-feira** (*kuajta-feira*) f

minuto: **minuto** (*minutu*) m

moneda: **moeda** (*moeda*) f

montaña: **montanha** (*montaña*) f

mucho: **muitu** (*muitu*)

mujer: **mulher** (*muliej*) f

museo: **museu** (*museu*) m

música: **músika** (*músika*) f

N

nariz: **nariz** (*nariz*) m

negro: **preto** (*pretu*)

nieta: **neta** (*neta*) f

nieto: **neto** (*netu*) m

no: **não** (*nãu*)

noche: **noite** (*noichi*) f

nombre de pila: **primeiro nome** (*primeiru nomi*) m

norte: **norte** (*nojchi*) m

noviembre: **novembru** (*novembru*) m

nueve: **nove** (*novi*)

número: **número** (*númeru*) m

O

o: **ou** (*ou*)

ocho: **oitu** (*oitu*)

octubre: **outubro** (*outubru*) m

ocupado: **ocupado** (*okupadu*)

oeste: **oeste** (*oeschi*) m

oficina de correo: **correios** (*kojeiuz*) m

ojo: **olho** (*oliu*) m

ordenador: **computador** (*komputadoj*) m

oreja: **orelha** (*orelia*) f

oro: **ouro** (*ouru*) m

oscuro: **escuro** (*eskuru*)

otro: **outro** (*outru*)

P

padre: **pai** (*pai*) m

pagar: **pagar** (*pagaj*)

país: **país** (*paíz*) m

pan: **pão** (*pãu*) m

pantalones: **calças** (*kausaz*) f

para: **para** (*para*)

parque: **parque** (*pajki*) m

pasaporte: **passaporte** (*pasapojchi*) m

paz: **paz** (*paz*) f

pecho: **peito** (*peitu*) f

pensar/creer: **achar** (*ashaj*)

peor: **pior** (*pioj*) m/f

pequeño: **pequeno** (*pekenu*)

persona: **pessoa** (*pesoa*) f

pez: **peixe** (*peishi*) m

picante: **picante** (*pikanchi*) m/f

pie: **pé** (*pé*) m

pierna: **perna** (*pejna*) f

pintar: **pintar** (*pintaj*)

piña: **abacaxi** (*abakashi*) m

piscina: **piscina** (*pisina*) f

piso (de un edificio): **andar** (*andaj*) m

plátano: **banana** (*banana*) f

playa: **praia** (*praia*) f

plaza: **praça** (*prasa*)f

poco: **pouco** (*pouku*)

pollo: **frango** (*frangu*) m

precio: **preço** (*presu*) m

preguntar: **perguntar** (*pejguntaj*)

primero: **primeiro** (*primeiru*)

primo: **primo** (*primu*)

probar: **experimentar** (*esperimentaj*)

puerta: **porta** (*pojta*) f

Q

que: **que** (*ke*)

quien: **quem** (*kem*)

R

rápido: **rápido** (*jápidu*)

recibo: **recibo** (*jesibu*) m

reservar: **reservar** (*jesejvaj*)

responder: **responder** (*jespondej*)

restaurante: **restaurante** (*jestauranchi*) m

reunión: **reunião** (*jeuniãu*) m

río: **rio** (*jiu*) m

rojo: **vermelho** (*vejmeliu*)

rosa: **rosa** (*joza*)

S

sábado: **sábado** (*sábadu*) m

sangre: **sangue** (*sangui*) m

seco: **seco** (*seku*)

seis: **seis** (*seiz*)

semana: **semana** (*semana*) f

septiembre: **setembro** (*setembru*) m

siete: **sete** (*sechi*)

siguiente: **seguinte** (*seguinchi*) m/f

silla: **cadeira** (*kadeira*) f

sol: **sol** (*sou*) m

su (de él): **dele** (*deli*)

su (de ella): **dela** (*dela*)

su (de ellos): **deles** (*deliz*)

sur: **sul** (*suu*) m

T

tamaño: **tamanho** (*tamañu*) m

tarde: **tarde** (*tajdchi*)

teatro: **teatro** (*teatru*) m

telenovela: **novela** (*novela*) f

tía: **tia** (*chia*) f

tierra: **terra** (*teja*) f

tío: **tio** (*chiu*) m

tráfico: **trânsito** (*tránsitu*) m

tranquilo/seguro: **tranquilo** (*trankuilu*)

tres: **três** (*trez*)

U

uno: **um** (*um*) m/**uma** (*uma*) f

uva: **uva** (*uva*) f

V

verde: **verde** (*vejdchi*) m/f

viaje: **viagem** (*viayem*) m

vida: **vida** (*vida*) f

vidrio: **vidro** (*vidru*) m

viejo: **velho** (*veliu*)

viernes: **sexta-feira** (*sesta-feira*) f

vino: **vinho** (*viñu*)

vivir: **morar** (*moraj*)

volver: **voltar** (*voutaj*)

Y

y: **e** (*i*)

Apéndice C

Respuestas

Capítulo 1: ¡El portugués no es nada difícil!

1. e
2. c
3. b
4. a
5. d

Capítulo 2: La gramática portuguesa básica y los números cardinales

1. Mauricio/Carolina
2. Mauricio
3. Carolina
4. Carolina
5. Mauricio
6. Mauricio/Carolina
7. Carolina
8. Mauricio

Capítulo 3: Saludos y presentaciones

1. **Oi, tudo bem?**
2. **Tudo bom.**
3. **Qual é seu nome?**
4. **O meu nome é...**
5. **Você fala bem o português!**
6. **Obrigado/a!**
7. **Adéus!**
8. **Tchau!**

Las dos últimas frases se pueden intercambiar.

Capítulo 4: Conversación informal: darse a conocer

1. f
2. i
3. a
4. h
5. b
6. c
7. g
8. d
9. e

Capítulo 5: Salir a comer y hacer la compra

1. **frango**
2. **cerveja**
3. **água**
4. **cebola**
5. **arroz**
6. **feijão**
7. **carne**
8. una cerveza de barril
9. un agua con gas
10. un sándwich de carne asada y queso, sin tomate

Capítulo 6: El placer de ir de compras

1. e
2. c
3. d
4. a
5. b
6. **azul claro**
7. **lilás**
8. **preto**
9. **vermelho escuro**
10. **branco**

Capítulo 7: En la playa

1. j
2. g
3. f
4. a
5. c
6. b
7. e
8. d
9. h
10. i

Capítulo 8: De turismo por la ciudad

El orden no importa, pero la traducción para cada actividad es:

1. bar
2. cine
3. música en vivo
4. exposición de arte moderno
5. concierto de rock
6. *El padrino*
7. *Lo que el viento se llevó*
8. *El mago de Oz*
9. *Cantando bajo la lluvia*
10. *La guerra de las galaxias*
11. *Tiburón*

Capítulo 9: Hablar por teléfono

1. **nadei**
2. **tomei sol**
3. **cantei**
4. **falei**
5. **cozinhei**

Capítulo 10: En el trabajo y en el hogar

1. **porta** (puerta)
2. **estacionamiento** (estacionamiento)
3. **jardim** (jardín)
4. **luz** (luz)
5. **terraça** (terraza)
6. **piscina** (piscina)
7. **geladeira** (nevera)
8. **cama** (cama)
9. **travesseiro** (almohada)

Capítulo 11: Dinero contante y sonante

1. **banco**
2. **retirar**
3. **dinheiro**
4. **conta**
5. **grana**
6. **caixa automática**
7. **duas notas**
8. **paga**
9. **recibo**

Capítulo 12: Pedir indicaciones

1. **Vá para a praça.**
2. **Depois, pega esquerda na avenida Bela Cintra.**
3. **Vá direto/reto até o final.**
4. **A sua direita, vai ver uma igreja.**
5. **Fica atrás da igreja, na beira-mar.**

Capítulo 13: Hospedarse en un hotel o en una posada

1. **o secador de cabelo dela**
2. **a escova de dentes dele**
3. **as malas deles**
4. **a minha carteira**
5. **o nosso guia**
6. **a bolsa dela**

Capítulo 14: De paseo: aviones, autobuses, taxis y demás

A. **bicicleta**
B. **barco**
C. **avião**
D. **jangada**
E. **a pé**
F. **ônibus**
G. **metrô**

Capítulo 15: Planear un viaje al Brasil

1. **dezembro** (diciembre); primavera
2. **abril** (abril); otoño
3. **setembro** (septiembre); invierno
4. **janeiro** (enero); verano
5. **maio** (mayo); otoño
6. **fevereiro** (febrero); verano
7. **março** (marzo); verano
8. **agosto** (agosto); invierno
9. **julho** (julio); invierno
10. **novembro** (noviembre); primavera
11. **junho** (junio); otoño
12. **outubro** (octubre); primavera

Capítulo 16: Qué hacer en caso de emergencia

A. **braço** (brazo)
B. **perna** (pierna)
C. **olho** (ojo)
D. **peito** (pecho)
E. **dedos** (dedos)
F. **dedos do pé** (dedos del pie)
G. **orelha** (oreja)
H. **cabeça** (cabeza)

Capítulo 17: O carnaval!

1. Recife/Olinda
2. Río
3. Salvador
4. Río
5. Recife/Olinda
6. Salvador
7. Salvador
8. Recife/Olinda
9. Salvador

Apéndice D

Contenido de los archivos de audio

A continuación encontrarás una lista con las pistas de mp3 que puedes encontrar en `www.paradummies.es`. Ten en cuenta que se trata de un archivo de audio que podrás escuchar en tu reproductor habitual o, si cuentas con el software adecuado, en tu ordenador. Con él podrás practicar tu pronunciación del portugués.

Pista 1: Instalarse y hablar con el guía (capítulo 3)

Pista 2: Conversación en un café (capítulo 3)

Pista 3: Preguntar a la gente de dónde es (capítulo 4)

Pista 4: Hablar sobre el clima (capítulo 4)

Pista 5: El correo electrónico y los conciertos de música (capítulo 4)

Pista 6: Pedir la cuenta en un restaurante (capítulo 5)

Pista 7: Ir al mercado (capítulo 5)

Pista 8: Comprar unas gafas de sol (capítulo 6)

Pista 9: Comprar un CD en una tienda (capítulo 6)

Pista 10: Ir a la playa (capítulo 7)

Pista 11: Ir de paseo a Ilha Grande (capítulo 7)

Pista 12: Conocer gente (capítulo 7)

Pista 13: Planear una salida (capítulo 8)

Pista 14: Planear una ida al cine (capítulo 8)

Pista 15: Hablar por teléfono (capítulo 9)

Pista 16: Comentar las vacaciones (capítulo 9)

Pista 17: Intercambiar información personal (capítulo 10)

Pista 18: Mensajería instantánea por Internet (capítulo 10)

Pista 19: Cambiar dinero (capítulo 11)

Pista 20: Hacer una gran compra (capítulo 11)

Pista 21: Preguntar por una ruta de autobús (capítulo 12)

Pista 22: Buscar un centro comercial (capítulo 12)

Pista 23: Preguntar por las distancias (capítulo 12)

Pista 24: Las horas de sueño (capítulo 13)

Pista 25: De quién son las cosas (capítulo 13)

Pista 26: Hacer reservas de viaje (capítulo 14)

Pista 27: En un taxi (capítulo 14)

Pista 28: Las salas de espera (capítulo 14)

Pista 29: Pedir consejo sobre las vacaciones (capítulo 15)

Pista 30: Escoger una aerolínea (capítulo 15)

Apéndice E

Países del mundo donde se habla portugués

Los exploradores portugueses de los siglos XV y XVI recorrieron los mares del planeta con el propósito de ampliar sus riquezas y difundir la fe católica. De esta manera, el portugués se implantó en diversas regiones del mundo. En la actualidad, el portugués es el idioma oficial de cinco países africanos, además de Portugal, el Brasil y Timor Oriental, que queda en Asia. En esta parte del libro hablaremos un poco sobre cada uno de estos países.

En todos los casos, a excepción del Brasil y Portugal, el portugués coexiste con otras lenguas autóctonas. Aunque los funcionarios del Estado y la gente de negocios hablan portugués, el resto de la población suele expresarse en una lengua criolla, casi siempre mezcla del portugués con una lengua local, o directamente en un idioma autóctono. Por otra parte, las señales de tráfico y la información oficial están en portugués. Con la siguiente información podrás empezar a conocer mejor estos países.

Brasil

Población: 186 millones de habitantes

El Brasil es el país más grande de América del Sur. Es el quinto país más grande del mundo, tanto en términos geográficos como demográficos. Por tamaño, Brasil es más o menos igual de grande que Estados Unidos.

Un dato interesante del Brasil es que se clasifica como uno de los principales fabricantes de **aviões** (*aviõez*; aviones) comerciales en el mundo.

Como cabe suponer, las nueces del Brasil son originarias de este país, sólo que allí las llaman **castanhas do Pará** (*kastañaz du pará*; castañas de Pará), pues en ese estado del norte del Brasil hay muchos castaños de éstos.

Moçambique

Población: 19,4 millones de habitantes

Mozambique está en el sureste de África. Frente a sus costas se encuentra la isla de Madagascar y por el sur limita con Sudáfrica.

Uno de los tesoros de Mozambique es una capilla considerada la construcción europea más antigua del hemisferio sur. La **Capela de Nossa Senhora do Baluarte** (*kapela dchi nosa señora dchi baluajchi*) fue construida en 1522.

Aunque la **lingua oficial** (*lingua ofisiau*; lengua oficial) de Mozambique es el portugués, sólo el 27 % de la población lo habla. Sin embargo, puedes comunicarte en portugués con los funcionarios del estado y con la gente de negocios.

Angola

Población: 11,2 millones de habitantes

Angola se encuentra en la costa suroccidental de África. Limita al norte con la República Democrática del Congo, con Zambia al este y con Namibia al sur.

Uno de los dos tipos de **capoeira** (*kapoeira*) que hay en el Brasil se llama **capoeira da Angola** (*kapoeira da angola*; capoeira de Angola), pues esta popular arte marcial tiene su origen en Angola. Hace muchos siglos, los esclavos llevaron los movimientos al Brasil. Éstos son más lentos y más cercanos al suelo que los movimientos de la **capoeira regional** (*kapoeira jeyionau*; capoeira regional), que se desarrolló en el estado brasileño de Bahía.

Los **diamantes** (*diamanchiz*; –) son uno de sus principales productos de exportación.

Portugal

Población: 10,6 millones de habitantes

Portugal se encuentra en la península Ibérica, junto a España, país con el que limita al este. Al oeste limita con el océano Atlántico.

El **vinho de Porto** (*viñu dchi pojtu*; vino de Porto) es originario de la ciudad portuguesa de **Oporto** (*opojtu*), en el noroeste del país.

El **escritor** (*eskritoj*; escritor) portugués José Saramago fue laureado con el premio Nobel de literatura en 1998.

Guiné-Bissau

Población: 1,4 millones de habitantes

Guinea-Bissau se encuentra en la costa noroeste de África y es uno de los países más pequeños de este continente. Limita al norte con Senegal y al sur con Guinea.

Guinea-Bissau es uno de los diez países más pobres del mundo. Su economía está basada en la agricultura y la pesca. Sin embargo, la exportación de anacardos ha aumentado en los últimos años, con lo cual este país se ha convertido en uno de los seis mayores exportadores de este producto.

Se independizó de Portugal hace relativamente poco, en 1974.

En lo concerniente a las creencias religiosas, los **muçulmanos** (*musuumanuz*; musulmanes) conforman el 45 % de la población.

Timor Leste

Población: 1 millón de habitantes

Timor Oriental se encuentra al noroeste de Australia. Forma parte de las Islas Menores de la Sonda, en el extremo oriental de la cadena de islas de Indonesia. Timor Oriental se encuentra en la parte oriental de una isla llamada Timor. El otro lado de la isla está bajo el control político de Indonesia.

El portugués comparte con el tetun, otro idioma local, el honor de ser las lenguas oficiales de Timor Oriental. En este país se hablan otras dieciséis lenguas autóctonas.

Timor Oriental es una de las naciones más nuevas del mundo, ya que logró su **independência** (*independénsia*; independencia) en 1999.

Cabo Verde

Población: 418.000 habitantes

Cabo Verde es un conjunto de islas ubicadas al noroeste del continente africano. Un total de nueve islas están habitadas. Santiago, la isla más grande, mide 55 km de anchura por 29 km de longitud. La capital de Cabo Verde es **Praia** (*praia*; Praia).

Las doce islas que conforman este país estaban totalmente deshabitadas en el siglo XV, cuando fueron **descobertas** (*deskobejtaz*; descubiertas) por los portugueses.

La artista más famosa de Cabo Verde fue **Cesária Évora** (*sesária évora*), cuya interpretación lírica de un estilo musical autóctono llamado **mourna** (*mourna*) le ha valido una gran fama internacional.

São Tomé e Príncipe

Población: 187.400 habitantes

Santo Tomé y Príncipe es uno de los países más pequeños del mundo. Se encuentra sobre la línea del ecuador, en el golfo de Gabón, frente a la costa occidental de África.

Una de las pocas islas que componen este país se llama **Ilhéu Bom-Bom** (*iliéu bom-bom*; isla Bon-Bon).

El país es famoso por su delicioso café, que constituye uno de sus principales productos de cultivo.

Se espera que la economía local se dinamice gracias al reciente descubrimiento de reservas petrolíferas en este país.

Índice analítico

A

a (letra), 18
abrazo, expresión, 303
aburrimiento, expresión de, 305
acento, diferencias regionales
  generalidades, 20
  interior del estado de São Paulo, 20
  noreste del Brasil, 21
  Río de Janeiro, 20
  Rio Grande do Sul, 21
acentuación, signos de
  acento circunflejo (^), 18-19
  cedilla (ç), 13
  tilde (~), 11, 18
acontecimientos, 131-132
actividades y objetos, playas 116-118
actos, 131-132
adjetivos
  describir estados permanentes, 49
  generalidades, 23-25
  género, 24
  orden de las palabras, 24
  plural, 25
aerolíneas, 242
África
  Angola, 10, 344
  Cabo Verde, 346
  generalidades, 343
  Guinea-Bissau, 345
  Mozambique, 344
aire libre, mercados al, 112
ajá, 310
allá, indicaciones, 197-198
Amazonas, 242
América del Sur, 343
Angola, 10, 344
años, 239
apellidos, 42-43
apodos, 42-43
aquí, indicaciones, 197-198
arroba, símbolo de, 77
arte, galerías de, 141-142
artes marciales, 344
artesanía, 110-112
artículos, 25-26
Australia, 345
autobuses, 217, 222-224
aviones, 343
  generalidades, 217
  reservas, 218-222
ayuda, emergencia, 254, 259

B

Bahía, 243, 344
bailar, 139-140, 283-284
bajar, 197
bancos, 177-179
barcos, 217
Barra da Tijuca, 116
beber, cenar fuera, 91-93
bebidas, restaurantes, 84-85
Belém, 242
belleza, expresión, 302
berimbau, 110-111
beso, expresión, 303
bicicleta, 218
Bon-Bon, isla de, 346
bossa nova, 297
Brasil,
  a dónde ir en el
  generalidades, 242
  viajar, 242-245
  zona centro-oeste, 243-244
  zona noreste, 243
  zona norte, 242
  zona sur, 245
  zona sureste, 244-245

Brasil, regiones del, 242-245
brasileño auténtico, hablar como un
¿ah, sí?, 310
¿no?, 310
¿sabes?, 311
a, 312
ajá, 310
entonces, 311
estoy, 313
etcétera, 311
introducción, 309
medio, 311
nosotros, 312
o sea, 311
para, 312
y tal, 311
brasileños
encontrar, en tu zona, 294
Brazil Air Pass, 294
buggys de arena, 218
buscar, emergencias, 256-257

C

c (letra), 13
Cabo Verde, 9, 346
Cabral, Pedro Álvares, 10
café, cultivo de, 346
cajeros automáticos, 177-179
caminar en la playa, 121-122
Campo Grande, 243
cantar, 140
Capela de Nossa Senhora do Baluarte, 344
capoeira, 294, 344
carnaval
desfiles, 276
disfraces, 273
escuelas de samba, 273
generalidades, 271
Olinda, 272, 280-282
Recife, 272, 280-282
Río, 271-275
robos, 252-253
Salvador, 272, 276-278
cedilla (ç), 13
centro-oeste del Brasil, viajar al, 243-244
chanclas, 111
Chapada Diamantina, 172, 243
charla informal
clima, 67-69
comprender, no poder, (frases), 74-75
cuál, 73-74
de dónde eres, 63-66
dónde, 73-74
generalidades, 63
información personal, 75-77
qué, 73-74
quién, 73-74
relaciones familiares, 70-71
chic, 307
chorinho, 297
ciertamente, expresión, 304
cintas, 111
cirugía plástica, 268
clima, 67-69
coches
alquiler de, 226-227
generalidades, 217
coloquial, habla
aburrido, 305
chic, 307
cursi, 308
dinero, 306-307
experto, 307-308
flojo, 305
gato, 306
generalidades, 305
gracias, 307
guapo/a, 306
legal, 306
molesto, 305
ordinaria, 308
pinga, 308
tipo/tío, 306
comer
ver comer fuera
beber, 91-93
cenar fuera, 91-93
comidas, 79-81
generalidades, 79
ordenar, 93
playa, 117

restaurantes, 81-91
tener (platos y otros), 94
comer fuera
beber, 91-93
comer, 91-93
comidas,79-81
generalidades, 79
ordenar, 93
playa, comida de, 117
restaurantes, 81-91
tener (platos y otros), 94
comida asada, 88-89
comida en la playa, 117
comparaciones al hacer compras, 107-108
comprar ropa
llevar, 105-106
ponerse, 105-106
probarse, 104-105
compras
buscar algo, 102-104
comparaciones, 107-108
generalidades, 101-102
llevar puesto, 105-106
llevar, 105-106
mercados de comida, 95-98
mercados, 110-112
opiniones, 107-108
probar/probarse, 104-105
productos prácticos, 95-96
recuerdos, 110-112
regatear, 112
comprender, no poder, (frases), 75
concordancia con el sustantivo
adjetivos, 24-25
artículos, 25-26
concordancia de género
adjetivos y sustantivos, 24-25
artículos y sustantivos, 25-26
conjunciones, 159-160
consonantes
c (letra), 13
c cedilla (ç), 13
d (letra), 13-14
g (letra), 14
generalidades, 12-13
h (letra), 14
j (letra), 15
l (letra), 15
m (letra), 15
n (letra), 15
q (letra), 16
r (letra), 16
s (letra), 16-17
t (letra), 17
w (letra), 17
x (letra), 17
contracciones, 32-34
coqueteo, 284-287
correo electrónico, 77, 173
Costa, Gal, 297
cuál, charla informal, 73-74
cualidades temporales, descripciones, 52-53
cultura
galerías de arte, 141-142
museos de arte, 141-142
música, 137
películas, 142-144
cursi, 308

D

d (letra), 13-14
datos personales, 75-77
de dónde eres, charla informal, 63-66
deportes, 124-126
descripciones
adjetivos, 23-25
cualidades temporales, 52-53
estados permanentes, 49
generalidades, 47
desfiles, 276
despedirse, 58, 149
despertar, hoteles, 209-210
¿de veras?, expresión, 303, 310
diamantes, 344
días de la semana, 134-135
dinero
bancos, 177-179
cajeros automáticos, 177-179
generalidades, 177, 306-307
pagar, 180-183
precios, 180-183
distancias, indicaciones, 201
dónde

charla informal, 73-74
indicaciones, 188-189
dormir, hoteles, 207-209

E

e (letra), 18-19
echar de menos, expresión, 301
emergencias
ayudar a otros, 259
buscar, 256-257
generalidades, 251-252
informar a la policía, 256
mirar, 258-259
pedir ayuda, 254
robos, 252-254
emergencias de salud
enfermedades, 263-264
generalidades, 261
huesos rotos, 266-267
prevención, 261-263
enfermedad, emergencia de salud, 263-264
ensaladas, 86
¿en serio?, expresión, 302
entonces, 311
época para viajar, 235-237
equipos de fútbol, 125
español, idioma, 1
espera, viajar, 231
estaciones, 67-68
estado de Sao Paulo, interior del, 20
estados permanentes, descripción, 49
Évora, Cesária, 346
excelente, expresión, 302
experto, 307-308
expresar belleza, 119-120
expresiones comunes
¿de veras?, 303
¿en serio?, 302
¿puedo ayudarle?, 303
abrazo, 303
belleza, 302
beso, 303
ciertamente, 304
echar de menos, 301
en serio, 302
excelente, 302
generalidades, 301
imagina, 303
maravilloso, 302
no me lo creo, 302
no te preocupes, 304
por supuesto, 304

F

familiares, 70
fechas para viajar, 238-239
flojo, 305
Florianópolis, 245
Folha de São Paulo, 295
Fortal, 271
francés, idioma, 1
frases, construcción de, 27-28
fútbol
camisetas, 111
equipos, 125
generalidades, 124-126
futuro, conjugación, 247

G

g (letra), 14
galerías de arte, 141-142
gatos, 306
gauchos, 21
Gil, Gilberto 297
Globo, canal, 298
Google Brasil, 294-295
gracias, 307
Gramado, 245
gramática
conjugaciones verbales, 28-32
construcción de frases, 27-28
contracciones, 32-34
generalidades, 23
objeto indirecto, 34-35
pronombres, 26-27
guapo, 306

guía de pronunciación, MP3, 3, 12, 316, 341
Guiné Bissau, 9-10, 345

H

h (letra), 14
hablar, 54-57
hacer, 166-167
hola, 40-41
hora de viaje, 238-239
hora del día, 132-134
hoteles, 294
- despertarse, 209
- dormir, 207-209
- generalidades, 203-204
- información, 204-205
- necesidades, 211-213
- pasar la noche, 207-210
- registrarse, 206-207
- reservas, 205-206
- salir, 206-207

I

i (letra), 19
Ibérica, península, 11, 345
idiomas autóctonos, 343
imagina, expresión, 303
indicaciones
- allá, 197-198
- aquí, 197-198
- bajar, 197
- ciudades, 192-194
- distancias, 201
- dónde, 188-189
- generalidades, 187
- medidas, 201
- números ordinales, 198-199
- referencia espacial, 190-192
- subir, 197
- ubicación, 190-192

Indonesia, 345
inglés, influencia del, 11
invitaciones, 130-131
Islas Menores de la Sonda, 345
italiano, idioma, 1

J

j (letra), 15
Jor, Jorge Ben, 297

L

l (letra), 15
ladrones, 252
latín, 10
leer noticias en portugués, 295
lenguas criollas, 343
llamadas telefónicas, 150
llanuras, 243
llegar, viajes, 227-228
llevar puesta la ropa/llevar la compra, 105-106
localización, indicaciones, 171
lugares para vivir, 170-172
lugares, salir, 131-132

M

m (letra), 15
Madagascar, 344
Maia, Tim, 297
Manaus, 242
mar, 217
maracatu, 282
Maranhao, 242
maravilloso, expresión, 302
Marcelo D2, 297
medidas, indicaciones, 201
medio, 311
mejorar el portugués
- brasileños en el extranjero, 294
- canales de televisión, 298
- música, 297
- películas, 297

periódicos brasileños, 295
repetición, 298
restaurantes portugueses, 294
salir con brasileños, 294
viajar al Brasil, 293-294
webs brasileñas, 296-297
mercados
al aire libre, 112
compras, 110-112
de comida, 95-98
meses, 235-237
metro, 217
mi, 71
Minas Gerais, 244
minidiccionario español-portugués, 331-336
minidiccionario portugués-español, 325-330
mirar, 258-259
molesto, 305
Monte, Marisa, 297
Moraes, Vinicius de, 297
mourna, 346
Mozambique, 9, 344
MP3
contenido del, 341-342
guía de pronunciación, 12
museos de arte, 141-142
museos, 141-142
música
bailar, 139-140
cantar, 140
generalidades, 137, 297
salir, 137-140
Salvador, 278
tocar, 138-139
musulmanes, 345

N

n (letra), 15
nacionalidades, 63-65
necesidades en un hotel, 211-213
¿no?, expresión, 310
no comprender, 75
no te preocupes, expresión, 304
nombre
apellido, 42-43
apodos, 42-43
de pila, 42-43
noreste del Brasil, pronunciación, 21
noreste del Brasil, viajar al, 243
norte del Brasil, viajar al, 242
nosotros, 312
nueces del Brasil, 344
nuestro (a/os/as), 72
números
cardinales (para contar), 35-37
ordinales, indicaciones,198-199
números telefónicos, 147-149

O

o (letra), 19
o Cristo, 244
O Estado de São Paulo, 295
O Globo, 295
Olinda
carnaval, 272, 280-282
generalidades, 243
o sea, 311
objetos indirectos, 34-35
ocupaciones, 164
opiniones en las compras, 107-108
ordinaria, 308
Ouro Preto, 244

P

pagar, 180-183
pagode, 297
Pagodiño, Zeca, 297
países donde se habla portugués, 343-346
países, 64
palabras
orden de las, 24
raíces, 10-11
panaderías, 81
Pantanal, 243
Para, 242

para, 312
Paraty, 244
Parintis, 242
pasado, conjugación, 155-158
pasar la noche, hoteles, 207-210
pedir en restaurantes, 82-84
Pelé, 124
películas, 142-144, 297
periódicos brasileños, 295
Petrópolis, 244
pinga, 308
platos principales, 86-88
playa
  actividades y objetos, 117-118
  caminar por la, 121-122
  comida, 117
  expresar la belleza, 119-120
  generalidades, 115-116
  ropa de, 116-117
  seguridad, 123-124
  tiburones, 123-124
pobreza, 172
policía, 256
por supuesto, expresión, 304
portal de Internet, 296
Porto Alegre, 245
Porto Seguro, 243
Portugal, 9, 345
portugués
  historia, 10, 343-346
  países donde se habla, 343-346
  restaurantes, 294
posesivos
  charla informal, 70-73
  mi, 71
  nuestro (a/os/as), 72
  su (de él), 73
  su (de ella), 73
  su (de ellos), 73
  tu, 72
Praia, 346
precios, 180-183
preposiciones, 159-160
presentaciones
  apellidos, 42-43
  apodos, 42-43
  formal, 43-45
  generalidades, 39-40
  informal, 43-45
  nombres de pila, 42-43
  personal, 41-42
prevención, emergencia de salud, 261-263
Príncipe, 10, 346
probarse la ropa, 104-105
problemas legales, 269
productos prácticos, comprar, 95-96
pronombres, 26-27
¿puedo ayudarle?, expresión, 303-304
punto, 77
puntualidad, viajes, 230

Q

q (letra), 16
qué quiere, 93
qué, charla informal, 73-74
quién, charla informal, 73-74

R

r (letra), 16
raíz de las palabras, 10-11
reais, 112
Recife
  carnaval, 272, 280-282
  generalidades, 243
recuerdos, comprar, 110-112
recreación
  fútbol, 124-126
  generalidades, 124-126
  playa, 116-117
referencias espaciales, 190-192
Regina, Elis, 297
registrarse en el hotel, 206-207
relaciones familiares, 70-71
repetición, 298
reservas
  avión, 218-222
  hotel, 205-206
respuestas, 337-340
restaurantes
  beber, verbos, 91-93

bebidas, 84-85
cenar fuera, 81-91
comer, verbos, 91-93
ensaladas, 86
parrilladas, 88
pedir, 82-84
plato principal, 86-88
postres, 90-91
río Amazonas, 242
Río de Janeiro
carnaval, 271-275
diferencias regionales de acento, 20
generalidades, 244
Rio Grande do Norte, 243
Rio Grande do Sul, 21
ríos, 218
robos
ayuda, 254
carnaval, 252
generalidades, 252
pánico, 252-253
Roma, 10
romance, 284-286
romances, lenguas, 1, 10
ropa de playa, 116-117

S

s (letra), 16-17
¿sabes?, expresión, 311
salida del hotel, 206-207
salir, 229-230
actos, acontecimientos, 131-132
cultura musical, 137-140
días de la semana, 134-135
galerías de arte, 141-142
generalidades, 129
hablar al respecto, 129-130
hora del día, 132-134
invitaciones, 130-131
lugares, 131-132
museos de arte, 141-142
películas, 142-144
salir con brasileños, 294
saltar, 278
saludos
despedidas, 58
generalidades, 39-40
hablar, 54-57
saludos, 40-41
teléfono, 150
Salvador
generalidades, 243
música, 278
samba, 283-284, 297
samba, escuela de, 273
sambódromo, 273-274
Sangalo, Ivete, 297
Santiago, 346
Santo Tomé, 346
São Luis, 242
São Paulo, 244
São Paulo, estado, interior, 21
secuestro, 252
seguridad en la playa, 123-124
semana, días de la, 134-135
su (de él), 73
su (de ella), 73
su (de ellos), 73
subastas, 296
Submarino, 296
supermercado, productos de, 95-96
supermercados, 95
sur del Brasil, viajar al, 245
sureste del Brasil, viajar al, 244
sustantivos
femeninos, 24
generalidades, 23-25
masculinos, 24-25
orden de las palabras, 24

T

t (letra), 17
Tam, 219, 242
tarjetas telefónicas, 147-149
taxis, 217, 222-224, 252
teléfono
despedirse, 149
generalidades, 75, 147
llamar, 149-150
números, 147-149

saludar, 149
tarjetas telefónicas, 147-149
televisión, canales de, 298
tener, 94
tetun, 346
tiburones, 123-124
tilde (~), 18
tilde, 2, 11, 18
Timor, 345-346
Timor Oriental, 343, 345-346
tipo/tío, 306
tocador, artículos de, 95-96
tocar música, 138-139
trabajo
generalidades, 163
hacer, 166-167
ocupaciones, 164
verbo trabajar, 167-168
trenes, 217
tu (posesivo), 72
tupi-guarani, 10

U

u (letra), 19

V

vacunas, 261-263
Veloso, Caetano, 297
verbos
conjugaciones, 28-32
construcción de frases, 27-28
irregulares, 320-323
regulares, 318-320
tablas, 317-323
verbos irregulares, 320-323
verbos regulares, 318-320
verbos, conjugaciones de, 28-32
viajar
a dónde ir, 242-245
alquiler de autos, 226-227
autobuses, 222-224
aviones, 218-222
Brasil, el, 293-294
época para, 235-237
espera, 231
generalidades, 217-218, 235
horas y fechas, 238-239
ir, 245-247
llegar, 227-228
puntualidad, 230
salir, 229-230
taxis, 222-224
vocales
a (letra), 18
e (letra), 18-19
generalidades, 18
i (letra), 19
o (letra), 19
u (letra), 19

W

w (letra), 17
webs
BBC, 295
brasileños, 296-297
Google Brasil, 294
librería, 296
periódicos brasileños, 295
portal en Internet, 295
productos de supermercado, 95-96
subastas, 296
supermercados, 95

X

x (letra), 17

Y

y tal, 311
yo estoy, 313